Außer Rand und Band

Volker Böge

AUSSER RAND UND BAND
*Eimsbütteler Jugend in den **50er** Jahren*

Herausgegeben von der Galerie Morgenland

Dölling und Galitz Verlag

Die Veröffentlichung dieses Buches wurde von der Kulturbehörde der Freien und Hansestadt Hamburg, Referat Stadtteilkultur, gefördert.

Die Deutsche Bibliothek - CIP-Einheitsaufnahme

Böge, Volker:
Außer Rand und Band : Eimsbütteler Jugend in den 50er Jahren / Volker Böge. Hrsg. von der Galerie Morgenland. - 1. Aufl. - Hamburg : Dölling und Galitz, 1997
ISBN 3-930802-67-8

Impressum

Herausgegeben von der Galerie Morgenland, Hamburg
© 1997 Dölling und Galitz Verlag GmbH
Ehrenbergstraße 62, 22767 Hamburg, Tel. 040/389 35 15
Gestaltung und Herstellung: Sabine Niemann
Druck: WB-Druck, Rieden am Forggensee
1. Auflage 1997
ISBN 3-930802-67-8

INHALT

7	Einleitung
13	Jugend in Zeiten des Mangels
31	Wohnverhältnisse
37	Schulisches Leben
45	Lehre und Beruf
55	Konsum(wünsche)
59	Freizeit draußen und drinnen
75	Sport
81	Kino
87	Musik
93	Tanz
109	Mode
115	Amerikanisierung des Lebensstils?
119	Das „Heim der offenen Tür"
127	Die Jugendverbände
139	Halbstarke
153	Ausflüge, Fahrten, Reisen
159	Politik
167	Das Verhältnis Eltern–Jugendliche
175	Das Verhältnis Mädchen–Jungen
183	Schlußbetrachtung
191	Anmerkungen
206	Quellen- und Literaturverzeichnis

EINLEITUNG

Wenn man heute an „Jugend in den 50er Jahren" denkt, dann kommen einem sogleich die Stichworte Rock 'n' Roll, Elvis-Tolle, Petticoat in den Sinn. Mittlerweile hat es schon mehrere Wellen einer „50er-Jahre-Nostalgie" gegeben, die Bilder von Rock 'n' Roll tanzenden Halbstarken „außer Rand und Band"[1] als kennzeichnend für „die Jugend" jener Zeit kolportierten. Fragt man allerdings Menschen, die in den 50er Jahren jung waren, oder schaut sich empirische Erhebungen zum Freizeitverhalten von Jugendlichen aus den 50er Jahren an, so wird man feststellen, daß nur eine kleine Minderheit der Jugendlichen damals Lederjacke trug, von Rock 'n' Roll begeistert war oder sich selbst als „halbstark" verstand. Die meisten Jugendlichen bevorzugten den „gepflegten Gesellschaftstanz" und kleideten sich so, wie es die Erwachsenen als „ordentlich" empfanden. Die Wirklichkeit von Jugendlichen war vielschichtiger und vielfältiger, als es die in den Nostalgie-Wellen vermittelten Klischees glauben machen.

Sich dieser Wirklichkeit jenseits der gängigen Bilder, gleichsam in anti-nostalgischer Absicht, anzunähern – das war das Ziel eines Projektes der Galerie Morgenland, Geschichtswerkstatt in Hamburg-Eimsbüttel, zum Thema „Lebenswelten Eimsbütteler Jugendlicher in den 50er Jahren". Ein Ergebnis dieses Projektes legen wir mit diesem Buch vor. Ein anderes Projektergebnis ist eine Ausstellung zum selben Thema, die im Herbst 1997 in Hamburg gezeigt wird. Das Projekt schließt an ein ähnliches Unternehmen der Galerie Morgenland vom Beginn der 90er Jahre an, bei dem es um Jugendliche im Zweiten Weltkrieg ging[2].

Bei den Vorüberlegungen zu diesem neuen Vorhaben gingen wir davon aus, daß die etwa zwischen 1933 und 1940 Geborenen zu einer Generation gehören. Äußere Bedingungen, unter denen sie aufwuchsen, Erfahrungen, die sie aufgrund dieser äußeren Bedingungen im selben Lebensalter machten, und ein Bewußtsein von der Gemeinsamkeit ihrer Situation und ihrer Erfahrungen machen die Menschen aus beieinanderliegenden Geburtsjahrgängen zu Angehörigen einer Generation in Abgrenzung zu vorausgehenden und nachfolgenden Geburtsjahrgängen, die anderen Generationen angehören. Es ist die Generation der Kriegs- und Nachkriegskinder, die ihre Jugend in den 50er Jahren erlebte, die als Erwachsene die Geschicke der bundesdeutschen Gesellschaft von den 60ern bis in die 90er Jahre entscheidend prägte und nun am Übergang ins Rentenalter steht bzw. dieses gerade erreicht hat. Die Angehörigen dieser Generation befinden sich mithin in einem Lebensabschnitt, in dem sie beginnen, Rückschau auf ihr bisheriges Leben zu halten und sich zu erinnern, was gut und was weniger gut „gelaufen" ist. Die Jugendzeit spielt bei solchen Rückblicken stets eine besondere Rolle. Machen die meisten Menschen doch in der Jugend prägende Erfahrungen, die häufig die Weichen für das gesamte spätere Leben stellen: Der Übergang ins Berufsleben, die erste „große Liebe", die „Entdeckung" einer eigenen Weltanschauung. Jugend ist eine Phase des Übergangs, in der sich die Persönlichkeit herausbildet und zugleich ihren Platz in der Gesellschaft findet. Es ist ein Lebensabschnitt, in dem vieles neu und spannend ist, in dem man noch relativ frei von Verantwortung und im Vertrauen auf die eigene Stärke so manches ausprobieren kann, in dem sich neue Möglichkeiten auftun und in dem man sich neuen Herausforderungen stellt.

Wir wollten nun wissen, wie die Angehörigen jener Generation, die in den 50er Jahren jung war, diesen Lebensabschnitt erfahren hat, wie also das Leben der damals ca. 14- bis 21jährigen ausgesehen hat. Um das herauszubekommen, haben wir Interviews mit mehr als 30 ZeitzeugInnen gemacht, die wir zu ihrem Leben als Jugendliche in den 50er Jahren befragt haben. Dabei handelte es sich ganz überwiegend um Frauen und Männer, die ihre Jugend in Eimsbüttel verbrachten, also jenem Hamburger Stadtteil, für den die Galerie Morgenland als Geschichtswerkstatt „zuständig" ist. Die Kontakte zu den Befragten kamen über persönliche Bekanntschaften, den „Klöntreff" der Galerie Morgenland, Suchanzeigen in der Zeitung und durch die Vermittlung des Eimsbütteler Gymnasiums Kaiser-Friedrich-Ufer zustande.

Die Interviews geben Auskunft über eine Fülle von Aspekten damaligen Lebens als Jugendlicher. Sehr bald ist vor allem aber auch deutlich geworden, daß es „die" Jugend und „die" 50er Jahre nicht gegeben hat.

Zunächst einmal muß man die Epoche der 50er Jahre unterteilen. Es zeigt sich nämlich, daß sowohl die äußeren Bedingungen jugendlichen Lebens als auch seine Äußerungsformen sich im Laufe des Jahrzehnts nachhaltig wandelten. War sein Beginn noch stark geprägt vom materiellen Mangel der Nachkriegszeit, so stand sein Ende ganz im Zeichen des „Wirtschaftswunders". Für Jugendliche Anfang der 50er Jahre bestimmten daher Wohnungsnot, Jugendarbeitslosigkeit bzw. überlange Arbeitszeiten, Schichtunterricht an den Schulen und recht bescheidene Vergnügungen den Alltag. Die Jugendlichen in der zweiten Hälfte des Jahrzehnts dagegen konnten angesichts von Vollbeschäftigung und relativ guten Verdienstmöglichkeiten schon an den Konsum„wellen" jener Zeit teilhaben; jugendliches Leben geriet zusehends in den Sog einer sich in Deutschland erstmalig herausbildenden Jugendkulturindustrie.

Ebenso wie man die 50er Jahre differenzieren muß, so muß man auch zwischen verschiedenen jugendlichen Lebenswelten, die sich selbstverständlich teilweise überlappten bzw. gewisse Gemeinsamkeiten aufwiesen, differenzieren. Denn auch wenn von den Jugendlichen jener Zeit einerseits mit Recht als von einer einheitlichen Generation gesprochen werden kann, weil sie unter bestimmten gemeinsamen historischen

Bedingungen aufwuchsen und bestimmte Ereignisse in einem gemeinsamen Alter erlebten und verarbeiteten, so wird doch diese gemeinsame Generationserfahrung andererseits dadurch überlagert und gebrochen, daß die Angehörigen einer Generation zugleich auch immer in andere soziale Zusammenhänge eingebunden sind. Die Klassen- und Schichtzugehörigkeit, die Geschlechtszugehörigkeit oder die Zugehörigkeit zu bestimmten politisch-weltanschaulichen Milieus hat ebenso Einfluß auf Leben und Erfahrungen der Einzelnen wie die Generationszugehörigkeit. Mit anderen Worten: Mädchen und Jungen, Oberschüler und Lehrlinge, Sportvereinsmitglieder und Angehörige eines politischen Jugendverbands konnten, auch wenn sie demselben Jahrgang angehörten, eine sehr unterschiedliche 50er-Jahre-Jugend erleben. Da gab es zum einen die sportbegeisterte Handelsschülerin, deren ganzes jugendliches Leben sich um „ihren" Verein drehte. Da gab es den Oberschüler, der sich als Cool Jazz-Fan „existentialistisch" gebärdete. Da gab es das „Falken"-Mitglied, das moderne Tänze und das „Halbstarkenunwesen" ablehnte, stattdessen Volkstanz pflegte und an politischen Demonstrationen teilnahm. Und da gab es selbstverständlich auch den Halbstarken „außer Rand und Band", dem Politik egal war, der sich über Volkstanz lustig machte, stattdessen von Elvis Presley schwärmte und jede Gelegenheit zur „Klopperei" nutzte.

Die Unterschiede im jugendlichen Leben zu Beginn und am Ende der 50er Jahre sowie die Differenziertheit jugendlicher Lebenswelten bestätigen Einschätzungen, nach denen eine eindimensionale Kennzeichnung der 50er Jahre als Periode der „Restauration" einerseits oder „aufregender Modernisierung" andererseits die gesellschaftlichen Realitäten dieses Jahrzehnts nicht angemessen zu erfassen vermögen[3]. Vielmehr ist von einem Nebeneinander und Ineinander recht heterogener Momente und Entwicklungen auszugehen. Zum einen gab es in bestimmten gesellschaftlichen Bereichen durchaus atemberaubend rasante Veränderungen, in anderen wiederum Stagnation und hartnäckiges Beharrungsvermögen. Erich Kästners Wort von den 50ern als vom „motorisierten Biedermeier" trifft diese Widersprüchlichkeit recht gut. Dabei steht „Motorisierung" für die Seite rascher Modernisierung, „Biedermeier" für die retardierenden Beharrungskräfte. Schaut man sich jugendliche Lebenswelten in den 50er Jahren an, so wird man beide Dimensionen entdecken. Da findet sich einerseits eine „Amerikanisierung" jugendlichen Lebensstils, die symbolhaft im Siegeszug von Coca-Cola, Rock'n'Roll und Elvis-Tolle zum Ausdruck kommt. Und da findet sich andererseits eine ausgeprägte Häuslichkeit auch jugendlichen Lebens, Spießigkeit und Muff in Wohnungen, Familien, Schulen und Vereinen, in denen autoritäre Strukturen fortdauerten und vor-moderne Mentalitätsreste weiterlebten. Gerade in der Erziehung junger Menschen in Familien, Schulen und Betrieben herrschten noch alte Leitbilder und Wertvorstellungen vor. Jugendliches Leben bewegte sich demgemäß in diesem Spannungsverhältnis von Stagnation und Modernisierung, von Spießigkeit und Rebellion, von Heimattümelei und Amerika-Begeisterung. Und der oder die einzelne Jugendliche hatte mehr oder weniger Anteil an den Elementen dieses Spannungsverhältnisses, je nachdem, ob die Hauptphase seiner oder ihrer Jugend in die erste (noch stärker traditionelle und „restaurative") oder in die zweite (schon stärker „moderne" bzw. „modernisierende") Hälfte des Jahrzehnts fiel, und je nachdem, ob er oder sie sich im Milieu – zum Beispiel – eines Jugendverbandes bewegte, in dem Volkstanz und Sonnenwendfeiern großgeschrieben wurden, oder ob er oder sie sich im Milieu einer Halbstarken-Clique herumtrieb, die auf Mopeds und Elvis Presley stand und sich einen Sport daraus machte, Erwachsene zu provozieren.

Wenn auf den folgenden Seiten diese verschiedenen jugendlichen Lebenswelten dargestellt werden, dürften dennoch auch viele Gemeinsamkeiten jugendlichen Lebens in den 50ern deutlich werden. Unter (Wohn-)Raumnot und (über)langen Arbeitszeiten hatten fast alle befragten ZeitzeugInnen zu leiden; und ins Kino sind sie auch fast alle gegangen. Zugleich muß aber eingeräumt werden, daß selbstverständlich nicht alle Aspekte der Lebenswelt Eimsbütteler Jugendlicher in jenem Jahrzehnt erfaßt werden können. Das ist schon deswegen nicht möglich, weil die von uns befragten ZeitzeugInnen zufällig ausgewählt wurden. Ihre Erfahrungen werden sicher nicht alle Erfahrungsmöglichkeiten von Eimsbütteler Jugendlichen in jener Zeit abdecken. Daher erheben wir auch nicht den Anspruch von Repräsentativität, glauben aber gleichwohl, typische Züge des Lebens von jungen Leuten in den Großstädten der 50er Jahre erfaßt zu haben. Das, was Jugend damals in Eimsbüttel auszeichnete, wird in anderen innerstädtischen dichtbesiedelten „Kleine-Leute"-Stadtteilen Hamburgs und anderer deutscher Großstädte ähnlich gewesen sein.

Das gilt zunächst für die äußeren Rahmenbedingungen jugendlichen Lebens in den 50er Jahren, denen wir uns im folgenden – nach einem Rückblick auf die unmittelbare Vorgeschichte der 50er, also die Nachkriegszeit bis zur Währungsreform – als erstes zuwenden. Da geht es nämlich um äußerst beengte Wohnverhältnisse und den allgemeinen Mangel an Raum zur Entfaltung jugendlichen Lebens. Sodann werfen wir einen Blick auf die schulischen Verhältnisse einerseits und auf die Lage von Jugendlichen in Lehre und Arbeit andererseits. Und auch wenn wir feststellen, daß die Jugendlichen der 50er Jahre generell relativ wenig Räume und noch weniger Zeit für ihre Freizeitgestaltung hatten, werden wir uns doch den verschiedenen Facetten der Freizeit ausführlich widmen; zum einen, weil dies in den Berichten der ZeitzeugInnen recht großen Raum eingenommen hat, zum anderen, weil jugendliches Leben in der Freizeit seinerzeit tatsächlich am intensivsten und spannendsten war. In diesen Kapiteln wird es um die Freizeit zu Hause und „draußen", auf der Straße vor allem, ebenso gehen wie um Sport, Kino, Musik und Tanz. Dann werden wir uns einige jugendliche „Subkulturen" etwas näher anschauen: Jugendliche im „Heim der offenen Tür", in politischen Jugendverbänden organisierte Jugendliche und schließlich auch „Halbstarke". Nachdem dann auch noch die Reisefreudigkeit der Eimsbütteler Jugendlichen gebührend gewürdigt worden ist, wenden wir uns „ernsteren" Themen zu: dem (Des-)Interesse der Jugendlichen an Politik, dem Verhältnis zwischen Eltern und Jugendlichen und – zuletzt, aber keineswegs am unwichtigsten – dem komplizierten Verhältnis der Geschlechter.

Gerade über dieses spannende Thema haben unsere ZeitzeugInnen relativ wenig erzählt. Nun ja, erzählt haben sie schon, aber doch mit einer gewissen diskreten Zurückhaltung, die von den Fragenden respektiert wurde. Das weist aber auf eines der (recht zahlreichen) Probleme hin, die damit verbunden sind, Interviews mit ZeitzeugInnen als „historische Quelle" zu verwenden, also „oral history" zu betreiben. Man kann auf diesem Wege nicht „alles" erfahren – und schon gar nicht, „wie es wirklich gewesen ist". Das hat mehrere Gründe. Zunächst muß man sich bewußt sein, daß es sich bei Interviews mit ZeitzeugInnen um eine Quelle handelt, an deren Entstehung der oder die Befragende selbst mit beteiligt ist. Der Inhalt der Fragen und die Art des Fragens sowie die gesamte Interviewsituation selbst haben Einfluß auf die Gestalt des später als Quelle verwendeten Interviews. Das macht die Interpretation ebenso schwierig wie die Tatsache, daß sich die Interviewten über bestimmte Dinge nicht äußern (können, wollen), in unserem Beispiel etwa über das eigene Sexualleben als Jugendlicher. Zudem kann die Erinnerung der ZeitzeugInnen nicht einfach „zurückspringen" in die damalige Zeit. Vielmehr ist in Erinnerung an und Erzählung über Vergangenes immer schon Deutung mit enthalten. So liegt es nicht primär an Schwächen des menschlichen Gedächtnisses, daß bestimmte Ereignisse nicht, ungenau oder sachlich falsch erinnert werden. Aus der gegenwärtigen Erinnerungs- und Erzählsituation heraus werden vielmehr bestimmte Sachverhalte ausgelassen, ausgeschmückt, verharmlost, dramatisiert, verdreht usw. Das liegt zum einen daran, daß die sich Erinnernden ja wissen, wie „die Geschichte" (ihre eigene Lebensgeschichte und die Geschichte der Gesellschaft, in der sie leben) weitergegangen ist, und daß sie mit diesem Wissen im Hinterkopf von ihrem Standpunkt gegenwartsbezogen über die Vergangenheit erzählen und dabei zwangsläufig diese Vergangenheit in der Erzählung deuten. Und das liegt zum anderen daran, daß die Erzählung über Vergangenes stets auch der Selbstdarstellung und Selbstvergewisserung dient; das eigene Selbstbild und die Vorstellung von der eigenen persönlichen Geschichte strukturieren die Erzählung über vergangene Ereignisse, Erlebnisse und Erfahrungen. Dies gilt es zu berücksichtigen, wenn man die Aussagen der ZeitzeugInnen wiedergibt und interpretiert. Es ist aber auch akzeptabel, weil es ja weniger um exakte Daten geht, wenn man ZeitzeugInnen über ihr Leben als Jugendliche in den 50er Jahren befragt, als vielmehr darum, aus den Erzählungen herauszuarbeiten, wie die individuelle Lebenswelt der ZeitzeugInnen aussah (bzw. aus heutiger Sicht rekonstruiert wird) und wie sie vermittelt war mit der allgemeinen Gesellschaftsgeschichte.

Aus einer solchen Schilderung und Deutung der Vergangenheit durch ZeitzeugInnen ist ein lebendigeres Bild von der Alltagsgeschichte der „einfachen Leute" zu gewinnen als durch das bloße Studium von Akten und gedruckten Quellen. Gleichwohl haben wir auf letztere für unsere Darstellung nicht verzichtet. Wenn diese Darstellung also auch im wesentlichen auf den ZeitzeugInnen-Interviews aufbaut, wurden doch ergänzend Dokumente aus dem Hamburger Staatsarchiv und aus den Archiven einiger Eimsbütteler Schulen ausgewertet. Aus ihnen geht u.a. hervor, wie die Institutionen der Erwachsenenwelt die Jugend beurteilten und „verwalteten". Zudem wurden zeitgenössische empirische Untersuchungen und Studien über das Leben der damaligen Jugend herangezogen.

So wird es möglich, gleichsam den Blick „von oben" – den der Behörden, Jugendvertreter, Jugendsoziologen usw. – mit dem Blick „von unten" – dem der damals jugendlichen ZeitzeugInnen – zu verschränken, was zuweilen neue Perspektiven auf jugendliches Leben in den 50er Jahren eröffnet. Nicht zuletzt sollen die Fotos in diesem Band, die großenteils aus den privaten Fotoalben der ZeitzeugInnen stammen, eine besondere Sicht auf jugendliches Leben in Hamburg-Eimsbüttel zu dieser Zeit vermitteln. Diese verschiedenen Sichtweisen fördern ein differenziertes Bild zutage, wobei sich zeigt, daß das nostalgisch-verklärte Klischee der 50er-Jahre-Jugend als einer Jugend „außer Rand und Band" bei weitem zu grobkörnig ist. Gerade die Vielfalt und Widersprüchlichkeit aber macht die sozialgeschichtliche Thematisierung von jugendlichen Lebenswelten in den 50er Jahren so überaus spannend.

JUGEND IN ZEITEN DES MANGELS

*Die Vorgeschichte
1945–1948*

Bevor wir auf das Leben von Eimsbütteler Jugendlichen in den 50er Jahren zu sprechen kommen, soll ein kurzer Überblick über Lebensbedingungen und jugendliche Lebenswelten in der unmittelbar voraufgehenden Zeit gegeben werden. Das scheint aus drei Gründen sinnvoll. Zum ersten, um deutlich zu machen, daß ein enormer Unterschied zwischen den Lebensbedingungen und Lebensformen von Jugendlichen etwa im Jahre 1947 und im Jahre 1957 bestand, daß sich mithin eine rasante Entwicklung in nur einem Jahrzehnt vollzog. Zum zweiten soll aber auch – nur scheinbar im Gegensatz dazu – gezeigt werden, daß sich manche Aspekte jugendlichen Lebens nur allmählich veränderten, daß Voraussetzungen, die sich aus der Nachkriegssituation ergaben, noch weit bis in die 50er Jahre wirkten. Und schließlich soll zum dritten erklärt werden, unter welchen Bedingungen jene Menschen ihre Kindheit verbrachten, die dann in den 50ern als Jugendliche in Eimsbüttel lebten.

Wohnungsnot in der Trümmerstadt

Hamburg war 1945 eine Trümmerstadt. Die Luftangriffe der Alliierten, insbesondere das „Unternehmen Gomorrha" im Sommer 1943, hatten große Teile der Stadt in Schutt und Asche gelegt. Eimsbüttel gehörte zu den am schwersten betroffenen Stadtteilen. In ganz Hamburg waren 280.000 Wohnungen, etwa die Hälfte des Vorkriegsbestandes, völlig zerstört. Hunderttausende von BürgerInnen hatten während des Krieges die Stadt verlassen müssen. Viele von ihnen waren auch bei Kriegsende noch fern der Heimat, und oft konnten diese „Butenhamburger" erst Jahre später nach Hause zurückkehren. Denn abgesehen vom weitgehenden Zusammenbruch der gesamten städtischen Infrastruktur, der Lahmlegung des Verkehrssystems, des einschneidenden Rückgangs von Produktion und Handel, des eklatanten Mangels an allen Gütern des täglichen Bedarfs – Nahrung, Kleidung, Heizung – war die Wohnungsnot die schwerwiegendste unmittelbare Kriegsfolge für die Hamburger Bevölkerung[4]. Sie sollte es bis weit in die 50er Jahre hinein bleiben. Sie war auch der wesentliche Grund dafür, daß für die Stadt strenge Zuzugsbeschränkungen erlassen wurden, die auch die „Butenhamburger" betrafen. Jene Menschen, die in der Stadt geblieben waren, mußten eng zusammenrücken. Das galt v.a. für den ohnehin traditionell dicht besiedelten Stadtteil Eimsbüttel.

Alle ZeitzeugInnen berichten aus der Nachkriegszeit von äußerst beengten Wohnverhältnissen. Sei es, daß die BewohnerInnen der kleinen Wohnungen in den Eimsbütteler Mietshäusern ausgebombte Verwandte, Freunde und Bekannte oder gar Fremde, die auf dem Wege der „Wohnraumbewirtschaftung" bei ihnen eingewiesen wurden, aufnehmen mußten. Oder sei es, daß sie selbst als Ausgebombte in irgendwelchen Behelfsquartieren in Eimsbüttel oder in weniger zerstörten Vororten Unterschlupf suchen mußten. Viele Menschen konnten sich nur notdürftig in Wohnlauben, Kellern, Behelfsheimen wie den sog. Nissenhütten[5] oder halbzerstörten Wohnhäusern einrichten, oder sie mußten gar mit Notquartieren in Schulen, Turnhallen, Fabrikgebäuden oder Bunkern vorliebnehmen[6].

Herr W. (Jg. 1933), der mit seinen Eltern und einem jüngeren Bruder 1945 aus Breslau nach Hamburg zurückkam, berichtet, daß sie zunächst bei Verwandten in der Schwenckestraße gewohnt hätten und dann in der Müggenkampstraße „in einem vollkommen ausgebrannten Trümmerhaus, in dem einige Wohnungen notdürftig instand gesetzt wurden", untergekommen seien. Dort hätten sie in einer „ganz, ganz einfachen" Zwei-Zimmer-Wohnung gelebt. Herr R. (Jg. 1929) erzählt, daß er nach der Ausbombung seiner Familie bei den großen Angriffen im Sommer 1943 – er hatte mit Eltern und einer älteren Schwester im Stellinger Weg gewohnt – zunächst bei den Großeltern in der Nähe Berlins untergekommen sei; nach der Rückkehr 1944 habe die Familie dann in der Müggenkampstraße 16 in einem Zimmer bei Bekannten gewohnt. Von dort seien sie 1945 in eine große Parterre-Wohnung im Eidelstedter Weg 55 gezogen. Hier hätten sie allerdings nicht allein gewohnt, sondern zusammen mit zwei weiteren Familien. Insgesamt seien sie zehn Personen in der Wohnung gewesen. Der Familie R. habe ein Zimmer zur Verfügung gestanden. In dieser Drei-Familien-Wohngemeinschaft hat Herr R. noch bis 1950 gewohnt.

Das war nicht im geringsten ungewöhnlich. Frau L. (Jg. 1934) wohnte nach dem Krieg zeitweise mit acht Personen in einer 3-Zimmer-Wohnung in der Garbestraße. Herr D. (Jg. 1934) kam mit seinen Eltern und seiner Schwester in der Wohnung seiner Großeltern in der Lutterothstraße unter; dort hätten sie „teilweise mit vierzehn Personen" in einer 72 Quadratmeter großen Wohnung gewohnt. Frau K. (Jg. 1936) wohnte mit Eltern, Bruder, Oma, einer Tante und einem Onkel – also mit sieben Personen – in einer Drei-Zimmer-Wohnung in der Hohen Weide 64. So beengt wohnten sie noch bis weit in die 50er Jahre. Frau K. sagt dazu: „Nach dem Krieg war das so gang und gäbe."

*I*mprovisierter Schulbetrieb

Ebenso wie ein Großteil des Wohnraums zerstört war, waren auch viele Schulen zerstört[7]. Außerdem wurden Schulgebäude sachfremd genutzt – als Lazarette oder Büroräume, vor allem aber als Notunterkünfte für Ausgebombte und Flüchtlinge. Der Schulbetrieb in der Nachkriegszeit war dementsprechend von Mangel, Unzulänglichkeiten und Improvisation geprägt. Am Beispiel der Oberschule für Jungen in Eimsbüttel, dem heutigen Gymnasium Kaiser-Friedrich-Ufer („Kaifu")[8], sei die seinerzeitige Schulmisere kurz skizziert.

Bei Wiederaufnahme des Schulbetriebs im August 1945 war im Schulgebäude am Kaiser-Friedrich-Ufer noch ein Lazarett untergebracht, so daß die Schule zunächst nur die Kellerräume nutzen konnte. Man war daher auch zu Gast in den Räumen der Volksschule Bismarckstraße. Die Folge des Raummangels war, daß der Unterricht – wie auch an den anderen Hamburger Schulen zu dieser Zeit üblich – in Schichten erteilt werden mußte. Teilweise wurde an den Schulen sogar in drei oder vier Schichten unterrichtet. Die meisten Schüler hatten nur verkürzten Unterricht.

Überdies wurde auch – so Herr W. – „viel draußen" Unterricht erteilt, nämlich in den nahegelegenen Schrebergärten; „gardening" hieß das dann. Ein Lehrer, Dr. Ruhoff, betrieb dort z.B. Tabakanbau.

An Lehrkräften bestand eklatanter Mangel. Viele Lehrer waren entweder gefallen, noch in Kriegsgefangenschaft oder durften als NS-Belastete (noch) nicht (wieder) unterrichten[9]. Daher wurden sehr alte, schon länger pensionierte, LehrerInnen reaktiviert[10]. Diese mußten zum Teil auch fremde Fächer unterrichten. Herr E. (Jg. 1934), der im Herbst 1946 ans Kaifu kam, erinnert sich: „Unsere Lehrer an der Oberschule: Im wesentlichen waren das ältere Herren, die nicht an der Front gewesen waren und damit auch nicht in Gefangenschaft waren."

Die Klassenfrequenzen waren sehr hoch. In Herrn E.s Klasse waren anfänglich 40 Schüler. Die Ausstattung mit Büchern und Heften war äußerst dürftig. Herr E.: „Es war nichts vorhanden. Hefte zum Schreiben gab es natürlich auch nicht. Die haben wir uns selbst gemacht. Da haben wir dann also relativ schlechtes Papier irgendwie versucht zu bekommen und dann zugeschnitten und dann zusammengenäht, zwei, drei Fäden durchgezogen, und dann war das 'n Heft". Wie Herr E. schrieben seinerzeit viele Hamburger SchülerInnen „auf Zeitungsrändern, Packpapier oder alten behördlichen Formularen"[11].

Ein wichtiger Bestandteil des damaligen schulischen Lebens war in Anbetracht der schlechten Ernährungslage die Schulspeisung. Herr W.: „Die war von der Militärregierung gestiftet. Jeden Morgen um neun Uhr kamen die Kanister mit Suppen, süße Suppen verschiedener Art. Die waren sehr beliebt." Für Frau F. (Jg. 1935) war die Schulspeisung „das allerwichtigste" an der Schule. Seit Winter 1945 wurde diese Schulspeisung an bedürftige Kinder ausgegeben, seit März 1946 wurden alle SchülerInnen (und später auch die Lehrer) einbezogen. Zunächst wurden 46.000 Kinder, 1947 rund 200.000 Kinder versorgt. Ab März 1948 wurde die Schulspeisung auf fünf Tage in der Woche reduziert, 1950 lief das Programm endgültig aus[12].

Ein eigenes Zimmer hatten die SchülerInnen seinerzeit wegen der äußerst beengten Wohnverhältnisse nicht. Sie mußten ihre Schularbeiten daher in Küche oder Wohnzimmer machen. Herr E., der mit seinen Eltern in einer Zwei-Zimmer-Wohnung in der Hartwig-Hesse-Straße (damals: Schenefelder Straße) wohnte, sagt: „Von einem eigenen Zimmer war überhaupt keine Rede ... Das war aber auch relativ normal, meine Klassenkameraden hatten sowas auch nicht." Er hat seine Schulaufgaben in der Küche gemacht, Herr W. im Wohnzimmer.

Hunger, Kälte, Wohnungsnot beeinträchtigten die physische und psychische Konstitution von LehrerInnen und SchülerInnen und machten sie anfällig für Krankheiten. „1947 erwies eine schulärztliche Untersuchung, daß der Gesundheitszustand von 40% der Kinder als schlecht und nur von 12% als gut zu beschreiben war. ... Erschreckend auch die Zahl, daß 46% der Hamburger Schulkinder kein eigenes Bett besaßen, d.h. entweder ihr Bett mit Erwachsenen oder Geschwistern teilten bzw. auf Fußböden, Kisten oder Stühlen schlafen mußten. Für die Lehrer war die Lebens- und Wohnsituation nicht anders. Aus den Meldungen der Schulleiter an die Behörde geht hervor, daß viele an Unterernährung, Erschöpfungszuständen, Kreislauf- und Konzentrationsstörungen litten"[13].

Die schulischen Leistungen konnten unter diesen Bedingungen häufig nur unterdurchschnittlich sein. Ein Schulleiter konstatierte für die Jahre 1945-47: „Die Leistungsfähigkeit wird ferner stark herabgemindert durch die Unterernährung und durch die Unregelmäßigkeit des Schulbesuches wegen fehlender Fußbekleidung und der dadurch hervorgerufenen Erkrankungen"[14]. In einem Bericht vom April 1947 wird festgehalten: „Erheblich ist das Fehlen wegen schlechten Schuhwerks. Kinder kommen schon wieder in Scharen barfuß zur Schule"[15].

Für viele SchülerInnen war die Teilnahme am alltäglichen Überlebenskampf ihrer Familien ohnehin bedeutender als Schule und Unterricht. Oft hatten die SchülerInnen Wichtigeres zu tun, als zur Schule zu gehen. So konstatiert ein Bericht aus dem April 1947: „Zunahme der Hamsterfahrten als Fehlgrund; Schüler fehlen insbesondere wegen Kartoffelbeschaffung"[16]. Und in einem anderen Bericht eines Schulleiters über die Zeit 1945-47 heißt es: „Hamsterei und Schwarzarbeit erfüllen Gespräche und Denken der Kinder, die oft von den Eltern nicht nur zu gelegentlichen Besorgungen, sondern auch zu Diebstählen angehalten wurden"[17]. Dabei ist zu berücksichtigen, daß „Diebstahl" damals gewissermaßen als „normales", ja überlebensnotwendiges Verhalten galt, das in der Regel mit verhüllend-verharmlosenden Begriffen wie „Organisieren" oder „Besorgen" umschrieben wurde.

Trotz der erschwerenden Umstände an den Schulen wurden Ausflüge und sogar Klassenreisen gemacht. Tages-Ausflüge gingen an Elbe oder Alster, in die Harburger Berge oder die Lüneburger Heide. Herr W. und Herr E. erzählen außerdem von Klassenreisen nach Wenningstedt auf Sylt in den Jahren 1946 bzw. 1947. Dort hatte die Bismarck-Oberschule ein Schullandheim. Auch bei diesen Klassenreisen spielte die Verpflegung eine große Rolle. Herr W.: „Viele der Kinder waren unterernährt. Und da in diesem Landheim sollten sie sich nun erholen. Da war ja denn auch das Essen etwas besser." 1948 machte Herrn W.s Klasse eine Fahrradtour durch Schleswig-Holstein. Übernachtet wurde in Jugendherbergen. Die Fahrräder wurden laut Herrn W. „zusammengebaut aus allen möglichen Teilen ... Die Räder waren nicht im besten Zustand. ... Wir waren kurz aus Hamburg raus, da hatten die ersten schon 'nen Platten. Denn es war ja alles in schlechtem Zustand, die Reifen und Schläuche und so."

Zusammenfassend ist festzuhalten, daß die Bedingungen, unter denen Jugendliche in der Nachkriegszeit in Hamburg zur Schule gingen, katastrophal waren. Die Schulsituation war allenthalben geprägt von Mangel: Mangel an Räumen, an Lehrern, an Unterrichtsmitteln, an Büchern und Heften. Damit fügte sich die Lage an den Schulen in das allgemeine Bild des Nachkriegsmangels ein.

Erst nach der Währungsreform konnte in Hamburg mit dem Wiederaufbau und dem Neubau von Schulen begonnen werden[18]. Der Lehrermangel wurde dadurch zumindest abgemildert, daß nach und nach fast alle LehrerInnen, die wegen ihrer NS-Vergangenheit aus dem Schuldienst entlassen worden waren, einen „Persilschein" erhielten und wieder eingestellt wurden[19].

Der Kampf gegen den Hunger

Jenen Jugendlichen, die damals in der Lehre waren oder arbeiteten, erging es nicht besser als den SchülerInnen. Das sei anhand der Erinnerungen von Frau St. (Jg. 1926) illustriert.

Frau St. war noch im Februar 1945 als Luftwaffenhelferin eingezogen worden und hatte sich in den letzten Kriegstagen vom Fliegerhorst Agathenburg nach Hamburg durchgeschlagen, wo sie auch das Ende des Krieges erlebte. Sie wohnte mit ihrer Schwester und ihrer Mutter (der Vater war 1941 gestorben) in der Düppelstraße 34 (heute: Heckscherstraße). Sie hatte Friseurin gelernt und fing auch gleich nach Kriegsende wieder an, in diesem Beruf zu arbeiten. Zunächst in der Wrangelstraße, dann am Eppendorfer Markt (Mai-August 1945), danach bis zum April 1946 im Eppendorfer Weg und schließlich seit dem April 1946 am Eppendorfer Baum bei der Firma Heinz. Bei diesen „Frisiersalons" der Nachkriegszeit handelte es sich meist um sehr schlichte Einrichtungen; die FriseurInnen übten ihr Handwerk oft in einem Zimmer ihrer Wohnung aus, und die Ausstattung war äußerst dürftig. Frau St.: „Die Kunden brachten sich zu der Zeit auch die Handtücher selbst mit, weil das alles eben nicht da war ... Jeder mußte ein Brikett mitbringen, um heißes Wasser zum Haarewaschen zu machen." Gleichwohl legten KundInnen und FriseurInnen auch zu dieser Zeit Wert auf modische Frisuren: „Es wurden alle möglichen Frisuren gemacht ... so hochgesteckt, und Kurzhaarschnitt. Es gab eigentlich alles. Diese Vorstellung, wie man aussehen möchte, und die zu verwirklichen, die war schon da." Der Lohn war bescheiden: „Ich habe bei Heinz 45 Reichsmark in der Woche verdient. Davon mußte ich 25 Reichsmark zu Hause abgeben." Wichtiger als der in Geld ausbezahlte Lohn waren aber ohnehin die „Trinkgelder", die in Naturalien, sprich: belegten Broten, gegeben wurden.

18 *Zeiten des Mangels*

Der Hunger war in dieser Zeit ständiger Begleiter vieler StadtbewohnerInnen, und ein Großteil von Zeit und Energie der Menschen wurde darauf verwendet, etwas Eßbares zu organisieren. Denn mit der offiziellen Lebensmittelzuteilung von 1550 Kalorien für „Normalverbraucher" täglich – so der Satz in der britischen Zone – konnte man nicht überleben (als Minimum zur Erhaltung von Gesundheit und Leistungsfähigkeit gelten 2650 Kalorien). Überdies standen die Zuteilungen oft nur auf dem Papier, in den Läden war für Lebensmittelmarken faktisch oft nichts zu bekommen. Außerdem wurde über längere Perioden die offizielle Kalorienzuteilung noch weiter herabgesetzt[20].

Da die Lebensmittel, die man auf Marken bekam, zum Überleben nicht ausreichten, war man darauf angewiesen, durch Tauschhandel, Hamsterfahrten in das Hamburger Umland sowie Geschäfte auf dem Schwarzen Markt die Ernährungslage aufzubessern[21]. Auch Kinder und Jugendliche betätigten sich als Schwarzmarkthändler und Hamsterer, um zum Überleben der Familien beizutragen. In einem Lagebericht des Jugendamtes Ende 1945 heißt es z.B. über den großen Schwarzmarkt in der Talstraße auf St.Pauli, daß sich dort auch Jugendliche und zunehmend Kinder betätigten: „Es sind immer Jungen, die dort zu finden sind und die auch dort kleine Geschäfte tätigen oder sich dort als Vermittler nützlich machen in der Form, daß sie Käufer und Verkäufer bestimmter Artikel ausfindig machen und dann zusammenführen und dafür eine Vergütung bekommen"[22].

Auf dem Schwarzen Markt kostete in Hamburg 1946 ein Kilo Butter „zwischen 450 und 500 RM, ein Dreipfundbrot um die 20 RM. Für ein Pfund weißen Zucker mußte man 80 RM, für ein Pfund Fleisch 60 RM bezahlen. Zum Vergleich: der Bruttoverdienst eines männlichen Arbeiters betrug durchschnittlich in Hamburg 42,21 RM in der Woche. Für die Lebensmittel, die ein Normalverbraucher im Juli/August 1947 auf seine Marken hin bekam, mußte er insgesamt 11,90 RM bezahlen. Wollte er seine Ernährung wenigstens auf 2.000 Kalorien täglich erhöhen, hätte er zusätzlich 230 RM im Monat gebraucht, um auf dem Schwarzen Markt entsprechend mehr einzukaufen. Die Ersparnisse aus der Kriegs- und Vorkriegszeit waren so schnell aufgebraucht. Statt Geld wurden Schmuck, Mäntel, Armbanduhren getauscht; die Zigarette avancierte zur Leitwährung des Schwarzen Marktes"[23].

Herr Z. (Jg. 1933) erzählt, daß er in seiner Schule (zunächst Lutterothstraße, dann in der letzten Klasse Seilerstraße) „einer der Händler war, die da rumgeschachert haben, indem sie da Sachen verkloppt haben. Kaugummis und so alles diese Sachen. Damit habe ich regulär gehandelt". An „diese Sachen" für seine Tauschgeschäfte kam er durch den glücklichen Umstand, daß er Verwandte in den USA hatte, die ihn und seine Mutter mit Care-Paketen versorgten[24]: „Nach Kriegsende ging das los ... Wir waren eine der Familien, die als erste 'n Care-Paket vor die Tür kriegten." Daher konnte sich Herr Z. z.B. früher als andere ein neues Fahrrad anschaffen: „Nur aufgrund meines Onkels in den Vereinigten Staaten, der mir dann Zigaretten schickte, die ich dann verkloppt habe, wo ich dann relativ schnell zum Fahrrad kam ... Daher war ich sowieso auch mit amerikanischer Kleidung bestückt und so, weil wir das alles von drüben kriegten. Insofern zählten wir zu den Glücklichen dann."

Zu diesen „Glücklichen" gehörten auch die vier Geschwister O. aus der Thusneldastraße. Deren Eltern waren in der Kirche aktiv, und daher bekam die Familie von einer Kirchengemeinde aus den USA regelmäßig Care-Pakete und auch zusätzliche Pakete mit Kleidung. Klaus O. (Jg. 1938): „Wir kriegten einmal im Monat unser Care-Paket. Das ging bis 1953." Zu den Geburtstagen und zu Weihnachten gab es noch zusätzliche Pakete. Daher hat die Familie auch in der schlechten Zeit „gut gelebt, wir haben nicht gehungert" (Klaus O.). Die Geschwister erinnern sich noch genau an den Inhalt eines solchen Care-Pakets: Schmalz, Kaffee, Schokolade, Nudelsuppen, Vitamintabletten, Trockenmilch, Zigaretten – und Kaugummi: „Damit haben wir alle Kinder in der Thusneldastraße versorgt" (Ingeborg O., Jg. 1935).

Auch für die weniger „Glücklichen" waren „Beziehungen" in dieser Zeit lebenswichtig. Frau St. erzählt: „Meine Schwester arbeitete in Wentorf beim Engländer in der Kaserne. Die brachte warme Unterwäsche zum Tauschen mit. Ein Bekannter meiner Mutter hatte ein Eisgeschäft am Langenfelder Damm. Der hatte Rohrzucker, da konnte ich Rohrzucker bekommen zum Tauschen ... Über Beziehungen zu 'ner Bekannten bekamen wir Graupen ... Über einen anderen Bekannten Kohl und Steckrüben."

Doch trotz aller Anstrengungen blieb die Ernährungslage stets prekär, der Speiseplan äußerst dürftig. Frau St. erzählt, daß sie „viel trocken Brot" gegessen und „Wasser aus der Wasserleitung" getrunken habe. In besonders greulicher Erinnerung ist ihr noch ein Hauptnahrungsmittel jener Zeit – die Steckrüben: „Steckrüben wurden ja nicht nur gekocht, sondern die wurden ja auch in Scheiben geschnitten und dienten als Brotersatz ... Das schmeckt manchmal aber auch noch besser als gekocht ... Wenn man ins Treppenhaus kam: Der Geruch – konnte nur Kohl oder Steckrüben sein. Was anderes gab es ja nicht ... Das war 'ne sehr einseitige Ernährung."

Um diese „einseitige Ernährung" wenigstens ein wenig abwechslungsreicher zu gestalten, entwickelten die Menschen viel Phantasie. Frau St. erzählt von ihrer Mutter: „Meine Mutter ging dann bei, die pflanzte auf dem Balkon Tomaten, wir hatten ja 'ne wunderschöne Lage zum Süden hin. Die gediehen prächtig. Schmeckten auch hervorragend ... Aber da mußten wir dann auch runter, da kamen noch Pferd und Wagen, da kamen die Pferdewagen mit dem Blockeis (für die Gastwirtschaft gegenüber – d. Verf.). Und wenn die Pferde dann weg waren, dann stand man da schon mit Schaufel und Besen. Da hatte die Mutter schon gesagt: Heute sind die Pferde da ... Die Pferdekötel, die mußten dann rauf zu Muttern in den Düngerkasten rein. Die waren dann ja so gut für die Tomaten." Der Balkon diente auch noch anderen Zwecken: „Meine Mutter rauchte zu der Zeit, die hatte sich dann da auch 'n paar Tabakpflanzen da auf dem Balkon gehalten"; und schließlich wurde auch noch ein Kaninchen als potentieller Festtagsschmaus in einem Stall auf dem Balkon durchgefüttert.

Obst, Gemüse, Milchprodukte, Kaffee, Süßigkeiten – alles war zu dieser Zeit äußerst knapp. Und so erinnert sich Frau St. auch heute noch an herausragende „kulinarische Genüsse" aus jener Zeit: Als der Bruder ihres späteren Mannes „mal Karbonaden mitbrachte – das war 'ne Seligkeit". Und aus der Konditorei „Altrogge" in der Gärtnerstraße „da holten wir uns in der Zeit '46 und '47 Torte, die war aus Tran gebakken, „Buttercremetorte" aus Tran gemacht. Aber wir waren ja so hungrig auf sowas".

Kohlen klauen

Neben der Sicherstellung von Wohnung und Ernährung war ein weiteres großes Problem in der Nachkriegszeit, die Wohnungen zu beheizen. Die Jagd nach Brennmaterial war in den extrem kalten Nachkriegswintern, besonders dem Winter 1946/47, ein zentraler Bestandteil des Überlebenskampfes[25]. Folglich war das Kohlenklauen „Alltag, auch für viele Kinder und Jugendliche. Wenn von je 1.000 Tonnen bei Ankunft der Kohlenzüge aus dem Ruhrgebiet 200 Tonnen fehlen, gilt dies als normaler Schwund. Manche Züge erreichen ihr Ziel 'besenrein'"[26].

Die Jugendlichen waren speziell bei so waghalsigen Operationen wie dem Kohlenklauen aus fahrenden Güterzügen gefordert. Für die Eimsbütteler Jugendlichen waren die Strecke zwischen Sternschanze und Holstenstraße und das Areal des großen Güterbahnhofs Elbgaustraße besonders interessant. Ein Bericht des Kreisjugendamtes 1 vom April 1946 stellte fest: „Am Bahndamm, besonders zwischen Holstenstraße und Sternschanze, haben sich Kohlendiebstähle, die an den dort haltenden Güterwagen der Eisenbahn vorgenommen werden, herausgebildet ... Bei ständigem Bahnverkehr sind viele Erwachsene, Jugendliche und Kinder auf den Gleisen anzutreffen, die sich Kohlen von den Waggons herunterholen ... Das Beispiel der Erwachsenen nimmt den Kindern und Jugendlichen alle Hemmungen"[27].

Frau St. erzählt von ihren Expeditionen im „wahnsinnig kalten Winter 46/47. Da war ja dann ganz Hamburg auf den Beinen, wenn die Züge Elbgaustraße rauffuhren zum Norden, und fuhren denn da 'n bißchen langsamer, dann sind wir aufgesprungen und haben (die Kohlen – d. Verf.) nur runtergeworfen. Und unten – man mußte immer mit zwei Mann sein – war noch einer, der sammelte ein ... Ich bin auch oben auf dem Zug gewesen. Ich war immer mit meiner Mutter zusammen da ... Als es ging, haben wir 'nen Schlitten mitgehabt. Es war ja auch 'ne ganze Ecke von Hoheluft da hin zur Elbgaustraße. Haben wir es dann auf dem Schlitten transportiert. Einmal sind wir auch geschnappt worden von der Bahnpolizei. Dann haben sie einem das natürlich alles wieder abgenommen. War alles umsonst. Aber wir sind etliche Male da gewesen."

Weiter erzählt Frau St. über die Beschaffung von Brennmaterial: „Und dann bin ich auch mit meiner Mutter in der Zeit, wo es kalt war, oft raus gewesen nach Egenbüttel, da wurden die Wälder ja zu der Zeit abgeholzt. Und dann waren ja noch die Wurzeln drin. Dann ist meine Mutter beigegangen und hat Wurzeln gerodet. Dann haben wir die Wurzelstücke auf 'nen Karren geladen, Schott'sche Karre, hatten wir uns geliehen beim Kohlenhändler. Zu Fuß mit 'ner Schott'schen Karre haben wir Holz geholt von Egenbüttel. Und so sind wir auch mal im Alstertal gewesen, da haben wir auch Holz geholt. Aber es mußte ja alles zu Fuß rangeschafft werden."

Trotz dieser Anstrengungen hat man die meiste Zeit im Winter jämmerlich gefroren: „Es war nun aber nicht so, daß man durchgehend heizen konnte. Es wurden nur abends zum Sitzen – Semmelbrikett hießen die – reingetan, man gerade, daß der Ofen warm wurde. Und dann durften wir uns abwechselnd auf den Ofen setzen. Das war so ein Majolika-Kachelofen, da konnte man dann – jeder durfte da mal drauf sitzen, daß man sich mal richtig durchwärmte. Und wenn wir morgens aufstanden und hatten vielleicht 'nen Topf, den wir eingeweicht hatten, der war dann gefroren. In der Wohnung! Und wir gingen teilweise mit Mützen, mit Handschuhen, mit Schal, mit solchen Sachen ins Bett" (Frau St.).

Aber auch „solche Sachen" – also Kleidung – zu beschaffen, war damals ein riesengroßes Problem. Frau St. sagt: „Man rannte sich die Hacken ab" für etwas zum Anziehen. „Mäntel undsoweiter gab's ja alles nicht ... Einen Mantel hatte ich nicht. Und eine Kundin von mir, die konnte immer an Wolldecken rankommen: Aus einer dicken Wolldecke hat mir Mutti einen Mantel genäht, den habe ich auch im Sommer getragen. Und es war sehr heiß sogar, das weiß ich noch, '48. Und da habe ich 'nen Wintermantel getragen ... Mit der Kleidung war es ja in dieser ganzen Zeit so: Meine Mutter – sie konnte sehr, sehr gut nähen – trennte alles, was an Kleidung da war, auf und nähte andere Sachen daraus. Für meine Schwester, für mich" (Frau St.).

Unter diesen Umständen darauf zu achten, daß die Kleidung auch „modisch" war, war selbstverständlich von untergeordneter Bedeutung. Dennoch versuchten die jungen Leute, durch Improvisation und Phantasie ihrer äußeren Erscheinung einen gewissen „Chic" zu geben, etwa – wie Frau St. berichtet – durch selbstgebastelte Schuhe mit besonders hohen Sohlen, durch phantasievolle Frisuren, selbstgemachte Hüte usw.

Sport mit Hindernissen

Auch wenn der Jugendlichenalltag weitgehend davon geprägt war, sich an der Sicherstellung des Überlebens der Familien zu beteiligen, so gab es doch auch und gerade angesichts der materiellen Not das Bedürfnis nach Entspannung und Vergnügungen, nach Freizeitgestaltung gemeinsam mit anderen Jugendlichen. Selbst in jener Zeit stand der Sport bei vielen Jugendlichen als Freizeitbeschäftigung hoch im Kurs. Der bekannteste und größte Sportverein in Eimsbüttel war damals der ETV. Mehrere unserer ZeitzeugInnen waren dort Mitglied.

Frau L. schildert, wie und warum sie im Sommer 1947 zur Turnabteilung des ETV stieß: „Die Kinder hatten ja damals nichts, es gab ja nichts für uns ... Wohnverhältnisse waren beengt. Und da ging man eben – ‚oh, da ist 'was los!' – da ging man hin."

Auch Herr Eh. war ETV-Mitglied[28]. Er war 1937 dort eingetreten und gehörte seitdem zur Faustballmannschaft. Im Krieg war er seit 1942 Soldat gewesen, 1946 aus französischer Gefangenschaft entlassen worden, und nachdem er noch ein halbes Jahr in Göppingen mit Diphterie im Lazarett gelegen hatte, war er nach Hamburg heimgekehrt und zu seinen Schwiegereltern in die Schedestraße gezogen. Er nahm sogleich das Faustballspiel im ETV wieder auf, und mit ihm wurde die äußerst erfolgreiche Faustball-Abteilung zum „Aushängeschild" des ETV. Die Faustball-Herrenmannschaft, deren Mitglieder alle aus Eimsbüttel kamen, wurde schon 1946 Hamburger Meister und 1947 und 1948 Deutscher Meister. 1947 „stiftete uns Adda-Eis zur Meisterschaftsfeier so'n Kübel Eis, das war damals ja 'ne Sensation".

Über die Schwierigkeiten, die seinerzeit mit der Teilnahme an Deutschen Meisterschaften verbunden waren, erzählt Herr Eh.: „Für uns war es natürlich immer ein Riesenproblem, hinzukommen zu den Deutschen Meisterschaften ... Geld hatten wir sowieso nicht ... Wir wurden auf 'nen Riesen-LKW gesetzt, da wurde hinten ein Holzbrett rübergelegt, und da saßen wir dann mit sechs Mann – und nach fünf Kilometern hatten wir alle Gehirnerschütterung. Das ging so nicht. Dann sind wir zum nächsten Bauernhof gefahren, und überall, wo 'ne Ecke frei war, da haben wir Stroh reingehauen, und dann waren wir morgens um sechs in Wülfenrath, und wie die die Klappe da aufmachten, sind wir wie tot da rausgefallen, aber um acht mußten wir spielen ... Die Rückfahrt war ähnlich. Da kriegten wir so etwas ähnliches wie einen VW-Bus, aber ohne Fenster, ohne Sitzmöglichkeiten, ohne alles. Aber da hatten wir schon Erfahrung. Da sind wir wieder zum nächsten Bauern gefahren und da haben wir wieder voll Stroh gehauen, und da haben wir uns wieder da hingelegt – und nach 'ner dreiviertel Stunde kriegten wir keine Luft mehr, da waren ja keine Fenster und nichts. Und da haben wir angeklopft, die sollen mal anhalten. Die haben wohl gedacht: 'Die sind wohl verrückt – jetzt schon pinkeln, das geht ja nun nicht!' Na ja, ... Und kurz vor Harburg, da ging das Benzin aus. Da standen wir dann ohne Benzin."

Demokratischer Aufbruch: Jugendverbandsarbeit

Spielte Sport bei vielen Nachkriegsjugendlichen in Eimsbüttel eine große Rolle, so kann man das von der Politik nicht sagen. „Für Politik habe ich mich damals nicht interessiert" – diese Aussage Frau St.s steht für die Haltung vieler Eimsbütteler Jugendlicher der Nachkriegszeit. Nur eine Minderheit hat sich politisch interessiert und engagiert. Sie organisierten sich in den freien Jugendverbänden, die in der Nachkriegszeit (wieder-)aufgebaut wurden – bei der Gewerkschaftsjugend, bei den „Falken", bei der Freien Deutschen Jugend (FDJ), konfessionellen Jugendgruppen, Pfadfindern oder bündischen Jugendgruppen. Allerdings hatte auch die Tätigkeit dieser Verbände unter der allgemeinen Mangelsituation zu leiden. Nicht zuletzt fehlten ihnen häufig Räumlichkeiten, wo sie sich treffen konnten. Ein bezeichnendes Schlaglicht auf die Lage wirft die

Tatsache, daß die britische Militärregierung im November 1946 dem Landesjugendamt acht Nissenhütten für die Verwendung als Heime für Jugendorganisationen zur Verfügung stellte[29].

Trotz dieser widrigen Umstände ging eine Minderheit der Jugendlichen mit großem Enthusiasmus in die Jugendorganisationen und in und mit diesen daran, ein demokratisches gesellschaftliches Leben zu entwickeln. Zu dieser Minderheit gehörten Herr und Frau Ü. Frau Ü. (Jg. 1929) trat zusammen mit ihrem Bruder 1946 in die Guttempler-Jugend ein. Sie waren dazu gekommen, weil schon die Eltern bei den Guttemplern gewesen waren. Frau Ü. sagt: „Meine Eltern waren vor '33 in der Guttempler-Loge. Aber mein Vater kommt aus jüdischem Hause, und irgendwann wurden sie denn ausgeschlossen. 1936. Nach dem Krieg haben sich die Fäden dann aber wieder zusammengesponnen. Und er ist da auch wieder eingetreten, und als da auch 'ne Jugendgruppe aufgebaut wurde, wurden wir – mein Bruder und ich – eingeladen, doch mal hinzukommen. Das war '46. Da war ich 16,17 ... Für meinen Bruder und mich war es ein vollkommen neues Leben. Wir waren vorher als „Halbjuden" also gebrandmarkt, wir waren außerhalb der Gesellschaft gewesen. Und da waren wir also nun unter Gleichen und wurden also als Gleiche behandelt. Das war für uns ein ganz tolles Erlebnis." Für Frau Ü. und ihren Bruder war das Kriegsende 1945 wirklich eine Befreiung gewesen, und sie bekamen erst jetzt in der Nachkriegszeit die Möglichkeit, sich frei ihren Bedürfnissen und Interessen zu widmen. Das gesellige Leben in der Guttempler-Jugendgruppe war für sie nach den Jahren der Stigmatisierung und Ausgrenzung eine ungemein wichtige Erfahrung. Das Bedürfnis nach Zugehörigkeit zu einer Gruppe von Gleichaltrigen war bei ihnen groß.

Herr Ü. (Jg. 1930) stieß 1947 zu dieser Jugendgruppe, die aus 15 bis 25 Mädchen und Jungen bestand. Er war von Frau Ü.s Bruder, mit dem er zusammen in eine Schulklasse ging, geworben worden; später stießen weitere Klassenkameraden hinzu, so daß die Gruppe zu einem Teil aus Kindern von Guttemplern bestand, zum anderen Teil aus neu von außen Hinzukommenden, die über persönliche Kontakte geworben wurden.

Herr Ü. war außerdem KPD-Mitglied und ging 1948 als Volontär zur Hamburger Volkszeitung (HVZ), der kommunistischen Tageszeitung, wo er bis zum KPD-Verbot 1956 als Redakteur arbeitete. Er sagt: „Ich war als Kommunist eine Ausnahme bei den Guttemplern"; gleichwohl wurde er in der Gruppe akzeptiert. Er holte später noch zwei Mädchen aus der HVZ-Redaktion in die Guttempler-Gruppe und stellte auch Verbindungen zur FDJ, der kommunistischen Jugendorganisation, her.

Herr und Frau Ü. berichten für die Nachkriegsjahre von einem regen Gruppenleben der Guttempler-Jugendgruppe namens „Hol' fast", deren Mitglieder alle aus Eimsbüttel kamen (bis auf ein Mädchen aus St. Pauli). Einmal in der Woche traf sich die Gruppe im Guttemplerhaus Moorkamp. Frau Ü.: „Die Guttempler-Jugend (hatte) sehr viel an kulturellen Dingen. Wir haben Liederabende gemacht und Musikabende und viel literarische Abende, und das kam unseren Neigungen entgegen." Man sang Lieder aus der Wandervogelbewegung und las unter anderem Hans Leip und Wolfgang Borchert. „Borchert entsprach unserem Gefühl"[30]. Herr Ü. ergänzt erläuternd: „Wir waren ja eigentlich nach '45 alle überzeugte Pazifisten." Er interessierte sich „sehr stark für die Literatur der Emigration ..., und ich habe (in der Jugendgruppe – d. Verf.) mehrfach über die Literatur der Emigration gesprochen".

Einmal im Monat traf man sich zum Volkstanz. Über den Kulturring der Jugend wurden verbilligte Karten für Theater und Konzerte besorgt, die man dann gemeinsam besuchte. Die Gruppenaktivitäten wurden in einem vierteljährlich erstellten „Arbeitsführer" – das war ein Gruppenplan – im voraus festgelegt. Alle sechs Wochen wurde ein sogenannter „Meckerabend" veranstaltet, auf dem die Gruppenmitglieder ihre Kritik am Gruppenleiter, aneinander und am Gruppenleben loswerden konnten. Herr Ü.: „Da haben wir uns den Frust von der Seele geredet." Mit dem Guttempler-Chor traten sie öffentlich auf, zum Beispiel in Krankenhäusern. Herr Ü. erinnert sich, daß sie mit dem Chor in jenem Lazarett gesungen haben, das in der Nachkriegszeit im Gebäude der Kaifu-Schule untergebracht war.

Höhepunkte des Gruppenlebens waren die gemeinsamen Fahrten. In allen Ferien – ob Ostern, Sommer oder Herbst – ging die Gruppe, die ja weitgehend aus SchülerInnen bestand, auf Fahrt in die Umgebung Hamburgs. Man fuhr in der Regel mit dem Zug ein Stück vor die Tore der Stadt und erwanderte sich dann beispielsweise die Lüneburger Heide oder die Holsteinische Schweiz. Dabei waren Märsche von 25 oder 30 Kilometern keine Seltenheit. Und das trotz des oft völlig unzulänglichen Schuhwerks. Frau Ü. erzählt: „Einmal war es so, daß er (ihr Freund und späterer Mann – d. Verf.) sagte: 'Ich kann nicht mit, ich habe keine Schuhe.' Und da hat ihm jemand denn Schuhe geliehen – und ich weiß nicht, die waren zu groß oder zu klein, jedenfalls, so nach zehn Kilometern bist du ziemlich gehumpelt. Blasen an der Hacke ...". Die Ausrüstung war einfach: „Wir haben alle Tornister gehabt, aus den Heeresbeständen. Und so diese Wasserflaschen, und dann 'n Kochtopf draufgeschnallt." Übernachtet wurde bei Bauern in der Scheune oder in mitgenommenen Zelten. Die Verpflegung war den Zeitumständen entsprechend karg. Jede/r brachte mit, was er oder sie hatte auftreiben können, und das wurde dann unter allen aufgeteilt. Oder man versorgte sich mit dem, was man von den Bauern bekam oder auf den Feldern fand. Herr Ü.: „Wir hatten nichts. Wir sind mit nichts auf Fahrt gegangen. Wir hatten absolut nichts und legten keinen Wert darauf. Wir haben es auch nicht vermißt."

Die gemeinsamen Fahrten stehen auch im Mittelpunkt der Erinnerungen von Frau Ö. (Jg. 1928) an ihre Zeit bei einer Jugendgruppe der „Falken". Sie wurde 1946 von einer Schulfreundin auf die „Falken" aufmerksam gemacht. Zusammen mit dieser Freundin trat sie am 11. September 1946 in die Eimsbütteler „Gruppe Drei" der „Falken" ein. Diese Gruppe erhielt später (ca. 1948) den Namen „Weltenbummler". Und in der Tat ist Frau Ö. mit dieser Gruppe sehr viel herumgekommen. Neben den Wochenend- und Ferienfahrten in das Hamburger Umland wurden bei den „Falken" nämlich auch weitere Reisen in entferntere Gegenden Deutschlands oder gar ins Ausland geboten. Schon 1947 war Frau Ö. z.B. beim ersten internationalen Jugendtreffen sozialistischer Jugendorganisationen in Stuttgart dabei. Zum Abschluß dieses Treffens bekam jede/r TeilnehmerIn ein „Freßpaket" mit Schokolade, Margarine usw., das er oder sie mit nach Hause nehmen konnte.

Die Möglichkeit, einigermaßen gutes Essen zu bekommen, war in diesen Hungerzeiten ein nicht zu unterschätzendes Angebot der „Falken"-Gruppen. Herr Ä. (Jg. 1915), der die „Weltenbummler"-Gruppe 1948 zusammen mit seiner Frau als Gruppenleiter übernommen hatte, berichtet z.B., daß er bei der „Pro" um Unterstützung für die Verpflegung seiner Gruppe bei den Wochenendfahrten bat und dort dann Sauerkraut oder ähnliches „abstaubte". Und auch Frau Ö. erinnert sich, daß man bei Eimsbütteler Firmen um Verpflegungs-Hilfe nachsuchte. Auch bei den „Falken" galt zudem, wie bei der Guttempler-Jugend: „Jeder brachte mit, was irgend ging. Wir machten Kommune. Das war so, daß jeder das mitbrachte, was er finanziell zusammenkriegen konnte" (Frau Ö.) – und das wurde dann auf Fahrt redlich geteilt. Allerdings änderte sich das „Kommuneleben" nach der Erinnerung von Frau Ö. nach der Währungsreform: „Da wurde das mit dem Teilen anders. Da kuckte jeder auf seine eigenen Sachen ... In dem Moment, wo es um Geld geht, ändert sich der Mensch."

*B*escheidene Freizeitvergnügen

Ebenso bescheiden wie die Fahrten waren die anderen Freizeitvergnügen der Eimsbütteler Jugendlichen in jener Zeit. Viele Theater, Kinos, Tanzlokale, Gaststätten und sonstige Freizeitstätten waren im Krieg ebenso zerstört worden wie Wohnhäuser und Schulen. Gleichwohl gab es auch im Nachkriegs-Hamburg ein kulturelles und Freizeit-Angebot[31].

Der Kinobesuch, der für die meisten Jugendlichen in den 50er Jahren eine der beliebtesten außerhäuslichen Freizeitbeschäftigungen werden sollte, spielte in dieser Zeit noch keine so große Rolle – einfach, weil die Gelegenheiten fehlten. Viele Kinos waren zerstört worden und hatten ihren Betrieb noch nicht wieder aufnehmen können[32]. Außerdem mangelte es an (Jugend-)Filmen[33]. Von seiten der Jugendbehörde versuchte man, durch die Einrichtung von sogenannten Jugendfilmstunden die Lücke zu füllen. Sie fanden seit 1947 im Waterloo-Kino am Stephansplatz statt – allerdings sonntags morgens um neun Uhr! Karten wurden an die Jugendorganisationen abgegeben, die sie unter ihren Mitgliedern verteilten. Gezeigt wurde 1947 neben Kultur- und Naturfilmen auch der erste deutsche Nachkriegs-Spielfilm „In jenen Tagen". Bemerkenswerterweise gab es auch australische Spielfilme zu sehen: „Das große Treiben" und „Die Kinder von Mara-Mara"[34]. Der Kinohunger der Jugendlichen war mit diesem bescheidenen Angebot allerdings nicht zu befriedigen.

Ähnlich eingeschränkt präsentierte sich in der Nachkriegszeit zunächst die „Szene" der Tanz- und Vergnügungslokale. Frau St.: „Direkt nach dem Krieg waren meine Freundin und ich im Allotria, da konnte man mal hin. Da waren dann so Varieté-Vorstellungen. Und dann waren wir im Café Meyer am Neuen Pferdemarkt. Da waren wir öfter. Da haben wir auch getanzt. Es gab nicht sehr viele solche Möglichkeiten ...: Ecke Düppelstraße/Wrangelstraße. Das hieß 'Bei Mutti Stübner'. Die hatten einen Billardtisch. Da wurde Billard gespielt. Da traf man sich und klönte. Also, das war so'n Jugendtreff. Und schräg gegenüber die andere Ecke: Das nannte sich Glaskasten. Das war eine Kneipe, der Inhaber hieß Becker. Das war Ecke Gärtnerstraße/Wrangelstraße. Da traf man sich auch. Das waren alles nur so Klöntreffs. Wir waren da alle wirklich in einem Alter, zwischen achtzehn und zwanzig."

Da in Eimsbüttel selbst viele frühere Freizeitstätten zerstört und noch nicht wieder aufgebaut waren, zog es die Eimsbütteler Jugendlichen auch in die Vororte, z.B. zu Glissmann in Schnelsen oder Tonner in Egenbüttel. So ging Frau St. wie zahlreiche andere Jugendliche auch nach Egenbüttel zum Tanz zu „Tonner". Frau St. erzählt: „Das war 'n Tanzlokal. Da war mittwochs, samstags und sonntags Tanz. Das war die Begegnungsstätte zum Tanz für all' diese Stadtteile hier, Eimsbüttel, Hoheluft ... Bei Bonsche-Wasser. Wir nannten das Bonsche-Wasser, dies rote süße Zeugs ohne Alkohol. Und da war denn 'ne kleine Band. Gaston am Klavier und Fred an der Gitarre, und die machten Swing-Musik. Das war ganz herrlich. Da konnten wir unheimlich schön tanzen ... Es war unheimlich schön, weil man das ja überhaupt nicht kannte als junger Mensch (während des Krieges hatten die Nazis ein Tanzverbot erlassen – d. Verf.). Das war ja das erste, was wir überhaupt erlebten." Für dieses Erlebnis nahmen die Jugendlichen den weiten Weg gern in Kauf: „Mit Straßenbahnlinie 2 oder 22 bis Schnelsen, und dann ganz runter da bis Egenbüttel zu Fuß. Das machte man zu Fuß. War 'ne ganze Ecke, aber ..." (Frau St.). Weite Fußwege waren für die Jugendlichen zu jener Zeit ohnehin eine Selbstverständlichkeit. Man ging sehr viel zu Fuß, weil der öffentliche Nahverkehr noch nicht wieder voll funktionsfähig war, weil man das Fahrgeld sparen wollte und weil man keine anderen Fortbewegungsmittel hatte.

Schwieriger Übergang in die „Normalität"

Bei „Tonner" lernte Frau St. auch ihren späteren Mann, Gerhard St. aus dem Luruper Weg in Eimsbüttel, kennen – am 29. Mai 1946, wie sie sich noch genau erinnert. Allerdings wurde die junge Beziehung sehr bald auf eine harte Probe gestellt. Denn Gerhard mußte wegen der Folgen einer schweren Kriegsverletzung schon im Juli 1946 für elf Monate ins Universitätskrankenhaus Eppendorf, wo er sich mehreren komplizierten Operationen unterziehen mußte. In dieser Zeit besuchte Frau St. ihn fast täglich im Krankenhaus und sorgte so gut sie konnte dafür, daß er zusätzlich zur äußerst schmalen Krankenhauskost Essen bekam. Diese Zeit hat sie – wie Frau St. im Rückblick sagt –

"zusammengeschweißt". Und so heirateten sie denn auch am 12. Juni 1948, wenige Tage vor der Währungsreform.

Die Umstände ihrer Heirat spiegeln noch einmal deutlich die Mangelsituation jener Nachkriegsjahre. Für die Ausrichtung der Hochzeitsfeier ist Gerhard noch hamstern gegangen, „zum Backen Eier undsoweiter, alles zusammengehamstert für die Hochzeit" (Frau St.). Und auch „Beziehungen" erwiesen sich einmal mehr als nützlich: „Ein Freund meines Mannes, der eingeladen war, der arbeitete im Hafen. Der brachte Fisch mit. Da gab's Fisch. Waren wir selig, daß wir den Fisch hatten! Und 'n Nachbar von uns, der arbeitete auch im Hafen, der brachte grüne Kaffeebohnen mit. Die wurden dann in der Bratpfanne geröstet. Schmeckte natürlich nicht so wie heute, aber ...". Blumen für die Braut gab es nicht, und „ein Hochzeitskleid hatte ich mir geliehen. Den Schleier hatte ich aus Verbandsmull gemacht"; der Mann bekam von der „Schweden-Stiftung" eine neue Jacke für die Hochzeit.

Dem jungen Paar wurde eine eigene Wohnung im Garstedter Weg in Niendorf zugewiesen. Frau St. erzählt über die Umstände, unter denen sie ihr erstes Heim bezog: „In die Wohnung sind wir dann noch zwangsweise eingewiesen worden. Damals mußten die ja vermieten. Und die wollten uns dann nicht reinlassen. Da waren überall Ketten vorgelegt. Da mußten wir mit Polizeigewalt denn da rein. Das war ein schlimmer Anfang. Für die Leute nicht schön, aber für uns auch nicht." Die Wohnung bestand aus zwei Räumen „und 'ner ganz kleinen Notküche". Die Wohnungseinrichtung war äußerst bescheiden: Einen Küchentisch besorgte eine Sekretärin aus einem Möbelgeschäft, der Frau St. privat die Haare frisierte, als Bezahlung für das Frisieren. „Einen Küchenschrank bekamen wir von einem Nachbarn meiner Mutter gegen Hamsterware, also gegen Eier und so ... Und die anderen Schränke, die wir hatten, das waren dann Apfelsinenkisten, wo kleine Vorhänge vorgemacht wurden. Ich hatte einen Wäschekorb, wo das Kind reinkam." Dieses Baby-Körbchen wurde „mit Verbandsmull ausgestaltet"; außerdem bekam das junge Paar „als unser Sohn geboren wurde ... denn 'nen Kinderwagen vom Roten Kreuz geliehen ... Mein Mann hatte 'nen Sprungrahmen mit 'ner Matratze besorgt, hat Beine, Holzbeine drunter gebaut. Mit 'ner Wolldecke überzogen, das war am Tage eine Couch ... und da schliefen wir drauf." Ferner schaffte sich das junge Paar vier Stühle für dreihundert Reichsmark an. Damit war die Wohnungseinrichtung komplett.

Die Währungsreform am Sonntag, dem 20. Juni 1948 bildete dann einen entscheidenden Einschnitt im Leben der (west-)deutschen Nachkriegsgesellschaft[35] – so wie wenige Tage zuvor die Hochzeit im privaten Leben von Frau St. Mit der Währungsreform war die Nachkriegszeit beendet, und es begann die Periode erst allmählichen, später raschen wirtschaftlichen Wiederaufstiegs. Die gutgefüllten Schaufenster am Tage nach Einführung der D-Mark werden gemeinhin als Symbol für diesen Einschnitt, diesen Neubeginn, angeführt; in der Erinnerung der Zeitzeugen ist dieses Datum weit bedeutsamer als die etwa ein Jahr später erfolgende Gründung der Bundesrepublik

Deutschland. Doch blieben auch die nun kommenden Jahre noch geprägt von Knappheit und Verzicht in vielen Lebensbereichen[36]. Nur langsam entwickelte sich die wirtschaftliche Lage so positiv, daß man vom „Wirtschaftswunder" der 50er Jahre sprechen konnte. Mit der Währungsreform wurden hierfür die Grundlagen gelegt, weswegen man in der Regel mit diesem Datum die Nachkriegszeit enden läßt.

Für Frau St. endete mit der Hochzeit wenige Tage vor der Währungsreform eine Jugendzeit, die sich wegen der Zeitumstände doch sehr von einer „normalen" Jugend unterschied. Das Unbeschwerte, die Aufbruchsstimmung, die Freiräume, die Vergnügungen, die gemeinhin dem Jugendalter zugeschrieben werden, traten für Eimsbütteler Jugendliche der Nachkriegszeit doch weit zurück hinter die Last, die es bedeutete, in extremen Notlagen das Überleben zu organisieren. Den Jugendlichen (und Kindern) dieser Zeit wurde sehr viel mehr Verantwortung aufgebürdet, ihnen wurden sehr viel mehr Entbehrungen abverlangt als Jugendlichen in „normalen" Zeiten. Eigentlich kann von „Jugend" kaum gesprochen werden, mußten die jungen Leute doch im großen und ganzen wie die Erwachsenen mit ran, wenn es galt, Nahrung, Wohnung, Kleidung, Heizung sicherzustellen. Für „typisch jugendliche" Aktivitäten gab es demgegenüber nur wenig Raum und Möglichkeiten. Deswegen spricht man von dieser Generation auch als von einer „Jugend ohne Jugend".

Zugleich brachten diese Umstände aber auch ein ebenfalls in „normalen" Zeiten nicht erreichtes hohes Maß an Selbständigkeit für die Jugendlichen mit sich. Sie mußten und konnten auf vielen Gebieten viel unabhängiger entscheiden und handeln als Jugendliche in „normalen" Zeiten. Sie hatten ungewöhnliche Freiräume und Freiheiten.

Auf der anderen Seite waren die Jugendlichen in die sozialen Beziehungen des unmittelbaren Lebensbereichs, in Familie, Verwandtschaft und Nachbarschaft sehr eng eingebunden. Denn gerade der Familienverband erwies sich in den Notlagen der Nachkriegszeit als wichtigste soziale Einheit, als „Überlebensgemeinschaft", in der der bzw. die Einzelne Halt und Hilfe fand, als andere Institutionen zusammengebrochen oder diskreditiert waren oder nur unzureichend funktionierten. Die Familie erwies sich „als stabiler Fels in der Brandung des gesellschaftlichen Durcheinanders der ersten Nachkriegsjahre"[37]. Wohl wegen dieser großen Bedeutung der Familie ist in den Erzählungen der ZeitzeugInnen über diese Zeit wenig von Konflikten zwischen Eltern und Jugendlichen die Rede. Im Kreis der durch die widrigen äußeren Umstände zusammengeschweißten Familie wurden Konflikte zwischen Eltern und Kindern quasi stillgestellt. Dabei ist zu berücksichtigen, daß die Familien seinerzeit häufig unvollständig waren: Die Familienmitglieder waren durch die Kriegsereignisse, durch Ausbombung und Evakuierung z.B., für kürzere oder längere Zeit voneinander getrennt; insbesondere fehlten oft die Väter, sie waren im Krieg gefallen oder noch in Gefangenschaft, oder Ehen hatten die Belastungen des Krieges nicht überstanden und waren geschieden worden. Häufig lebten daher Kinder und Jugendliche mit ihren Müttern oder anderen Verwandten, aber ohne Väter, zusammen. Und die Mütter waren vom Überlebenskampf so in

Anspruch genommen, daß sie sich um ihre Kinder nur unzureichend kümmern konnten. Diese Familiensituation – abwesende Väter, überbeanspruchte Mütter – trug zur Selbständigkeit der Heranwachsenden maßgeblich bei. Und das gilt nicht nur für die damaligen Jugendlichen, sondern auch für die Kinder, also für die Jugendlichen der kommenden 50er Jahre. Auch sie lernten neben dem Mangel in allen Lebensbereichen – beengten Wohnverhältnissen, begrenzter elterlicher Zuwendung und Fürsorge, Hunger, überfüllten Schulklassen mit unzureichenden Lehrmitteln, unregelmäßigem Unterricht und überforderten Lehrern – andererseits doch auch ein relativ unbeaufsichtigtes Leben mit wilden Spielen auf weitläufigen Trümmergrundstücken, mit abenteuerlichen Hamsterfahrten aufs Land, mit Kohlenklau-Aktionen und dubiosen Schwarzmarktgeschäften kennen. Als in den 50er Jahren dann die „Normalität" wieder Einzug halten sollte, als insbesondere wieder „normale" Familienverhältnisse mit „vollständigen" Familien und elterlicher Autorität hergestellt wurden, ging das für viele Jugendliche, die eine derartige Kindheit erlebt hatten, nicht ohne Probleme ab.

WOHNVERHÄLTNISSE

„... nicht einmal ein eigenes Bett"

Ein wesentliches Merkmal jugendlichen Lebens in den 50er Jahren war, daß es sehr wenig Raum speziell für Jugendliche gab, in denen sie sich ihren Bedürfnissen gemäß hätten entfalten können. Das gilt sowohl für die öffentliche Sphäre – hier herrschte ein eklatanter Mangel an Spiel- und Sportstätten, an Jugend-Zentren oder ähnlichen Jugend-Treffpunkten – als auch für die Privatsphäre, also die Wohnungen. Die Wohnverhältnisse der meisten Menschen in den Städten blieben bis weit in die 50er Jahre hinein beengt, und das wirkte sich besonders auf die Kinder und Jugendlichen aus. Denn ihnen wurde zu allerletzt zugestanden, daß sie eigene Räume für sich bräuchten. Und so erzählen denn unsere ZeitzeugInnen durchweg von äußerst beengten häuslichen Verhältnissen. Charakteristisch ist die Antwort von Frau K. auf die Frage nach einem eigenen Zimmer: „Bis Mitte der fünfziger Jahre hatte ich nicht einmal ein eigenes Bett."

An eigene Kinder- oder Jugendzimmer war unter den damaligen Verhältnissen meist noch nicht zu denken. „Nach repräsentativen bundesweiten Umfragen des EMNID-Instituts verfügten bis 1955 jeweils weniger als die Hälfte aller Jugendlichen über einen eigenen Schlafraum. Mädchen wurden dabei meist gegenüber den Jungen benachteiligt"[38]. In einem durch den Bombenkrieg besonders betroffenen großstädtischen Viertel wie Eimsbüttel waren die Verhältnisse noch schlechter als im Durchschnitt. Immerhin lebte nach den Erkenntnissen der Wohnraumzählung vom Herbst 1951 nur jeder dritte Hamburger in einer richtigen Wohnung, während zugleich noch 111.000 Menschen in Notunterkünften, 60.000 in Behelfsheimen und Wohnlauben, 12.000 in Nissenhütten und 3.000 in Wohnwagen, Wohnschiffen und Bunkern hausten[39]. 1954 standen in Hamburg 6,9 Quadratmeter Wohnfläche pro Person zur Verfügung, auf jedes Zimmer kamen durchschnittlich 1,3 Personen[40]. Auf der anderen Seite hatte es in Hamburg 1950 erstmals die Ausstellung „Schöner wohnen" gegeben, auf der vor allem platzsparende Mehrzweck- und Verwandlungsmöbel – z.B. ausziehbare Couchs und Sofas – für die „Wohnschlafzimmer" der kleinen Neubauwohnungen präsentiert wurden[41]. Von den auf dieser Ausstellung vorgeführten Wohnungseinrichtungen konnten die meisten EimsbüttlerInnen zu dieser Zeit allerdings nur träumen. Ihre reale Wohnsituation sah ganz anders aus.

Die vier Geschwister O. erzählen, daß sie „sehr eng gelebt" haben. Die drei Schwestern Ingeborg (Jg. 1935), Renate (Jg.1939) und Katrin (Jg. 1942) sowie ihr

Bruder Klaus (Jg. 1938) wohnten zusammen mit ihren Eltern seit Anfang der 40er Jahre in einer Dreieinhalbzimmer-Dachgeschoßwohnung in der Thusneldastraße. Die drei Mädchen teilten sich ein Zimmer, der Bruder hatte eine von diesem Zimmer abgehende kleine Kammer für sich. Das war zwar beengt, aber „wir haben das nicht als eng empfunden" (Ingeborg O.). Herr B. (Jg. 1937), der 1943 mit seiner Familie in der Lappenbergsallee ausgebombt worden war, lebte mit seinen Eltern, seiner Schwester und seiner Großmutter in den 50ern in einer Dreieinhalbzimmer-Wohnung in der Müggenkampstraße. „Da hatten wir noch relativ viel Platz; da hat es unter meinen Klassenkameraden ganz andere Verhältnisse gegeben, wo 'ne vierköpfige Familie irgendwo zur Untermiete gewohnt hat in einem Zimmer ... Ich habe in der 'guten Stube' geschlafen, im Winter mit Eisblumen vor den Fenstern, ungeheizt natürlich ... Ein eigenes Zimmer hatten wir nicht."

Wenn ein Eimsbütteler Jugendlicher das Glück hatte, ein eigenes Zimmer zu haben, dann handelte es sich um einen Raum wie ihn Herr P. (Jg. 1937) beschreibt: „Mein Zimmer war fünfeinhalb Quadratmeter groß, das war 'ne kleine Abstellkammer, und selbstverständlich nicht beheizbar ... Ich weiß, daß ich da ein Bett drin hatte und 'nen Schrank, den ich heute noch hier auf dem Boden habe ... Und denn war da 'n ganz schmaler Gang, und das war alles. Da habe ich denn drin gelebt mit meinen ganz persönlichen Sachen." Aber immerhin: „Ich hatte tatsächlich ein eigenes Zimmer, das war Gold wert. Mein Zimmer war mein Reich."

Auch Herr W. (Jg. 1938) hatte „im Souterrain ein winziges Zimmer, acht Quadratmeter. In dieses Zimmer paßte gerade ein Bett, ein Tisch und ein Stuhl rein, aber mehr brauchte ich ja auch nicht." Ebenso Herr H. (Jg. 1938), der ein „ganz kleines Zimmer" hatte: „Das reichte für einen Kleiderschrank und ein Bett und um ein paar Bücher auf einem Regal unterzubringen. Für einen Stuhl war kein Platz"[42].

Für die Ausstattung dieser Räume mit einer modernen Kinder- und Jugendzimmereinrichtung wie sie auf der Ausstellung „Schöner Wohnen" empfohlen wurde, fehlten das Geld und der Platz.

Herr Q. (Jg. 1939) konnte von einem „eigenen Reich" nur träumen. Er beschreibt die Wohnung, in der er bis 1959 mit seinen Eltern gewohnt hat, folgendermaßen: „Das war ein Zigarrengeschäft, dahinter ein Raum, vier Meter fünfzig hoch, mit dem Niedergang zum Keller. Auf die eine Seite paßte gerade noch 'n Schrank, und über diesem Niedergang waren nun Schränke und 'n Bett. Ich habe immer in vier Meter Höhe geschlafen. Da mußte ich jeden Abend hoch ... Und dahinter ein Raum. Ende. Küche war unten, mußte ja aber alles auch noch hergerichtet werden ... Es war auch noch Platz für eine Nähmaschine, die war denn unser Eßtisch. Ging also gerade noch rein."

Nur wenige Jugendliche in Eimsbüttel waren so privilegiert wie Herr Z., der im Heußweg 103 allein mit seiner Mutter (sein Vater war 1939 gestorben) in einer 65-Quadratmeter-Wohnung lebte, in die sie vorübergehend nur den Großvater, der 1943 in der Quickbornstraße ausgebombt worden war, aufnehmen mußten.

Herr V. (Jg. 1940), der bis 1950 mit seinen Eltern in einem Zimmer gewohnt hatte, zählte zu den Glücklichen, die relativ rasch in eine Neubauwohnung einziehen konnten (drei Zimmer). In einen Nachkriegs-Neubau in der Övelgönner Straße zog 1954 auch Herr U. (Jg. 1940). Er mußte mit seinen zwei Brüdern ein Zimmer der Dreizimmer-Wohnung teilen. Mit dem Umzug in eine Neubauwohnung hatten die V.s und die U.s ein Ziel erreicht, das seinerzeit Millionen von Familien anstrebten. Tatsächlich konnten in den 50ern so viele Neubauwohnungen errichtet werden, daß ihr Anteil am gesamten Wohnraumbestand 1960 mehr als ein Drittel betrug.

Allerdings waren die Nachkriegs-Neubauten nicht gerade von großzügigem Zuschnitt. Die durchschnittliche Größe einer Wohnung für eine vierköpfige Familie im neuen Massenwohnungsbau betrug ca. 45 Quadratmeter[43]. Die Wohnungen des „Sozialen Wohnungsbaus" sahen als Kinderzimmer nur winzige Räume vor. Noch 1959 waren in Neubauten Kinder- und Jugendzimmer mit weniger als 10 Quadratmetern Fläche vorgesehen. Gegenüber den Nachkriegsverhältnissen war das allerdings schon ein bedeutender Fortschritt.

Der Komfort in den Wohnungen ließ zu wünschen übrig. Herr V. erzählt: Die Wohnsituation „war schon etwas hart, aber das ging vielen so ... Man hat sich in der Küche im Handstein gewaschen, und einmal in der Woche gab's eine Zinkbadewanne in der Küche mit heißem Wasser aus dem Kessel." Selbst die Neubauwohnungen hatten meist noch Ofenheizung; vier Fünftel der in den 50er Jahren erstellten Sozialwohnungen waren nur mit Ofenheizung ausgestattet[44].

Folge der beengten räumlichen Verhältnisse daheim war zum einen, daß die Jugendlichen keine Rückzugsmöglichkeiten hatten. Frau Sch. (Jg. 1936), die kein eigenes Zimmer hatte, klagt: „Zurückziehen konnte ich mich eigentlich nicht." Ihre Zeit zu Hause mußten die Jugendlichen gezwungenermaßen im Kreis der anderen Familienmitglieder verbringen. Schularbeiten wurden im Wohnzimmer oder in der Küche gemacht, wo man auch seine häusliche Freizeit zubrachte. Lesen, Radio hören, basteln usw.: Alles mußte im Beisein anderer Familienmitglieder geschehen. Die Möglichkeiten, Freundinnen oder Freunde mit nach Hause zu bringen, waren unter diesen räumlichen Bedingungen selbstverständlich eingeschränkt. Wenn man sich mit anderen Jugendlichen treffen wollte, war die elterliche Wohnung dafür kein geeigneter Ort. Man hatte kein eigenes Zimmer, oder es war so winzig, daß man gerade selbst hineinpaßte. Deswegen mußten die Jugendlichen auf andere Räumlichkeiten ausweichen, sei es im Sportverein, in der Jugendgruppe, im „Heim der offenen Tür" u.ä. Oft aber blieb auch nur die Straße, weil es im öffentlichen Raum zu wenig Angebote für Jugendliche gab.

Die Möglichkeit, sich den eigenen Lebensraum individuell zu gestalten, es sich daheim „gemütlich" zu machen, bestand nur sehr begrenzt. Erst in der zweiten Hälfte der 50er Jahre vermochten es Jugendliche häufiger, durch Anschaffung persönlicher Besitztümer – wie z.B. Radio, Schallplattenspieler, Tonbandgerät – auch zu Hause eine „eigene Note" einzuführen. Doch brachten es die beengten Verhältnisse dann oft mit sich, daß Spannungen zwischen den Familienmitgliedern auftraten, z.B. über die Frage, wie laut die Musik gestellt werden durfte.

Da die Wohnungslage weitgehend durch die gesamten 50er Jahre hindurch kritisch blieb – trotz gewaltiger Anstrengungen und auch Erfolge im Wohnungsbau –, war die einzige Möglichkeit für die Jugendlichen, der häuslichen Enge zu entkommen, sich eine eigene Wohnung zu suchen. Das wiederum war in der Regel mit der Heirat verbunden, denn nur verheiratete Paare hatten seinerzeit eine Chance, eine Wohnung zu bekommen. Das war sicher ein wichtiger Grund für die beständige Zunahme der Frühehen in den 50ern.

Aber selbst für die jungen Paare war es nicht einfach, eine Wohnung zu bekommen. Oft mußten sie zumindest vorübergehend bei den Eltern des einen oder der anderen unterkommen, bis sie schließlich in die eigenen vier Wände einziehen konnten. Die eigene Wohnung war daher für viele Jugendliche damals ein Wunschziel ersten Ranges. Frau Sch. sagt dazu: „Wir mußten erst heiraten, um die Wohnung zu kriegen. Im Juni haben wir geheiratet, und im November war die Wohnung fertig. Und das war natürlich super – Neubau in Langenhorn." Auch Herr S. (Jg. 1934) weist auf den Zusammenhang von Heirat und eigener Wohnung hin: „Ich lernte damals meine jetzige Frau kennen, und die hat sich mit 21 Jahren selbständig gemacht, hatte ein eigenes Blumengeschäft, und zwar in der Lutterothstraße. Und dann war das ja so: Wenn 'ne Wohnung da war, mußte man heiraten, nicht. Und dann haben wir geheiratet ... Das war 'ne Wohnung, die zum Laden gehörte. Aber wir mußten trotzdem verheiratet sein, um die Wohnung zu bekommen. Das war damals auch üblich. Daß man verheiratet sein mußte. Heute kräht ja kein Hahn mehr danach."

Frau K. bestätigt: „Man kam erst zu Hause weg, wenn man geheiratet hat." Allerdings mußte sie persönlich nach der Heirat 1959 noch bis 1961 mit Mann und Kind in einem Zimmer in der Wohnung ihrer Eltern wohnen, bis sie endlich eine eigene Wohnung bekam. Ähnlich erging es Herrn H. Er mußte zunächst mit seiner jungen Frau bei den Schwiegereltern in der Schröderstiftstraße einziehen, und erst während er bei der Bundeswehr diente, gelang es seiner Frau, ihnen eine eigene Wohnung zu besorgen.

Auf ganz besondere Weise versuchte Herr N. (Jg. 1941) das Wohnungsproblem für sich und seine Freundin zu lösen. Er zog 1959 als Untermieter in ein Zimmer bei einer älteren Dame in der Armbruststraße ein. Seine Vermieterin hatte einen Schrebergarten auf Finkenwerder, so daß sie im Sommer meistens nicht in ihrer Wohnung war – Gelegenheit für Herrn N., auch seine Freundin mit in die Wohnung zu holen. Als die Vermieterin das „spitzkriegte", entwickelte sich folgende Situation: „Als sie zurückkam, sagte sie: 'Ich habe gehört, daß du da oben immer 'ne Freundin mit hast.' Ich sage: 'Ja, das ist meine Frau.' Sie: 'Wieso, wann hast du denn geheiratet?' Ich: 'Ja, dann und dann.' Und nun hat die das bei 'Tante Hertha' (der Stammkneipe von Herrn N. – d. Verf.) erzählt, daß wir nun geheiratet haben. Nun haben die da alle gesammelt und nun sind die da alle mit Geschenken gekommen, oh Gott. Bettwäsche und was das alles war. Und nun konnten wir denn auch da drin wohnen da, bis das nachher dann richtig aufgeflogen war, und dann mußten wir aber auch sehen, daß wir aus der Wohnung gekommen sind ... Sie hatte nachgeforscht, weil ihr das komisch vorkam." Schließlich war das „Brautpaar" doch noch recht jung (er war damals 18, sie 16 Jahre alt). Herr N. zog zunächst wieder zurück zu seiner Mutter, in eine Mietswohnung Kieler Straße/Ecke Armbruststraße. Doch bald darauf wurde seine Freundin schwanger, und sie heirateten nun tatsächlich. Jetzt bekamen sie zunächst keine eigene Wohnung und mußten daher erst einmal in einem Zimmer in der Wohnung der Schwiegermutter wohnen. Die Wohnungssuche gestaltete sich für die junge Familie dann äußerst schwierig, und erst 1963 konnten sie sich draußen in Schwarzenbek die erste eigene Wohnung einrichten.

SCHULISCHES LEBEN

„Disziplin war angesagt"

Ebenso wie die Wohnverhältnisse verbesserten sich die schulischen Bedingungen für die Eimsbütteler Jugendlichen in den 50er Jahren nur allmählich. Herr J. (Jg. 1937), der 1949 auf das Kaifu kam, berichtet, daß auch Anfang der 50er noch „grauenvolle" äußere Bedingungen an seiner Schule herrschten: „Es war alles Behelf ... Es gab nichts ... Das Papier und die Bücher, das war grausig ... Das Mobiliar war Behelf." Die Raumsituation war nach wie vor schwierig. Das führte z.B. dazu, daß Herrn C.s (Jg. 1938) Klasse ihren Klassenraum mehr als ein Jahr lang im Keller hatte. Der Vorteil davon: „Wir durften diesen ganzen Keller unten für uns in Beschlag nehmen, hatten da Narrenfreiheit, haben ihn ausgemalt, was uns natürlich gut gefallen hat."

Die Klassenfrequenzen waren nach wie vor hoch. Herr P., der von 1945 bis 1952 auf die Knabenschule Rellinger Straße ging, war zeitweise mit 56, später mit gut 40 Schülern in einer Klasse. Auch alle vier Geschwister O. erzählen, daß sie in ihren jeweiligen Klassen in der Schule Lutterothstraße 78/80 stets mehr als 40 SchülerInnen waren und daß dort noch bis ca. 1950 nur verkürzter Schichtunterricht erteilt wurde. Herr Q., der 1950 auf dem Kaifu eingeschult wurde, war ebenfalls mit rund 40 Schülern in einer Klasse.

Erst Mitte der 50er Jahre wurde es besser. Herr U., der 1954 zum Kaifu kam, sagt, daß es „keinen unmittelbaren Mangel mehr" gegeben habe, daß „ausreichend Lehrer und Räume" vorhanden gewesen seien und daß sie anfangs ca. 25 und beim Abitur noch 16 Schüler in der Klasse gewesen seien. Herr B. machte 1956 mit 15 Klassenkameraden am Kaifu Abitur.

Jungen und Mädchen getrennt

Charakteristisch für die Eimsbütteler Schulen damals war die Geschlechtertrennung. Die höheren Schulen waren ohnehin Jungen- oder Mädchenschulen, aber auch bei den Volksschulen gab es diese Trennung, selbst wenn Mädchen- und Jungenschule in einem Gebäudekomplex untergebracht waren. Das hatte manchmal merkwürdige Praktiken zur Folge. So erzählt Herr G. (Jg. 1941), der 1949 aus Niendorf nach Eimsbüttel gekommen war und bis 1956 die Schule Schwenckestraße besuchte: „Schwenckestraße 100 war die Jungenschule, Schwenckestraße 98 war die Mädchenschule. War sehr streng damals noch, ich war es an und für sich von Niendorf her gewohnt, da waren wir schon eine gemischte Klasse, und da kam ich also nach Eimsbüttel, und da wurde wieder streng nach Geschlechtern getrennt, Jungs und Mädchen. Und dem nicht genug: Es war auf dem Schulhof sogar so, daß ein Strich gezogen wurde, wo weder die Jungs noch die Mädchen rübergehen durften. Das haben Lehrer überwacht. Die aßen also ihr Pausenbrot und gingen immer auf dem Strich nun hin und her und achteten streng darauf, daß also keiner da rüber lief. Ich habe mir oft wenig daraus gemacht und bin doch immer drüben gewesen. Die Mädchen, die da drüben gingen, die wohnten in unserer Straße, mit denen spielte ich nachmittags auch zusammen. Warum sollte ich vormittags nicht auch mit denen spielen? War mir irgendwo ein bißchen schizophren das Ganze ... Fand ich also echt blöd, nicht. Aber komischerweise war das hier in der Stadt strenger wie in Niendorf."

Bei der Schule Lutterothstraße 78 (Jungen) und 80 (Mädchen) sowie der Schule Rellinger Straße war es genauso. Klaus O.: „Die Jungs durften um Gottes Willen nicht rüber zu den Mädchen. Das war verboten. Da durften wir noch nicht mal 'n bißchen blinkern oder schäkern oder was."

Die Lehrer: alt und autoritär

Sehr lebhafte Erinnerungen haben die ehemaligen Schüler des Kaifu noch an ihre damaligen Lehrer. Das Kollegium bestand auch in den 50er Jahren noch weitgehend aus recht alten Herren. Herr A. (Jg. 1940) formuliert drastisch: „Der Altersdurchschnitt der Lehrer damals war aus meiner Sicht: Methusalem." Über Herkunft und Einstellung dieser alten Lehrer erzählt Herr H., der 1949 die Aufnahmeprüfung für das Gymnasium bestanden hatte: „Meine Lehrer waren fast alles Offiziere. Es gab nur ganz wenige Zivilisten, ich glaube zwei. Und die hatten das schwer an der Schule ... An die Schüler stellten die Lehrer natürlich auch Leistungsansprüche, aber mehr noch forderten sie – ja, so eine Art Soldatentugenden. Das ist übertrieben ausgedrückt, aber so in diese Richtung ... Wer beim Mogeln erwischt wurde, flog von der Schule ... Wir hatten einen jüngeren Lehrer von Anfang an, das war unser Biologie-Lehrer, das war einer der Zivilisten. Jüngere Lehrer sonst? 1954 der erste neueingestellte Lehrer. Auch der war ein Offizier, aber aus dem Zweiten Weltkrieg. Einige Mitschüler haben unter dem Militärischen auch gelitten. Vielleicht waren sie weicher, vielleicht hatten sie eine andere Erziehung genossen als ich ... Der Militärischste – in Anführungsstrichen – Lehrer war mein Lateinlehrer. Der hatte im Ersten Weltkrieg noch Attacke geritten. Der war Obrist oder irgend so etwas. Der hatte immer noch krumme Beine, als er uns 1950 unterrichtete."

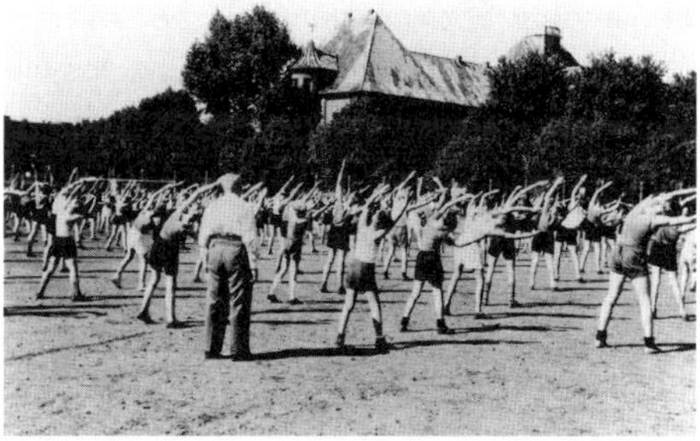

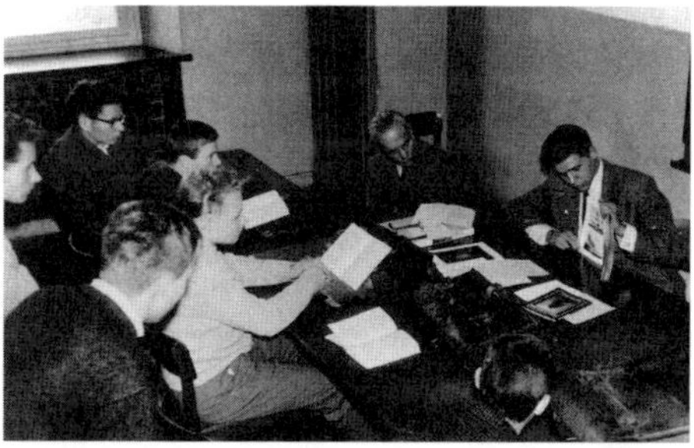

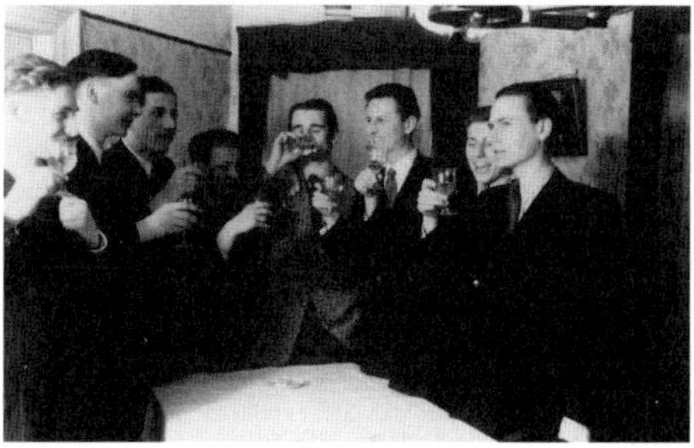

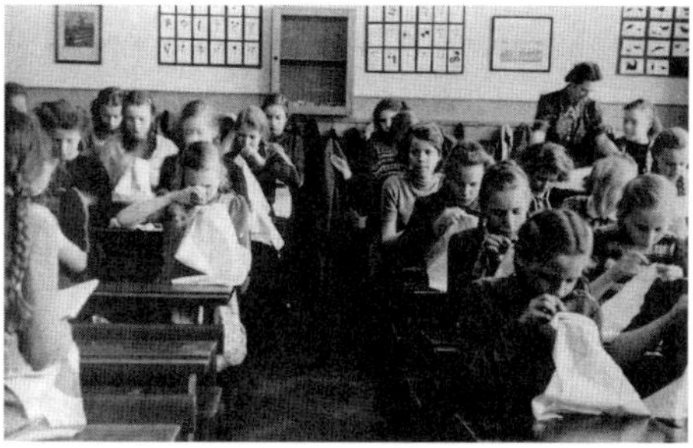

Auch andere Zeitzeugen berichten von der „militärischen Art" (Herr U.) der Lehrer. „Ein Teil der alten Größen war wieder da. Da war der Panzer-Offizier mit einem Arm als Deutschlehrer, der dann da vorne stand und seine Geschichten erzählte. Und da war der Englischlehrer, ein alter Kolonialoffizier. Die Offiziere, die hatten natürlich sehr viel Gedankengut aus der alten Zeit, da gab es zunächst keine neuen Lehrer, nicht. Ein Turnlehrer, der damals vielleicht um die dreißig herum war, aber sonst nur alte Leute" (Herr U.). Herr J. bemerkt süffisant: „Es sind da ja die poussierlichsten Typen aufgetaucht, die unbelastet waren. Wir hatten also zum Beispiel Physikunterricht bei einem U-Boot-Kapitän. Das ist aber typisch, es waren oft gar keine ausgebildeten Lehrer."

Den Schülern erschien – wie Herr H. sagt – das Lehrerkollegium als „vollkommen geschlossener Block." Erst später habe er von dem bereits erwähnten jüngeren Biologielehrer erfahren, daß es in der Lehrerschaft durchaus Spannungen zwischen ehemaligen Offizieren und „Zivilisten" gegeben habe – „aber als Schüler habe ich das nie gemerkt". So sei ein Deutschlehrer, der während der NS-Zeit nach Ostafrika gegangen war, von den ehemaligen Militärs im Kollegium „beißend verachtet" worden.

Herr P. formuliert für seine Schule drastisch: „Das waren ja die alten Nazis, die Lehrer." Bei dieser Zusammensetzung der Lehrerschaft verwundert es nicht, daß der Erziehungs- und Unterrichtsstil von den Zeitzeugen als „sehr autoritär" (Herr V.) beschrieben wird. Dabei wird von der Autorität der Lehrer allerdings auch heute noch zum Teil mit Hochachtung gesprochen. Es habe sich um „sehr starke Persönlichkeiten" (Herr V.) gehandelt. Zum Teil werden sie auch als „kameradschaftlich, tolerant" (Herr J.) beschrieben. Allerdings: „Disziplin war angesagt zu der Zeit", sagt Herr G., der auch für seine Schule von „fast militärischem Unterricht" spricht. Herr B., der von seinem Klassenlehrer sagt: „Ein echter Preuße. Der ließ nichts durchgehen. Da herrschte ein strenges Regiment" und der unterstreicht, daß er am Kaifu „autoritär" erzogen worden sei, sieht seine damaligen Lehrer gleichwohl eher positiv – ebenso wie die meisten anderen ehemaligen Kaifu-Schüler: „Sie haben auch Führung gegeben, sie haben Werte vermittelt. Sie haben gesagt, wo es langgeht und haben das auch durchgesetzt ... Die hatten ihre festgefügten Wertvorstellungen, die haben sie vermittelt, und die haben sie durchgesetzt: Sauberkeit, Ehrlichkeit, Gehorsam, Pünktlichkeit." (Herr B.)

Die Schwestern O. sagen für ihre Mädchenschule ebenfalls: „Der Unterricht war überhaupt sehr streng und autoritär ... Es wurde damals sehr viel Wert auf Sauberkeit und Ordnung gelegt." Frau F. spricht vom „Kasernenhofton" der alten Lehrer.

Ein Merkmal des autoritären Erziehungsstils hat sich der Erinnerung besonders eingeprägt: die körperlichen Züchtigungen. Herr Q. erzählt von einem Lehrer, genannt „Maulschelle": „Der hatte so amputierte Finger, an den Mittelgelenken amputiert, der gab damit auch schon mal 'ne Maulschelle". Auch Herr W., Herr C. und Herr B. erinnern sich, daß Ohrfeigen bzw. Schläge auf Handflächen oder Hinterteile zum Schulalltag gehörten. Herr P. erzählt von seiner Schule: „Da flogen die Fetzen. Ich weiß noch, daß ich einmal aus Versehen im Unterricht ganz laut gegähnt habe ... Da hat der Lehrer wohl gemeint, daß das sich auf ihn bezog. Und da hat er mich nach vorne geholt, und da hat er mir so zwei mit dem Stock über den Hintern rübergezogen, und das tat recht weh. Da war ich 13, 14." Zu den Züchtigungsmethoden ergänzt er noch: „Zum Beispiel den Kopf festhalten, vorne das Kinn festhalten und denn 'ne Backpfeife, das heißt, der Kopf konnte nicht wegfedern. Da brauchte der nur ganz zart zuzuschlagen – und das war schon was."

Auch auf den Mädchenschulen wurde geschlagen. Die Schwestern O. erzählen von ihrem Rechenlehrer: „Wenn wir nicht ruhig waren, da flog ein Schlüsselbund durchs Klassenzimmer. Und dann ging's mit 'nem Lineal auf die Finger" (Renate O.).

Tabu: Politik und NS-Vergangenheit

In diesem von „Zucht und Ordnung" (Herr U.) geprägten schulischen Klima, in dem es „straffer und disziplinierter" (Herr B.) als heutzutage zugegangen sei, waren Diskussionen über die jüngste deutsche Vergangenheit oder aktuelle Politik die große Ausnahme. Nach Herrn C.s Erinnerung spielte die NS-Vergangenheit im Unterricht „keine Rolle". Er habe einen „sehr rechten Lehrer" gehabt, der versucht habe, seine Schüler „politisch in eine Ecke zu treiben" (Dieser Lehrer hatte „im Krieg seinen rechten Arm verloren. Er war vielleicht durch die Kriegsereignisse geprägt"). So hat dieser Lehrer beispielsweise auf einer Klassenreise die Klasse zu dem NS-Schriftsteller Hans Grimm zu einer Lesung gebracht: „Dr. Busse hat Hans Grimm veranlaßt, aus seinem Werk 'Volk ohne Raum' zu lesen, was uns natürlich eigentlich gar nicht interessierte. Vor allem nach der Wanderung. Und das sollte nun der Höhepunkt sein: Lesung bei Hans Grimm! Das war so – im Grunde – belanglos. Es hat uns eigentlich wenig interessiert und beeindruckt. Das war auf der Klassenreise nach Karlshafen ... Die anderen Lehrer haben sich aus Politik eigentlich herausgehalten."

An den Volksschulen war es ebenso. Herr G.: „Über Politik wurde fast gar nicht gesprochen. Das war irgendwo Tabu zu der Zeit. Geschichte gab's nur bis Bismarck, und dann hörte die Geschichte auf, und die fing erst wieder an mit Heuss. Und zwischendurch gab's keine Geschichte. Da wurde nicht drüber gelehrt. Weil – keiner wollte sich wohl den Mund verbrennen, und keiner wollte sich irgendwo 'ne Blöße geben. Man konnte auch keine Fragen stellen, die wurden nicht beantwortet."

Nur einzelne jüngere Lehrer haben versucht, die Themen NS-Vergangenheit und Politik anzuschneiden, denn „die alten Größen konnten schwer selber drüber reden" (Herr U.). So sieht das auch Herr A.: Daß nicht über die NS-Vergangenheit geredet wurde „liegt natürlich auch daran, daß die Lehrer noch hautnah Teilnehmer dieser Geschichte waren und für sie natürlich das gar keine Geschichte war, sondern Teil des eigenen Lebens. Entweder sind sie Landser gewesen, oder sie sind Parteimitglieder gewesen oder schweigende Mehrheit oder so etwas ... Für die Themen der jüngeren Geschichte hatten wir nicht die richtigen Ansprechpartner."

Erst in den späteren 50er Jahren wurde damit begonnen, „Vergangenheitsbewältigung" auch an den Schulen systematischer zu betreiben. Herr U. sagt dazu, es sei „relativ brutal die Geschichte aufgearbeitet worden. Wir haben zu der Zeit in Eimsbüttel die KZ-Filme gesehen, die heute eigentlich erst an die Fernsehöffentlichkeit gelangen. Und das ist, wenn Sie die mit 15 oder 16 Jahren sehen, wissen Sie, schon 'n ganz schöner Hammer. (Diese Filme – d. Verf.) gehörten zum Unterricht ... Das war 'ne Schock-Therapie."

Herr H. erzählt von einem Geschichtslehrer, der über Demokratie und Demokratieverständnis mit ihnen geredet habe, und auch der bereits erwähnte, während der NS-Zeit nach Ostafrika emigrierte Deutschlehrer, habe mit ihnen über Politik gesprochen. Doch hätten sie sich selbst als Schüler für Politik und Zeitgeschichte nicht interessiert. Herr B.: „Alles, was nach 1945 kam, war Politik. Und Politik war in der Schule verpönt." Er und seine Klassenkameraden seien unpolitisch gewesen.

Herr H. illustriert das politische Desinteresse der damaligen Kaifu-Schüler mit ihrer Haltung zur Einrichtung einer Schülervertretung an ihrer Schule: „Uns ist Anweisung erteilt worden, eine Schülervertretung zu wählen. Wenn jemand Probleme hatte, konnte er doch zu jedem Lehrer gehen. Aus meiner Sicht gab es daher keine Notwendigkeit, eine Schülervertretung zu wählen. Sie war meiner Meinung nach funktionslos." Er habe eine Schülervertretung für „so überflüssig gehalten wie einen Kropf".

Das Bedürfnis nach Mitbestimmung war bei den damaligen Schülern also wenig ausgeprägt. Herr W. erläutert das so: „Es waren nicht so viele Diskussionen früher ... Man war ja bescheiden, man hatte ja nicht viel Möglichkeiten. Und wenn der Lehrer sagte: 'So und so stelle ich mir das vor' – na ja, dann fand man das im allgemeinen ja auch. Man hatte ja auch wenig Erfahrung ... Dann wurde das so gemacht, und der Lehrer organisierte das, und dann lief das auch alles sehr gut – ohne viel Diskussionen hin und her ... Die Jungs waren nicht zur Diskussion erzogen, waren nicht diskussionsfreudig."

Herr U., der später zum Kaifu ging als Herr W., macht deutlich, daß sich auch diesbezüglich die Verhältnisse allmählich wandelten: „Ich habe erst mit den jüngeren Lehrern erlebt, daß man durchaus über Konflikte diskutieren konnte. Ansonsten hieß es: So wird es gemacht! Thema durch."

An das Verhältnis der Schüler untereinander haben die ZeitzeugInnen unterschiedliche Erinnerungen. Während die einen von der großen Kameradschaft untereinander schwärmen – Herr B. spricht von einer „relativ festgefügten Klassengemeinschaft", Herr J. vom Kaifu als einer „Oase der Kameradschaftlichkeit" –, beklagen andere die „Hackordnung" (Herr H.), die unter den Schülern geherrscht habe. Herr Q. illustriert letzteres an einem Beispiel: „Das war nicht immer nett auch untereinander. Ich durfte zwei Klassenkameraden, die waren nun ausgesuchte Rabauken – denen mußte ich immer die Tasche nach Hause tragen. Dann hatte ich meine Tasche und deren beiden, ne. Und wir gingen mit fünf oder sechs, da hat sich keiner für mich stark gemacht."

Klassenreisen und -feste

Die Belastung mit Schularbeiten wird von den ehemaligen Kaifu-Schülern in der Regel als sehr hoch eingeschätzt. Ein großer Teil der freien Zeit am Nachmittag und Abend mußte für die Erledigung der Hausaufgaben aufgewendet werden.

In guter Erinnerung sind bei allen ZeitzeugInnen dagegen jene schulischen Aktivitäten, die nicht mit dem Unterricht direkt zu tun hatten: Ausflüge, Klassenreisen, Klassen-, Schul- und Sportfeste sowie Arbeitsgemeinschaften an den Nachmittagen. Das Kaifu hatte das große Privileg, über Ruderboote am Isebek-Kanal zu verfügen, so daß den Schülern Rudern als Arbeitsgemeinschaft angeboten werden konnte. Zahlreiche Zeitzeugen haben von dieser Möglichkeit zur Freizeitgestaltung Gebrauch gemacht. „Die Ruderboote lagen in dem Bootshaus am Isebekkanal; das ist die Brücke Bundesstraße, da drunter waren die Boote ... Nachmittags haben wir unsere Boote rausgeholt, sind auf die Alster ... Und wir haben auch Wanderfahrten gemacht mit unserem Klassenlehrer. Wir sind mal bis Lüneburg gerudert, die Ilmenau rauf, mit Zelt" (Herr E.). Auch Herr H. erinnert sich gern an die Ruder-Wanderungen mit der Schule in den Ferien: „Ich bin etliche Male mit gewesen ... Das ging dann die Ilmenau rauf. Mit Riemen-Booten kam man bis Lüneburg. Oder bis Deutsch-Evern. Oder mal auf die Ostsee. Die Elbe rauf, so weit es ging. Elbe-Trave-Kanal. Auch nach Mölln. Immer so eine Woche ... Wir hatten ein großes Zelt, das hatte ein Ehemaliger gestiftet, ein großes Rundzelt, das nannten wir 'die Kirche'. Da paßten zwölf Leute bequem rein. Das kostete gar nichts. Wir haben gemeinsam gekocht, einfache Gerichte, sehr bescheiden ... Das erste Mal bin ich mit in der 10.Klasse ... In Pfingst- und Herbstferien."

Auch Klassenreisen wurden bisweilen mit Ruderbooten unternommen. Klassenreisen waren eine feste Institution am Kaifu. Die Gepflogenheit aus der Nachkriegszeit, nach Sylt zu reisen, wurde auch in den 50ern beibehalten. Andere Ziele von Klassenreisen waren Karlshafen an der Weser, das Sauerland, die Lüneburger Heide, Garmisch-Partenkirchen. Manchmal wurden auch Wander-Klassenreisen gemacht, etwa von Hamburg über Geesthacht, Lauenburg und Mölln nach Lübeck.

In den späteren 50er Jahren wurden die Reisen aufwendiger und führten zu immer entfernteren Zielen. Herr U. sagt: „Das hat sich im Laufe der Jahre gewaltig verbessert ... Am Anfang waren es relativ einfache Dinge ... in bescheidenem Rahmen." Er selbst machte schon eine Klassenreise an Rhein, Mosel und Neckar zu „Stätten der römischen Geschichte". Herr Q. fuhr 1959 sogar ins Ausland – nach Kopenhagen.

Von derartigen Klassenreisen konnte der Volksschüler P. zu Beginn der 50er Jahre nur träumen: „Ich bin nicht einmal mit der Klasse weggefahren." Das einzige, was seinerzeit an seiner Schule stattfand „war mal ein Ausflug an die Elbe oder nach Hagenbeck oder in die Baumschulen bei Halstenbek". Etwas besser hatten es die Geschwister O. auf der Schule Lutterothstraße 78/80. Sie machten Schulausflüge mit dem Raddampfer nach Moorwerder, und ihre Schule hatte immerhin ein Schullandheim in Wedel, wohin sie auf einwöchige Klassenreisen fuhren – mit der S-Bahn. Der

Bruder Klaus kann sogar von zwei Klassenreisen weiter weg berichten: Einmal für zehn Tage nach Fallingbostel in die Jugendherberge, einmal für vier Tage nach Buxtehude.

Auch Schul- oder Klassenfeste gab es für Herrn P. nicht. Im Gegensatz dazu schwärmen die ehemaligen Kaifu-Schüler noch heute von solchen Festen (Herr C. erinnert sich noch genau, daß er auf einem Klassenfest „das erste Mal in meinem Leben Cola getrunken" hat). Sie berichten auch von Theater-Aufführungen, Sportfesten, Weihnachtsfeiern mit den Eltern in der Aula. Selbstverständlich war auch, daß das Abitur gebührend gefeiert wurde. Zunächst in würdig-steifem Rahmen schulöffentlich mit einer Feierstunde in der Aula, und später dann feucht-fröhlich privat.

Einen festlichen Abschluß ihrer Schulzeit wie die Abiturienten des Kaifu bekam der Volksschüler P. 1952 nicht geboten: „Schulentlassung war so: Da hat der Lehrer Tische und Stühle in der Klasse so'n bißchen umstellen lassen, und denn haben wir tatsächlich aus einer Konditorei 'n Stück Torte holen lassen und dann gab es irgendwo Kaffee. Das war's. Und denn war: Auf Wiedersehen. Das war die Schulentlassung. Also, da war gar nichts." Herr S., der zur Schule Lutterothstraße gegangen war, berichtet allerdings, daß sie sich beim Schulabschluß in gewisser Weise an ihren Lehrern gerächt haben für die Erniedrigungen und Züchtigungen, die sie während der Schulzeit hatten erdulden müssen: „Die Erziehung in der Schule war sehr streng. In der Schule kriegten wir auch was an die Backen. Also, da wurde auch nicht viel darum gegeben ... Ich weiß nur, den letzten Tag, wie wir Abschluß hatten, da hatten wir damals ..., der ist später Gewichtheber gewesen, Gerd Sames, war auch mehrfach Deutscher Meister, der hat unseren Klassenlehrer oben auf den Schrank gesetzt. Zur Verabschiedung, nicht ... Wir hatten noch einen Physiklehrer, der immer sehr forsch zu uns war. Wie wir uns verabschiedet haben, haben wir den denn so mit 'nem Füller bespritzt und so den ganzen Mantel vollgespritzt. Der lief ja immer mit 'nem weißen Kittel rum, nicht."

Während sich die Oberschüler in der Regel an ihre Schulzeit als an eine „schöne Zeit" erinnern, läßt sich das für die Volksschüler kaum sagen, auch wenn die Geschwister O. z.B. herausstreichen, sie hätten es schön gefunden, daß „sehr viel gesungen" wurde und „die Musiklehrer viel auf die Beine gestellt haben". In besonders guter Erinnerung ist ihnen das Adventssingen in der Vorweihnachtszeit, wenn der Schulchor montags morgens durch das Treppenhaus zog und auf jeder Etage gesungen wurde. Während bei den O.s also auch positive Erinnerungen an die Schulzeit wach werden, faßt Herr P. dagegen das Urteil über seine Schulzeit so zusammen: „Von der Schule her bin ich ganz schön angeschmiert worden."

Nun ist allerdings zu bedenken, daß die Oberschüler bis zum 19. oder 20. Lebensjahr in der Schule blieben, ihre Jugend also weitgehend mit der Schulzeit zusammenfiel. Die Volksschüler hingegen besuchten nur bis zum 14. oder 15. Lebensjahr die Schule und traten dann in Lehre oder Beruf ein, wo sie den wesentlichen Teil ihrer Jugend verbrachten und weit prägendere Erfahrungen machten als in der Schule.

LEHRE UND BERUF

„48 Überstunden sind genug!"

Bevor wir uns die Situation und die Erfahrungen der jungen Lehrlinge, ArbeiterInnen und Angestellten anschauen, sei zunächst darauf verwiesen, daß auch die Oberschüler z.T. neben Schule und Hausaufgaben noch gearbeitet haben. Sei es, daß sie in elterlichen Geschäften mithelfen mußten, sei es, daß sie gejobbt haben, um sich etwas eigenes Geld zu verdienen. Denn viele Jugendliche bekamen damals kein Taschengeld. Das galt vor allem zu Beginn des Jahrzehnts. Herr E. sagt zum Beispiel: „Uns ging es zu Hause verhältnismäßig schlecht ... Mein Vater war auch einige Zeit arbeitslos, das waren gerade diese Jahre, und da hatten wir natürlich auch relativ wenig, nicht, und da war dann Taschengeld eigentlich ... na ja, ab und zu kriegte ich mal 'ne Mark, aber nicht so regelmäßig." Auch Herr H. bekam kein regelmäßiges Taschengeld. Vielmehr mußte er seinen Großvater immer um Geld für bestimmte Zwecke bitten, etwa für den Beitrag zum Sportverein oder für „Eintritt und eine Frisco" bei Tanzveranstaltungen im Winterhuder Fährhaus. Er sagt dazu: „Unsere Ansprüche waren gering damals. Das hatte ich als angemessen empfunden." Auch Herr J. bekam kein Taschengeld, sondern Geld für besondere Gelegenheiten. Er sagt: „Geld hatten wir alle nicht." Herr Q. antwortet auf die Frage nach Taschengeld: „Ja, aber es war zu klein, und so habe ich das denn aufgebessert ... Ich habe meine Eltern beklaut." Erst später während der 50er Jahre wurde Taschengeld üblicher, und Herr U. kann berichten, daß er als 18jähriger am Ende des Jahrzehnts immerhin schon ein Taschengeld von 20 DM monatlich (vorher 10 DM) bekam.

Jobbende Schüler

SchülerInnen ohne oder mit nur geringem Taschengeld jobbten. Herr C. hat Mitte der 50er Jahre mit 15, 16 Jahren im Hafen im Bananenschuppen als Tallymann bei der Firma Laudi gejobbt, vorher hatte er schon Zeitungen ausgetragen, und später als Student jobbte er in den Semesterferien bei Springer. Herr Q. hat in der Fischmehlfabrik „Pallasch" in Eidelstedt gejobbt: „Wenn wir da frische Luft haben wollten, gingen wir auf's Klo. Ein fürchterlicher Gestank. Da war ich mit einem Klassenkameraden zusammen. Und weil wir das da gut machten, wurden wir befördert und kamen in die Filetieranstalt zum Hafen. Wir haben uns immer auf den offenen Perron gestellt bei der Straßenbahn, weil wir so stanken. Ja, da haben wir unten Fisch abgezogen, Eis reingeschüttet und so. Das war um das Geld zu verdienen für die Klassenreise auch, ne." Später hat er sich auch noch als Telegrammbote bei der Bundespost betätigt. Herr U. hat als 16jähriger mit dem Jobben angefangen. Und zwar hat er im Sportlerheim in der Kieler Straße Kegel aufgestellt. Er erinnert sich noch genau an die Konditionen: Drei Stunden Arbeit freitags oder samstags abends, drei Mark die Stunde, das machte neun Mark am Abend. Manchmal gab es auch Doppelschichten von 18.00 bis 24.00 Uhr, dann konnte man – mit Trinkgeldern – schon einmal auf 20 oder 22 DM am Abend kommen.

Andere Oberschüler mußten im elterlichen Geschäft helfen. So arbeitete Herr B. im Sommer in der Mineralwasserfabrik der Familie: „Im Sommer bestand die Zeit nach der Schule aus Arbeit in der Fabrik. Das ist das, wo ich manchmal ein bißchen drunter gelitten habe: Meine Freunde sind baden gegangen – und ich habe in der Fabrik gearbeitet." Herr V. half im Blumenladen seiner Mutter, was ihn sehr in Anspruch nahm: „Meine Zeit war sehr ausgefüllt, habe nicht so viel Zeit gehabt, was man so Freizeit nennt." Herr H. mußte seinem Großvater in dessen Milchgeschäft in der Marthastraße helfen: Milchkannen waschen, später auch Dickmilch machen und sonntags vormittags mit verkaufen. Und auch Herr W., dessen Vater Uhrmacher war, sagt: „Ich habe meinem Vater viel im Geschäft geholfen. Da ging auch 'ne ganze Menge Zeit drauf."

Glücklich schätzten sich jene, die etwas ausgefallenere Jobs erwischten. So betätigte sich Herr C. von 1954 bis 1957 als Rundfunksprecher beim Schulfunk in der Sendung „Was meinst Du dazu?", und Herr Q. hatte „große" Auftritte als Statist an der Staatsoper und bei Ida Ehre an den Kammerspielen.

Auch die noch jüngeren Volks- und Mittelschüler haben z.T. bereits gejobbt, während sie noch zur Schule gingen. Herr T. (Jg. 1937) und Freunde haben ihr erstes Geld mit dem Klopfen von Trümmersteinen verdient; die Steine lieferten sie beim Bauunternehmer Jarchow in der Wrangelstraße ab. Außerdem haben sie Altpapier gesammelt und Bleirohre aus zerstörten Häusern geholt – „das ist alles zu Geld gemacht worden." Später hat Herr T. für ein Fotogeschäft „Botendienste gemacht, um mein Taschengeld aufzubessern. Jeden Tag Fotoarbeiten mit dem Fahrrad ausgefahren – bis Schnelsen". Herr N. hat in den Sommerferien, die er bei Verwandten auf dem Lande in Boostedt-Westensee verbrachte, auf einem Gut gearbeitet: „Rüben hacken, Unkraut ziehen und alles drum und dran. Vier Jahre habe ich das gemacht, immer in den Sommerferien. Und dadurch habe ich mir mein erstes Fahrrad gekauft." Auch Frau K. hat sich ihr erstes Fahrrad selbst erarbeitet: „Fahrrad habe ich mir selbst zusammengespart. Da habe ich Zeitungen ausgetragen. Da ging ich noch zur Schule. Das Fahrrad habe ich so '50 gekauft. Zeitungaustragen war seit '49, habe die Tour von meinem Bruder übernommen, als er in die Lehre kam."

Herr G. mußte schon als Schüler in der Wäscherei seines Vaters mithelfen: „Das hieß also: Schulzeit, dann nach Hause kommen, dann mußte ich Essen kochen. Meine

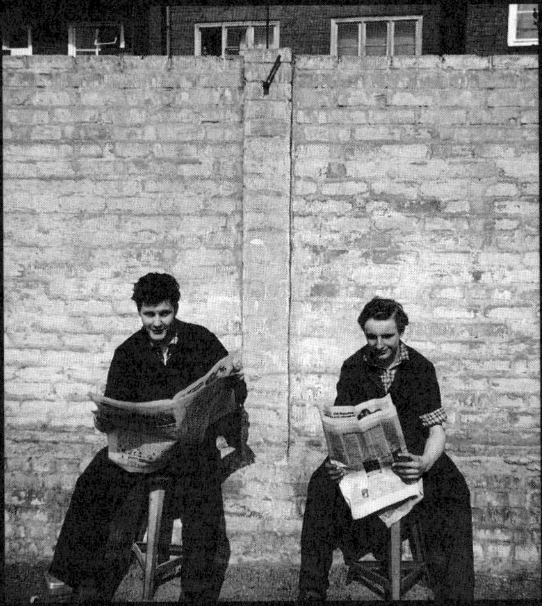

Eltern kamen um ein Uhr, dann mußte das Essen fertig sein. Die hatten denn 'ne halbe Stunde Zeit, dann mußten sie wieder an ihre Arbeit. Ja, und dann saß ich vor dem Schlamassel, Schularbeiten, und ja, so ab drei, manchmal auch etwas eher, hieß es: Wäsche wegtragen, Wäsche abholen und so. Und das im Sommer ja recht spät, bis neun Uhr manchmal abends ... Wenn irgendwo ich Wäsche hinbrachte, kriegte ich Trinkgeld manchmal von 'ner Mark. Also irgendwo am Wochenende, sage ich mal, hatte es sich für mich dann auch gelohnt. Ich habe durch dies Taschengeld, was ich mir also durch die Trinkgelder reingeholt habe, praktisch alles finanziert." Auch während seiner Lehre mußte Herr G. weiterhin noch zusätzlich in der Wäscherei mithelfen: „Wenn ich nach Hause kam von meiner Lehre, dann mußte ich in der Wäscherei noch ... entweder Wäsche austragen oder Wäsche abholen zu Kunden oder so. Oder eben noch helfen heißmangeln, bei meinem Vater drüben noch Gardinen spannen oder so. Ich hatte schon, sage ich mal, 'nen 12- bis 14-Stundentag zu der Zeit." Allerdings hatte das einen großen finanziellen Vorteil: „Ich habe mit meinen Trinkgeldern mehr verdient als den Monatsverdienst in der Lehre."

Richtig ernst mit dem Berufsleben wurde es während ihrer Jugendzeit noch für jene Oberschüler, die nach dem Abitur gleich in die Lehre gingen oder ein Praktikum machten. So absolvierte Herr W. 1953 ein halbjähriges Praktikum bei Heidenreich und Harbeck. Er sagt, es sei ein „sehr krasser" Unterschied zwischen Schule und Praktikum gewesen. Das Praktikum habe zunächst als „ziemlicher Schock" auf ihn gewirkt – wegen der körperlichen Anstrengung, aber auch wegen der Umgangsformen im Betrieb. Als Praktikant verdiente er 50 DM im Monat, ebensoviel wie ein Lehrling im 2. Lehrjahr. Auch Herr E. war zunächst als Maschinenbau-Praktikant bei Heidenreich und Harbeck, danach im Ottensener Eisenwerk. Nach diesem Schiffsmaschinenbau-Praktikum fuhr er von Oktober 1954 bis Juli 1956 zur See; zunächst war er auf Walfang in der Antarktis und vor Peru, dann ist er ein Jahr lang Tanker gefahren (Persischer Golf). Das mit der Seefahrt verdiente Geld legte er für sein Studium an, das er im Wintersemester 1957/58 an der Universität München aufnahm. Auch während des Studiums kam er in den Semesterferien nach Hamburg zurück und hat dann bei den Ottensener Eisenwerken – „da waren die schon drüben auf Steinwerder" – gejobbt. Auch andere Zeitzeugen erzählen, daß sie als Studenten während der Semesterferien gejobbt haben.

Jugendarbeitslosigkeit und Lehrstellenmangel

Während jene ehemaligen Oberschüler, die Ende der 50er Jahre eine Lehre begannen, keine Probleme hatten, eine Lehrstelle (und später einen Studienplatz) zu bekommen, berichten jene, die früher in den 50ern nach dem Abitur eine Lehre begannen, daß es nicht einfach war, eine Lehrstelle zu finden. Herr H. z.B. mußte nach dem Abitur 20 Bewerbungen schreiben, weil Ausbildungsplätze knapp waren; er hat schließlich als „Regierungsinspektor-Anwärter" bei der Stadt Hamburg angefangen, eine dreijährige Ausbildung gemacht und die Verwaltungsschule besucht.

Probleme bei der Lehrstellensuche hatten Anfang der 50er Jahre auch die Volks- und MittelschülerInnen. Unsere ZeitzeugInnen erzählen durchweg, daß es für sie damals sehr schwer war, eine Lehrstelle zu bekommen. Seinerzeit war die Arbeitslosigkeit und insbesondere die Jugendarbeitslosigkeit groß, so daß offiziell von der „Berufsnot der Jugend"[45] die Rede war. Herr S. z.B., der von 1948 bis 1951 bei einem Elektriker auf dem Langenfelder Damm gelernt hatte, war nach der Lehre zweieinhalb Jahre arbeitslos. Während dieser Zeit bekam er kein Arbeitslosengeld, sondern nur Fürsorgeunterstützung – sechs Mark die Woche. Herr P. sagt: „Es war 1952 sehr schwer, eine Lehrstelle zu bekommen ... Ich habe mir die Finger wund geschrieben." Schließlich verhalfen Beziehungen dazu, daß er eine Lehrstelle als Schriftsetzer bei Becker-Druck in Altona fand, wo er 1952–55 in die Lehre ging. Besonders schwer hatten es die weiblichen Jugendlichen. Frau K. hat „sehr viele Versuche" gestartet, eine Lehrstelle zu bekommen: „Lehrstellen waren knapp ... Da mußte man froh sein, daß man eine bekam. Und ab '52, Mitte '52, habe ich eine Lehrstelle bekommen, bei einem Vertreter, Groß- und Außenhandel, Nähe Hauptbahnhof, Kirchenallee." Dort hat sie dann zwei Jahre gelernt und ist bis zur Geburt ihrer Tochter 1959 auch dort geblieben.

Erst seit 1953 wurde die Lehrstellen- und Arbeitsplatzsituation besser. Seit 1957 überstieg die Nachfrage nach Lehrlingen das Angebot, und am Ende des Jahrzehnts klagten die Betriebe heftig über den Mangel an Lehrlingen und suchten oft händeringend Nachwuchs.

Die Entlohnung der Lehrlinge in den 50er Jahren war nicht gerade üppig[46]. Herr T., der 1953–56 Fotokaufmann bei Schwabro in der Spitaler Straße lernte, bekam im ersten Lehrjahr 30 DM, im 2. Lehrjahr 50 DM und im 3. Lehrjahr 60 DM im Monat; bei Herrn S. waren es 35, 40 und 45 DM, bei Herrn P. 35, 44 und 54 DM, bei Herrn Z. 30, 40 und 50 DM, bei Herrn G. 20, 30 und 40 DM (er begann 1956 eine Lehre als Baumwollküper bei einer Im- und Exportfirma im Freihafen). Herr Z. setzt seine Lehrlingsvergütung an folgendem Beispiel in Relation zu den damaligen Lebenshaltungskosten: „Für dreißig Mark konnten Sie knapp 'n paar Schuhe kriegen. Und die Zigaretten waren auch verdammt teuer." Frau K. bekam zunächst 30 und dann 45 DM im Monat als Lehrling, und sie erläutert zur Kaufkraft dieses Einkommens: „Ein Wintermantel hat damals auch schon 130 oder 170 DM gekostet."

Klaus O., der 1954–56 Schlachter gelernt hat, obgleich ihm dieser Beruf eigentlich zuwider war (aber wegen Lehrstellenmangel mußte er nehmen, was er bekommen konnte), erhielt im ersten Lehrjahr 5 DM in der Woche, im zweiten 8 DM und im dritten 12 DM in der Woche – allerdings: „Immer bei freier Kost." Seine Schwester Katrin, die Ende der 50er Kontoristin gelernt hat, hatte schon 35, 55 und 70 DM im Monat.

Die Lehrlingsvergütungen stiegen während der 50er allmählich. Und auch nach der Lehre besserten sich die Einkommensverhältnisse. So erhielt Herr P., der von seinem

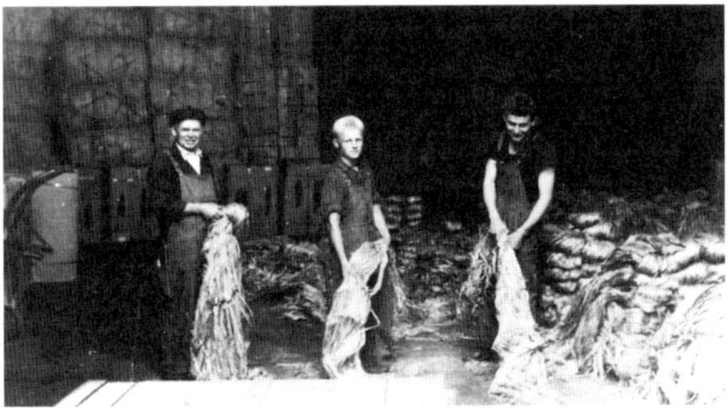

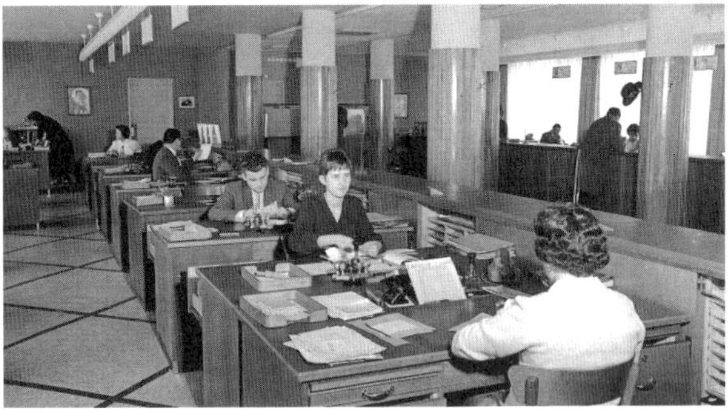

Chef sagt: „Der war sehr despotisch, aber er hat auch gut bezahlt", als Geselle einen „Spitzenlohn" von 1,75 DM in der Stunde, und alsbald bekam er sogar eine Lohnerhöhung auf 1,80 DM. „Damit war ich der am besten Verdienende unter allen ehemaligen Lehrlingen. Die lagen alle noch bei 1,50 DM." Herrn S. erster Gesellenlohn als Elektriker betrug dagegen nur 1,27 DM in der Stunde. Herrn O.s erster Gesellenlohn als Schlachter betrug 1956 genau 47,99 DM für die Woche. Frau K.s Anfangsgehalt nach der Lehre belief sich auf 175 DM im Monat. Frau L. erhielt 1952 als Anfängerin auf dem Postscheckamt 135 DM im Monat – „das war sehr viel, weil 'n Lehrling zur gleichen Zeit nur 30 DM kriegte." Das erste Gehalt von Herrn T. betrug 1956 immerhin schon 300 DM im Monat.

Von ihren kargen Einkünften mußten die Jugendlichen in der Regel einen Großteil zu Hause abgeben. Herr S. z.B. mußte sein Lehrlingsentgeld ganz zu Hause abliefern und bekam davon nur 1 DM Taschengeld in der Woche. Herr P. mußte „viel" zu Hause abgeben, ebenso Frau Sch.: „Aber das hat meine Mutter für mich gespart. Das habe ich dann später wiedergekriegt. Also aus Erziehungsgründen, nicht." Herr O. erzählt: „Von den fünf Mark (Gehalt im 1. Lehrjahr – d. Verf.) habe ich noch zwei Mark abgegeben. Wir hatten uns nämlich zu meiner Konfirmation ein neues Radio gekauft, und das mußte noch abbezahlt werden bei Herrn Walensky (dem Elektrogeschäft im Langenfelder Damm – d. Verf.). Das kostete damals 150 DM oder so ähnlich." Seine Schwestern bestätigen: „Wir mußten alle zu Hause abgeben."

Das verdiente Geld war schnell ausgegeben. Herr P. bzw. Herr O. sprechen für viele, wenn sie sagen: „Vom Lohn blieb nichts nach" bzw.: „Ich war immer pleite."

„Lehrjahre sind keine Herrenjahre"

Die Arbeitsbedingungen waren für die Jugendlichen in der Regel hart. Die Gültigkeit des Spruchs: „Lehrjahre sind keine Herrenjahre" erfuhren viele von ihnen am eigenen Leibe.

Herr Z. erzählt von seiner Zeit als Tischlerlehrling (1949–51 bei der Tischlerei Lindemann, zunächst Lokstedt, seit 1951 Emilienstraße): „Mein Meister wohnte in der Tornquiststraße, hatte sich 'ne Dachgeschoßwohnung ausgebaut, und ich als Lehrling durfte ihm dann die Kohlen rauftragen nach oben." Immerhin hatte er in anderer Hinsicht Glück: „Ich hatte das Riesenglück, am Sonnabend Berufsschule zu haben – deswegen brauchte ich die Werkstatt nicht sauber zu machen. Das passierte nach Feierabend, das Saubermachen. Das war nicht in der normalen Arbeitszeit mit drin."

Herr S. erzählt von seiner Lehre: „In meiner Firma waren wir zwei Gesellen und acht Lehrlinge. So daß wir im Grunde genommen Handlanger waren und gar nicht richtig etwas gelernt haben ... Früher war das ja so: Was der Lehrmeister sagte, war A und O. Wer dagegenredete, der bekam gleich ein paar an die Löffel. Da war es noch üblich, daß man ein paarmal hinter die Ohren kriegte, was ja heute gar nicht mehr möglich ist ... Da hat sich keiner drum gekümmert. Selbst in der Innung nicht, wenn wir mal in der Schule gesagt hätten: 'Hör mal zu, der hat mich geschlagen!' oder so – dann hätten die gelacht ... Goldig fand ich das nicht, und es ist auch so gewesen, daß ich einmal 'nen Hammer ins Kreuz gekriegt habe, daß ich blaue Flecken im Kreuz hatte. Da ist mein Vater hingegangen zum Lehrmeister und hat gesagt: 'Also so nicht!' Und das haben die nun auch akzeptiert. Aber trotzdem ist der Ablauf in der Firma nicht anders geworden. Also wenn man etwas gemacht hatte, kriegt man trotzdem noch ein paar hinter die Löffel ... Man hat es auch gar nicht so empfunden. Okay, man hat ein paar hinter die Löffel gekriegt, und am anderen Tag hat man zu dem Lehrgesellen irgendwo ein schlechtes Verhältnis gehabt, das ist schon richtig. Denn ich weiß ganz genau, der wohnte hier am Langenfelder Damm auch mein Lehrgeselle, und nachher, wie ich ausgelernt hatte, hat er mir ja auch das 'Du' angeboten – war ja früher so üblich, nicht? Und dann haben wir auch ein völlig normales Verhältnis zueinander gehabt."

Herr P., der mit 14 Jahren in die Lehre gekommen war, sagt: Als Lehrling „mußte man kuschen und laufen und flitzen und einkaufen und den letzten Dreck machen. Also es war – das konnte man alles gar nicht verdauen." Es habe auf der Arbeit „ziemlichen Druck" gegeben. Von vielen älteren Kollegen seien die Lehrlinge „gedrückt und getrietzt" worden: „Das war brutal, das war eine furchtbare Zeit." Andererseits habe er damals auch zwei ca. 24- und 25jährige Kollegen gehabt, die ihm während seiner Lehre eine große Hilfe gewesen seien, ja, die ihm die „Augen geöffnet" hätten. Deren Einfluß sei es zu verdanken, daß die Lehrjahre für ihn „wohl die einprägsamsten drei Jahre in meinem Leben (geworden sind). Die haben mein ganzes Leben ja wohl noch in die richtige Bahn gedrückt ... Da wurde die Weiche für mein ganzes Leben" gestellt.

Einzig Herr G. , der den ausgefallenen Beruf des Baumwollküpers – „das ist also Rohwolle klassifizieren, ein Beruf, den es heute gar nicht mehr gibt" – erlernte, erinnert sich an eine weniger strenge Lehrzeit: „ Ich hatte ab dem zweiten Lehrjahr meine Freiheiten dort, konnte selbständig irgendwo was tun, in die einzelnen Lager gehen und so weiter."

Lange Arbeitszeiten

In besonderer Erinnerung sind vielen ZeitzeugInnen die damals im Vergleich zu heute deutlich längeren Arbeitszeiten. Es galt die 48-Stunden-Woche. Das war die vom Jugendschutzgesetz von 1938, welches in den 50er Jahren weiterhin galt, zugelassene Höchstarbeitszeit[47]. Samstags wurde bis 13.00 Uhr gearbeitet. Die Mittagspause dauerte eine halbe Stunde. Oft wurden die 48 Stunden Arbeitszeit überschritten.

Fast alle ZeitzeugInnen erzählen, daß sie – unbezahlt – länger als die vorgeschriebene und gesetzlich zulässige Arbeitszeit arbeiten mußten. Herr T. spricht von „so um die 50 Stunden". Frau St., die damals ja schon ausgelernt und 1951 wieder als

Friseurin angefangen hatte, hat in den Jahren zwischen 1951 und 1955 60 Stunden in der Woche und mehr gearbeitet – wobei die Überstunden nicht bezahlt wurden. Herr D., der 1953 eine Lehre als Maschinenschlosser bei Bartels und Lüders im Hafen angefangen hatte, sagt dazu, daß die 48-Stunden-Woche damals die offizielle Gewerkschafts-Forderung gewesen sei, das Motto war: 48 Stunden sind genug. Jedoch: „Wir haben bei Bartels und Lüders nicht gesagt: 48 Stunden sind genug, sondern: 48 Überstunden sind genug!"

Ein durchschnittlicher Tag eines Jugendlichen der 50er Jahre war um die Arbeit zentriert. „Nach detaillierten Erhebungen verlief ein normaler Arbeitstag ... im Leben eines 15- bis 20jährigen Hamburger Jugendlichen 1957/58 im Durchschnitt folgendermaßen: Aufstehen um 6 Uhr 23; Aufbruch zur Arbeit um 7 Uhr 03, Arbeitsbeginn nach einem Weg von 23 Minuten um 7 Uhr 26; nach einer Arbeitszeit von 8 Stunden 49 Minuten um 16 Uhr 15 Antritt des Rückwegs; Ankunft zu Hause um 16 Uhr 38; Schlafengehen um 21 Uhr 44. Selbst in einer stark vom Dienstleistungsgewerbe geprägten Stadt ergab sich also noch im letzten Drittel der 50er Jahre für die jugendlichen Erwerbstätigen eine durchschnittliche Wochenarbeitszeit von 45 bis 50 Stunden"[48].

Als besonders negativ ist den ZeitzeugInnen die Samstags-Arbeit und der kurze Urlaub in Erinnerung. Frau K.: „Ich hatte es insofern ja gut: Ich brauchte erst um neun Uhr da zu sein. Aber ich kam manches Mal erst um acht oder später nach Hause. Und sonnabends ja auch. Das war ja manchmal auch recht lästig. Und denn ja auch nur zwölf Tage Urlaub, zwei Wochen"[49].

In den Wirtschaftswunderjahren der zweiten Hälfte der 50er wurden von den jungen Leuten dann auch häufig freiwillig Überstunden gemacht, weil sie gut bezahlt wurden und man sich so zusätzliche Konsumwünsche erfüllen konnte. Herr Z. erzählt z.B., daß er in der Tischlerei, in der er gelernt hatte, wegen der schlechten Verdienstmöglichkeiten nicht lange geblieben ist. „Ich bin dann woanders angefangen, und da haben wir Ladenausbau gemacht und so. 24 Stunden im Rutsch durch und so – da konnte man viel Geld verdienen. Und dann war auch 'n Motorrad drin ... Da waren wir durchweg junge Leute. Das brachte richtig Geld. Das war das, was man zu der Zeit als Wirtschaftswunder bezeichnen konnte."

Die Verdienstmöglichkeiten besserten sich jetzt allgemein; die Reallöhne stiegen erheblich, so daß sie sich zu Beginn der 60er Jahre gegenüber dem Anfang der 50er im Durchschnitt verdoppelt hatten.

Während man sich also zu Beginn der 50er gezwungen sah, lange zu arbeiten, um die unmittelbare materielle Mangelsituation der Nachkriegszeit zu überwinden, ging es in den späteren 50ern darum, so viel Geld zu verdienen, daß man an den neuen Konsummöglichkeiten teilhaben konnte. Die Konsequenz waren in jedem Falle lange Arbeitszeiten – auch wenn seit Mitte der 50er allmählich der Übergang zur 5-Tage-Woche (erstmals 1958 tariflich abgesichert) und Ende der 50er zur 40-Stunden-Woche begann –, denn Überstunden waren an der Tagesordnung. Viel Arbeit bedeutete auf der anderen Seite, daß freie Zeit für die Jugendlichen in den 50ern recht knapp war. Wenn wir uns also später ausführlich mit der Freizeit der Jugendlichen beschäftigen, so müssen wir dabei bedenken, daß diese Freizeit Bedingungen unterlag, die in mehrfacher Hinsicht sehr restriktiv waren: Zeit war knapp, und Räumlichkeiten waren ebenfalls knapp. Geld war zwar zunächst auch knapp, doch änderte sich das im Laufe des Jahrzehnts, was nicht unerhebliche Auswirkungen auf die Freizeitgestaltung der Jugendlichen hatte.

KONSUM(WÜNSCHE)

„Man hat gekauft und gekauft und gekauft"

Die Eimsbütteler Jugendlichen waren wie die gesamte deutsche Wirtschaftswundergesellschaft der 50er Jahre auf dem „Konsumtrip". Aus den Erzählungen der ZeitzeugInnen geht sehr deutlich hervor, welche große Bedeutung es für sie damals hatte, sich nach den Entbehrungen der Nachkriegszeit endlich wieder lange entbehrte bzw. völlig neue, noch nie besessene Konsumgüter leisten zu können. Oft sind die Umstände und Preise der ersten größeren Anschaffungen noch sehr genau in Erinnerung. Sich modische Kleidung, Elektrogeräte oder Fahrzeuge kaufen zu können oder geschenkt zu bekommen, war für die Jugendlichen von großer Wichtigkeit. Sie nahmen zumeist vorbehaltlos und begeistert teil am Konsumrausch der Wirtschaftswunderzeit, machten jede Mode und jede „Welle" mit. Wegen ihrer stetig wachsenden Kaufkraft wurden sie in der zweiten Hälfte der 50er Jahre von der Konsumgüterindustrie als eine spezielle potente Käuferschicht entdeckt und erstmals zum Objekt einer aggressiven, besonders auf sie zugeschnittenen Werbung[50].

Dabei ging es zu Beginn der 50er Jahre, als von „Wirtschaftswunder" noch keine Rede sein konnte, zunächst einmal recht bescheiden los. Wünsche und Anschaffungen hielten sich noch sehr in Grenzen. Oft ging es vorerst nur darum, den Vorkriegsstand der Ausstattung mit Konsumgütern wieder zu erreichen. Und die Jugendlichen bekamen durchaus nicht immer neuwertige Ware bzw. genau das, was sie sich wünschten. Das wird deutlich etwa an den Erzählungen über die ersten Fahrräder in den 50ern. Viele Jugendliche wünschten sich seinerzeit sehnlichst ein Fahrrad, bekamen aber zunächst häufig nur aufgemöbelte „uralte Gurken" wie Herr P. Er hat dann, als er in der Lehre war, ein Jahr lang auf ein neues Fahrrad gespart und sich 1954 eins „mit Gangschaltung" gekauft. Er sagt dazu: „Darauf war ich richtig stolz, als wenn man heute 'nen Auto kauft. Vielleicht war ich noch etwas stolzer." Auch Herr O. sagt über sein Fahrrad: „ Mein ganz, ganz großer Wunsch war ein Fahrrad mit Gangschaltung. Mein Fahrrad war dann auch mein ganzer Stolz. War ein gebrauchtes, leider ohne Gangschaltung." Auch seine Schwestern bekamen später Fahrräder, zunächst hatten sie sich noch, wenn sie Rad fahren wollten, beim Fahrradladen Köping im Langenfelder Damm für 30 Pfennige pro Stunde ein Rad ausleihen müssen. Herr C. war über sein erstes Fahrrad enttäuscht: „Ich hatte eine bestimmte Vorstellung gehabt von einem Fahrrad. Das sollte so und so aussehen, die und die Marke. Und ich bekam dann ganz was anderes. Das war also: Ich war bitter enttäuscht über dieses Fahrrad. Meine Eltern hatten nicht viel Geld und konnten sich dieses Fahrrad, was ich mir gewünscht hatte, eben nicht leisten."

Frau Sch. erzählt, daß sie zunächst auch nur ein „aufgemöbeltes" gebrauchtes Fahrrad bekommen habe, gleichwohl „habe ich mich wahnsinnig gefreut, ich wollte so gern ein Fahrrad haben." Später hat sie sich von ihrem ersten Gehalt ein „richtig schönes neues Fahrrad gekauft". Ebenso Frau L.. Sie sagt: „Ein Fahrrad war mein größter Wunsch", den sie sich 1952 von ihrem ersten Gehalt erfüllte. „Das Fahrrad hat, glaube ich, 165 DM gekostet. Das war mehr, als ich im Monat verdient habe. Und das Fahrrad habe ich heute noch."

Später gingen die Fahrzeug-Wünsche übers Fahrrad hinaus. Dann waren Objekte der Begierde Mopeds, Motorräder, Motorroller und schließlich gar Autos. Herr E. kaufte sich 1956 eine gebrauchte Lambretta: „Der einzige Luxus, den ich mir geleistet habe damals, als ich von der Seefahrt zurückkam: Ich habe mir 'ne gebrauchte Lambretta gekauft. Mit der bin ich sieben Jahre gefahren" – z.B. in den Semesterferien von seinem Studienort München heim nach Hamburg – Fahrtzeit 20 Stunden. Herr C. machte 1957 seinen Führerschein für Motorroller und kaufte sich 1958 einen eigenen Roller. Er sagt dazu: „Als ich bei Springer anfing als Student zu jobben, da kaufte ich mir nach einigen Monaten einen Motorroller, eine Zündapp Bella." Das war für ihn allerdings nur Zwischenstation auf dem Weg zum Auto: „Habe meinen Motorroller wieder verkauft, für 700 DM, glaube ich, und habe dann durch mein Erspartes – bei Springer hat man in den Ferien gut verdient – mir dann einen Fiat 500 gekauft, 1959. Abbezahlt über eine Bank ... mit Wechseln. Finanziert über eine Lebensversicherung."

Auch andere männliche Jugendliche nahmen den Weg vom Fahrrad über Moped bzw. Motorrad oder Motorroller zum Auto. Das entsprach dem allgemeinen Trend der 50er Jahre, die zunächst einen Moped- und Motorrad-Boom erlebten, der dann vom Auto-Boom abgelöst wurde[51].

Herr Z., der sich sein erstes Fahrrad, welches er sich unmittelbar nach der Währungsreform kaufte, durch Schwarzmarktgeschäfte verdient hatte, kaufte sich später (ca. 1954) zunächst für etwa 1500 DM ein gebrauchtes „Meiko"-Motorrad und später immer bessere und teurere Motorräder. „Da ist natürlich viel Geld reingegangen." 1958 dann leistete er sich einen gebrauchten VW-Käfer.

Herr G. erzählt: „Gerade Ende der fünfziger Jahre ist der Traum der Jugendlichen gewesen, ein Auto zu haben und ... ja, irgendwo hinzufahren. Vorher haben wir's mit dem Fahrrad oder dem Moped gemacht. Entweder hatten wir ne Quickly oder ne alte Figgy (Moped-Marken – d. Verf.) oder so." Herr G. realisierte den Traum vom eigenen Auto: „Ich habe mir also mit 18 Jahren zu der Zeit – 1959 – 'nen Wagen gekauft. 'Nen VW gekauft – das hatte keiner! Also ich war wirklich der erste bei uns in der Straße von den Jugendlichen überhaupt, der sich mit 18 zum Geburtstag ein Auto selber gekauft hat. Von meinem Geld, nicht von dem Geld meiner Eltern"[52]. Auf dieses

Auto hat Herr G. denn auch lange Zeit „sehr eisern" gespart, „weil ich wußte, was ich wollte. Ich wollte mir eben ein Auto kaufen zu der Zeit".

Von einem eigenen Auto konnten andere Jugendliche auch noch Ende der 50er Jahre nur träumen. Herr O. machte 1956 mit 18 Jahren den Führerschein - und wünschte sich sehnlichst ein Auto: „Geträumt habe ich immer vom eigenen Fahrzeug ... Der Wunsch nach einem Auto war da. Das war eigentlich mein ganz großer Wunsch, ein eigenes Auto zu haben", und zwar ein Goggomobil[53]. Für Herrn B. war schon als Junge ein eigenes Auto der Inbegriff von Wohlstand und wichtiges Lebensziel. Er erzählt: „Ich kann noch den Platz genau bezeichnen, wo ich gestanden habe, Müggenkampstraße/Ecke Sartoriusstraße, da war der Kohlenhändler, da an der Ecke habe ich gestanden, und da fuhr ein Auto vorbei! Und an der Stelle habe ich gesagt: Du willst in Deinem Leben einmal so weit kommen, daß Du Dir ein Auto kaufen kannst. An der Ecke habe ich den Entschluß gefaßt."

Weniger anspruchsvolle Wünsche konnten sich die Jugendlichen in der zweiten Hälfte der 50er Jahre schon eher erfüllen. Ganz oben auf der Wunschliste standen Radios und Plattenspieler und die entsprechenden Schallplatten, später auch Tonbandgeräte sowie - besonders bei den Mädchen - modische Kleidung.

Sehr begehrt waren auch Fotoapparate. Herr W. fotografierte leidenschaftlich gern und entwickelte und vergrößerte auch selbst. Er gab viel Geld für dieses Hobby aus. Seine erste Kamera bekam er schon 1946 oder 1947 zum Geburtstag geschenkt. An den ersten von ihm selbst gekauften Apparat kann er sich noch sehr gut erinnern - eine Agfa für 147 DM - „das war ein irrsinniges Geld damals". Er hat sie in der Drogerie Rotermund Ecke Eppendorfer Weg/Osterstraße auf Raten gekauft und mit seinem Taschengeld abbezahlt. Dazu sagt er: Eine solch teure Kamera „war auf jeden Fall ein Luxusgegenstand." Auch Frau Sch. gab viel Geld für Fotoapparate aus. Sie hatte zunächst nur eine „Agfa-Klack", 1958 kaufte sie sich dann eine Retina von Kodak: „Das war meine erste richtige Kamera. Das war 'ne größere Anschaffung."

Die Erwachsenen bemühten sich, das Konsumverhalten der Jugendlichen in - ihrer Meinung nach - „vernünftige" Bahnen zu lenken, was in der Regel auch gelang. Viele Eltern hingen beispielsweise noch der Vorstellung an, daß die jungen Mädchen sich vor allem auf Heirat und Ehe vorbereiten und hierfür eine „Aussteuer" ansammeln sollten. Bei Frau Sch. wurde systematisch und intensiv für die Aussteuer gesammelt: „Da kriegte ich zu Weihnachten, zum Geburtstag, zu jeder möglichen Gelegenheit so Haushaltsgegenstände schon für die Aussteuer. Das war damals so üblich ... Damals wollte ich das gar nicht so, da hätte ich lieber andere Geschenke gehabt. Aber kistenweise stand das da bei meinen Eltern rum auf dem Boden und lagerte da, bis ich also auszog." Das Sammeln für die Aussteuer war damals gang und gäbe. „Vier Fünftel der unverheirateten Mädchen hatten 1960 Bett- und Tischwäsche, Bestecke, Porzellan, Gläser und ähnliches zusammengetragen"[54]. Auch die unter Jugendlichen weit verbreitete Sparmentalität[55] ist Indiz dafür, daß Konsumverhalten und -wünsche der Jugendlichen „weitgehend als nüchtern und realistisch"[56] eingeschätzt werden können. Gleichwohl haben sie sich den Kaufräuschen dieser Zeit nicht entzogen. Frau Sch. stellt fest, damals habe man „gekauft und gekauft und gekauft". Herr P. resümiert im Rückblick die Konsumfixiertheit in jener Zeit: „Auto, Reisen, Klamotten – all' den Scheiß hat man mitgemacht."

FREIZEIT DRAUSSEN UND DRINNEN

„Treffpunkt war absolut die Straße"

Eine zeitgenössische empirische Untersuchung stellte hinsichtlich der Jugendlichen zur Verfügung stehenden freien Zeit fest, daß „recht lange Arbeitszeiten und eine recht kurze Freizeit" charakteristisch seien[57]. Genauer: „Nur der Schüler und der Student verfügen über ausreichend freie Zeit. Der jugendliche Arbeiter hat nach seinem Acht-Stunden-Tag kaum mehr Freizeit, als die Gesamtheit seiner Berufsschicht. Jugendliche Angestellte und Handwerker haben offensichtlich nicht viel freie Zeit; wenig mehr hat der Lehrling. In der Landwirtschaft kann von einer regelmäßigen Freizeit nicht gesprochen werden. Für den Durchschnitt aller Jugendlichen ergibt sich ein gewogenes Mittel von sechs Stunden Freizeit, wenn es nicht vorgezogen wird, die Freizeit zugunsten einer längeren Schlafzeit zu verkürzen. Für Freizeit bleiben der Mehrzahl der Jugendlichen die Stunden zwischen 17 und 22 Uhr. Zahlreiche Jugendliche ziehen es von sich aus vor, länger zu arbeiten, um durch entsprechenden Mehrverdienst in den Besitz von höherem Einkommen zu gelangen"[58]. Das „höhere Einkommen" wiederum wurde nicht zuletzt angestrebt, weil man sich damit mehr und teurere Freizeitvergnügen leisten konnte. Für die Jugendlichen ergab sich also ein gewisses Dilemma: Je mehr freie Zeit man hatte, desto weniger Geld stand einem für Freizeitvergnügen zur Verfügung, und – umgekehrt – je mehr Geld man für Freizeitvergnügen hatte, desto weniger freie Zeit hatte man. Diese Beobachtung wird bestätigt, wenn man sich genauer anschaut, welche Gruppen von Jugendlichen über welche Geldbeträge für Freizeitzwecke verfügen konnten. Da stellt man nämlich fest, daß die Schüler und Studenten – also diejenigen mit der meisten freien Zeit – am wenigsten Geld hatten (1953 waren das 23 DM monatlich im Durchschnitt)[59], während junge Angestellte (83 DM monatlich), Handwerker (73 DM) und Arbeiter (68 DM) deutlich mehr hatten[60].

Wenig freie Zeit und wenig Platz

Während eindeutig feststellbar ist, daß sich die Geldbeträge für Freizeitzwecke im Laufe der 50er Jahre stetig erhöhten, so daß man davon ausgehen kann, „daß sich die Budgets der Jugendlichen von 1953 bis 1960 etwa verdoppelt hatten"[61], blieb die freie Zeit weiterhin knapp. So konnten sie sich zwar immer mehr leisten – was nicht zuletzt zur Herausbildung einer spezifisch auf die Bedürfnisse von Jugendlichen ausgerichteten Freizeitindustrie beitrug –, aber das Verhältnis Arbeitszeit – Freizeit verbesserte sich kaum.

Unsere ZeitzeugInnen bestätigen diese allgemeinen Beobachtungen. Zwar klagen sie durchgängig sowohl für den Anfang der 50er als auch für das Ende des Jahrzehnts darüber, daß sie „zu wenig" Geld für Freizeitaktivitäten hatten (und das ist subjektiv wohl immer so: man hat immer das Gefühl, daß man zu wenig Geld hat). Doch wenn man vergleicht, was sich Jugendliche zu Anfang und zu Ende der 50er Jahre in ihrer Freizeit leisteten, so ist doch ein deutlicher Unterschied zu verzeichnen. Demgegenüber blieb die Freizeit während des ganzen Jahrzehnts auch für unsere ZeitzeugInnen gleichermaßen knapp. Dabei ist zudem zu bedenken, daß ja bei weitem nicht die gesamte (arbeits-)freie Zeit tatsächlich „Freizeit", Zeit zur freien Verfügung der Jugendlichen, war. In dieser Zeit mußte auch im Haushalt geholfen, auf Geschwister aufgepaßt, gegessen und eingekauft sowie diversen anderen häuslichen Pflichten nachgegangen werden, wobei hierfür die Mädchen bedeutend stärker eingespannt wurden als die Jungen. Von den oben angegebenen sechs Stunden Freizeit ging also noch ein erheblicher Teil ab – für Mädchen mehr, für Jungen weniger. Zu unterscheiden ist ferner zwischen Werktagen und Wochenende (sowie der Sondersituation Ferien bzw. Urlaub). Die Aussagen unserer ZeitzeugInnen lassen erkennen, daß sich richtige Freizeitunternehmungen sehr stark auf das Wochenende konzentrierten (das seit Ende der 50er durch den arbeitsfreien Samstag ja wesentlich ausgeweitet wurde), während in der Woche sehr viel weniger los war – da blieb man oft zu Hause und ging – ebenso wie die Erwachsenen – relativ früh ins Bett, weil man ja auch wieder früh aufstehen mußte. Herr U. z.B. gibt an, daß er an Wochentagen ca. zwei bis drei Stunden Freizeit täglich gehabt habe, und Herr O. sagt ganz pointiert: „Mein Leben begann immer erst am Wochenende" – wobei seine Schwestern allerdings einschränken: „Samstag ging für Hausarbeit drauf."

Wenn also im folgenden recht ausführlich auf die Freizeit der Jugendlichen in den 50er Jahren eingegangen wird, so muß man stets diese einschränkenden Bemerkungen hinsichtlich der tatsächlich zur Verfügung stehenden freien Zeit im Hinterkopf behalten, damit nicht das falsche Bild entsteht, das Leben der Jugendlichen damals habe weitestgehend aus Kinobesuchen, Sport, Tanz und Zeltfahrten bestanden.

Ebenso ist zu bedenken, daß nicht nur die Zeit für Freizeitaktivitäten recht knapp war, sondern daß es auch nur relativ wenige Orte für jugendliche Freizeitbeschäftigungen gab. Wie bereits gezeigt, waren die häuslichen Wohnverhältnisse so beengt, daß sie wenig Raum für – gemeinschaftliche – Freizeitgestaltung der Jugendlichen ließen. Und da die Errichtung von öffentlichen Freizeitstätten für Jugendliche im Wiederaufbauprogramm wahrlich keine Priorität hatte (ging es doch zunächst vor allem darum, Wohnraum zu schaffen), gab es auch im öffentlichen Raum zu wenig Angebote. Eine Einrichtung wie das „Heim der offenen Tür" in der Bundesstraße war seinerzeit noch eine große Ausnahme. Es blieben die kommerziellen Angebote wie Gaststätten, Tanzlokale, Kinos. Aber solange die Jugendlichen noch keine zahlungskräftigen Kunden waren, waren auch diese kommerziellen Freizeitstätten relativ dünn gesät, bzw. es gab kaum jugendspezifische Angebote. Das änderte sich erst allmählich in der zweiten Hälfte der 50er mit zunehmender Kaufkraft der Jugendlichen. Jetzt entstanden zusehends kommerzielle Orte einer eigenen Jugendkultur (Milchbars, Eisdielen, Kneipen mit Musikboxen etc.). Allein die Kinos hatten die gesamten 50er Jahre hindurch einen ganz zentralen Stellenwert für jugendliche Freizeitgestaltung. Doch ein großer Teil der Freizeit spielte sich auf der Straße ab. Insbesondere in der ersten Hälfte der 50er Jahre, als weite Teile Eimsbüttels noch in Trümmern lagen und als der (Auto-)Verkehr sich noch in sehr bescheidenem Rahmen hielt, gehörten die Straßen, Plätze und Trümmergrundstücke des Viertels den Jugendlichen und den Kindern. Hier nahmen sie sich ihre Freiräume. Zum Beispiel wurden Bunker aus der Zeit des Krieges nunmehr von Jugendlichen in eigener Regie zu Jazzkellern und Jugendtreffs umfunktioniert. Und auch wenn Erzählungen von Parties in schummerigen Bunkergewölben zunächst durchaus romantisch klingen mögen, so sei doch festgehalten, daß solche „Umfunktionierungen" weitgehend aus der Not geboren waren, weil es keine besseren Möglichkeiten gab, daß sich also auch hier wieder ein Mangel zeigt. Mithin ist auch unter dem Gesichtspunkt der Räume für jugendliches Freizeitverhalten in den 50er Jahren insgesamt von recht eng gesteckten Rahmenbedingungen auszugehen.

Zu diesen gewissermaßen objektiven Beschränkungen jugendlicher Freizeitmöglichkeiten – wenig Zeit, wenig Räume und zunächst auch wenig Geld – kamen die von seiten der Erwachsenen im allgemeinen und der staatlichen Instanzen im besonderen auferlegten Beschränkungen hinzu. Denn diese sahen die Freiräume und das Freizeitverhalten der Jugendlichen mit einer gehörigen Portion Argwohn, befürchteten eine „Verwahrlosung" der Jugend und versuchten durch vielfältige Ge- und Verbote den Rahmen jugendlicher Freizeitaktivitäten einzuschränken und die Freiräume zu kontrollieren. So sahen sich die Jugendlichen mit einer Erwachsenenwelt konfrontiert, die einerseits recht desinteressiert war an ihrem Leben – in der Zeit von Wiederaufbau und „Wirtschaftswunder" hatten die Erwachsenen anderes zu tun, als sich um die Jugendlichen zu kümmern –, die andererseits aber doch durch Kontrolle und Reglementierung die Rahmenbedingungen jugendlicher Freizeit bestimmen wollte. Am offensichtlichsten war das bei der Regelung der abendlichen Ausgehzeiten für die Jugendlichen; die von den Eltern vorgegebene Zeit, zu der man abends wieder zu Hause sein mußte, schränkte die (außerhäusliche) Freizeit der Jugendlichen deutlich ein – und sorgte daher für heftige innerfamiliäre Konflikte.

Freizeit zu Hause: Bücher, Radio, Spiele

Bevor wir auf die spannenderen jugendlichen Freizeitaktivitäten zu sprechen kommen, soll zunächst ein Bereich thematisiert werden, der in den Erzählungen der ZeitzeugInnen keinen größeren Raum einnimmt, gleichwohl für jugendliche Freizeit in den 50ern insofern wichtig war, als er rein quantitativ eine große Rolle spielte, nämlich die häusliche Freizeit. Daß die ZeitzeugInnen darüber relativ wenig berichten, liegt einfach daran, daß Freizeit zu Hause gewissermaßen zur alltäglichen Routine gehörte, unspektakulär und „normal" war, so daß es darüber erst einmal wenig zu erzählen gibt.

Außerdem muß auch noch zugegeben werden, daß die Freizeit zu Hause nur zu häufig auch gleichbedeutend war mit Langeweile. Aber über Langeweile läßt sich nun erst recht schlecht erzählen (und auch schlecht schreiben), so daß dieser Aspekt jugendlicher Freizeit hier nur erwähnt werden soll.

Unsere ZeitzeugInnen haben viel gelesen. Mit ihrer Leseleidenschaft sind sie typische VertreterInnen der 50er-Jahre-Jugend, ergaben doch zeitgenössische statistische Erhebungen, daß unter Jugendlichen das Lesen Freizeitbeschäftigung Nummer eins war[62]. „Weit im Vordergrund" bei den Feierabendbeschäftigungen stand „das Lesen von Büchern, Zeitungen und Illustrierten, von leichter Unterhaltungslektüre usw."[63]. Der Lesestoff war dabei höchst unterschiedlich. Er änderte sich mit zunehmendem Alter, war für Mädchen und Jungen sowie für Oberschüler und Lehrlinge verschieden. Oberschüler haben mehr und „anspruchsvollere" Literatur gelesen als Lehrlinge, Mädchen waren lesefreudiger als Jungen[64].

Mehr als reine Jugendbücher wurde moderne Literatur für Erwachsene gelesen[65]. Herr W. hat viel gelesen, seine Lektüre „war mehr oder weniger Anregung aus der Schule". Mit Begeisterung habe er die „Buddenbrooks" von Thomas Mann gelesen, und „Im Westen nichts Neues" von Remarque habe ihn sehr bewegt. Herr H. sagt, er habe „alles gelesen, was mir unter die Finger kam". Darunter seien auch noch Abenteuerbücher aus der NS-Zeit gewesen, in denen es zum Beispiel um die Kämpfe der „guten" Germanen gegen die „bösen" Römer gegangen sei. Außerdem habe er sich häufig Bücher aus der Schulbücherei ausgeliehen. Herr J. erwähnt Abenteuerromane von Wörishöffer, die griechischen und germanischen Sagen in der Bearbeitung von Gustav Schwab und die Romane von Gustav Freytag. Herr A. hat die Bücher von Karl May „verschlungen".

Herr P. bezog seine Bücher über die Vertrauensleute der Büchergilde Gutenberg in seinem Betrieb. Neben Romanen von Stefan Zweig, Hans Fallada und B. Traven las er auch politische Bücher. Er nennt Eugen Kogon und Hannah Arendt. Frau F. sagt ebenfalls, daß sie in einem Buchclub war und viele Bücher hatte, „so Jungmädchen-Romane." Sie habe oft „sonntags bis mittags im Bett gelesen". Frau F. erzählt von einer Leihbücherei am Eimsbütteler Maktplatz. „Da bin ich viel gewesen", dort hat sie sich Jugend- und Mädchenbücher besorgt.

Das Interesse an der neuen US-amerikanischen Belletristik war besonders groß (Hemingway, Steinbeck). Ein US-Import waren aber auch die comic strips, die sich bei Volksschülern und Lehrlingen zunehmender Beliebtheit erfreuten[66]. Desgleichen wurden die sog. Schundhefte, und da von den Jungen vor allem Western (aber auch Landser-Hefte und Krimis), von den Mädchen besonders Liebes-, Heimat- und Schicksalsromane, gern gelesen[67]. Herr S. sagt über das Lesen von Abenteuerheften: „Das war das einzigste, was wir damals hatten." Er las mit Vorliebe Hefte aus den Western-Serien „Tom Brooks" und „Bill Jenkins".

Die Verbandszeitschriften von Jugendorganisationen oder auch herkömmliche Jugendzeitschriften fanden nur ein relativ kleines Lesepublikum. Etwas anders war es mit der Zeitschrift „Rasselbande", die seit 1953 monatlich erschien und immerhin eine Auflage von 300.000 Exemplaren erreichte[68]. Und anders war es vor allem mit der seit 1956 erscheinenden „Bravo", der ersten Jugendzeitschrift in modernem Gewand, die sehr rasch ein jugendliches Massenpublikum erreichte.

Aber auch für Erwachsene gedachte Illustrierte, wie „Stern", „Revue", „Quick" oder „Kristall", wurden von den Jugendlichen viel gelesen. Dabei fanden die spezifischen Film- und Frauenzeitschriften – „Constanze", „Praline", „Frau und Film" – bei den Mädchen besonders großes Interesse. Frau F. erzählt zudem von einer Jugendzeitschrift mit dem Titel „Die junge Dame", die allerdings lediglich zwei oder drei Jahre auf dem Markt gewesen sei.

Die Erwachsenen bzw. die mit jugendlichem Leben professionell befaßten Institutionen der Erwachsenenwelt – Schule, Jugendbehörde, Jugendorganisationen usw. – waren von der Comic strip-, Heftchen- und Illustriertenlektüre der Jugendlichen gar nicht erbaut; sie hegten den Verdacht, daß die Jugendlichen durch den Konsum dieser „Schmutz- und Schundliteratur" auf die schiefe Bahn gebracht werden könnten. Daher gab man sich einige Mühe mit der Bekämpfung von „Schmutz und Schund" und versuchte zudem, die Jugendlichen an „gute Jugendliteratur" heranzuführen. So finden sich einerseits Berichte darüber, daß die Leihbüchereien in Eimsbüttel „überholt" wurden, um Verstöße gegen das Gesetz über jugendgefährdendes Schrifttum festzustellen[69]. Andererseits wird über Jugendbuchausstellungen, z.B. im Curio-Haus, berichtet, in denen „gute" Jugendliteratur präsentiert wurde[70]. Der Erfolg dieser Bemühungen hielt sich offensichtlich in Grenzen; jedenfalls konnten die comic strips nicht zurückgedrängt werden; im Gegenteil: zu Ende der 50er Jahre hatte sich ein entsprechender Markt, der zu Anfang des Jahrzehnts erst im Entstehen begriffen war, fest etabliert.

Eine weitere häufig erwähnte häusliche Freizeitbeschäftigung war das Radiohören. Es hatte damals einen vergleichbaren Stellenwert wie das Fernsehen heute. Eine Repräsentativbefragung des NWDR (Nordwestdeutscher Rundfunk, Vorläufer von WDR und NDR) aus dem Jahre 1955 ergab, daß „bei der Mehrzahl der Jugendlichen ... das Rundfunkhören zur täglichen Gewohnheit" zählt[71]. In der Regel wurden gezielt bestimmte Sendungen gehört. Konzerte, Hörspiele, Quizsendungen und sog. bunte Abende waren äußerst beliebt. In lebhafter Erinnerung sind Kriminalhörspiele wie „Gestatten, mein Name ist Cox" (Herr Z.) oder die plattdeutschen Hörspiele, ebenso Quizsendungen mit Peter Frankenfeld oder das Hafenkonzert. Sehr oft hörte man diese Sendungen gemeinsam mit den Eltern. Herr E. z.B. erzählt, daß sich seine Familie regelmäßig einmal pro Woche zum Hörspiel-Hören um das Radio versammelte, „das wurde als richtige Veranstaltung aufgefaßt." Frau F. hebt die Unterhaltungs- und Ratesendungen an den Wochenenden hervor; Herr H. erwähnt insbesondere plattdeutsche Sendungen und das „Große Hafenkonzert". Herr J. sagt: „Radio war wichtig. Wir sind ganz entscheidend vom Rundfunk geprägt worden ... Das war auch 'ne Autorität. Das habe ich mir vorgestellt als Wahrheit." Er erwähnt in diesem Zusammenhang das „Echo des Tages" und sagt über dessen Macher Peter von Zahn, daß das „ein ganz wichtiger Mann" für ihn gewesen sei. Zu den von ihm häufig gehörten Hörspielen weist auch er darauf hin, daß sie „für die ganze Familie sehr eindrucksvoll" gewesen seien. „Das waren kleine kulturelle Ereignisse. Vielleicht auch Tröstungen."

Erst nachdem sich die Jugendlichen eigene Radios anschafften, konnten sie allein Sendungen hören, die bei den Erwachsenen eher auf Ablehnung stießen. Insbesondere waren das selbstverständlich Sendungen mit moderner Musik. Rundfunksendungen speziell für Jugendliche gab es zunächst in den 50er Jahren allerdings kaum. Ein großer Fortschritt war in dieser Hinsicht die Sendung „Abend für junge Hörer", die erstmals am 7. Mai 1954 ausgestrahlt wurde und dann alle vier Wochen ein großes jugendliches Publikum erreichte. Daneben gab es den Schulfunk, der bei einigen ZeitzeugInnen recht beliebt war.

Im Vergleich zum Radiohören, das zu den alltäglichen jugendlichen Freizeitbeschäftigungen zählte, bildete das Fernsehen damals noch eine absolute Ausnahme. Obgleich es bereits seit Weihnachten 1952 ein regelmäßiges deutsches Fernsehprogramm gab, war die Zahl der Fernsehgeräte recht klein, und auch Ende der 50er Jahre war ein Haushalt mit TV in Eimsbüttel noch eine große Seltenheit. Fernsehen war damals noch ein besonderes Ereignis. Frau F. erzählt z.B., daß sie erstmals ca. 1955 ferngesehen habe, und zwar bei der Familie des Freundes ihres Bruders: „Man saß dann wie im Theater da. Das war 'ne Attraktion".

Herausragende Fernseherlebnisse, an die sich unsere ZeitzeugInnen noch erinnern können, waren die Übertragung der Krönung von Königin Elisabeth II. von England und selbstverständlich das Fußball-Endspiel am 4. Juli 1954 in Bern, wo Deutschland Weltmeister wurde. Herr U. hat die Fernsehübertragung des Endspiels schon daheim sehen können.

Ansonsten war Fernsehen damals auch noch mehr eine öffentliche Angelegenheit als ein Privatvergnügen in den eigenen vier Wänden. Häufig erhöhten Gastwirtschaften ihre Attraktivität durch das Aufstellen eines Fernsehgeräts; dann ging man zu besonderen Anlässen zum Fernsehen in die Kneipe. Herr P. sagt dazu: „Fernsehen in der Kneipe – das war 'n Wunder. 'Der hat 'n Fernsehen in der Kneipe – denn gehen wir da hin.'" Als Kneipen mit Fernsehen nennt er Sörmann („Der Kartoffelkeller") und den „Heußhof", beide am Eimsbütteler Marktplatz, andere ZeitzeugInnen die „Franzenburg". Oder man schaute Fernsehen in den Schaufenstern der Radiogeschäfte. Herr W. erzählt: „In den Radio-Geschäften, da wurden dann immer so einzelne Fernseher ausgestellt und dann bildete sich eine Traube von Menschen bei besonderen Anlässen und kuckte dann da zu."

In bildungsbürgerlichen Kreisen wurde das Fernsehen in den 50er Jahren strikt abgelehnt. Herr V. erzählt: „Fernsehen gab es sehr spät; als ich 18 geworden war (= 1958 – d. Verf.), haben sich meine Eltern Fernsehen angeschafft. Früher war Fernsehen aber auch verpönt. Wenn die Lehrer rausbekamen, daß jemand ein Fernsehen zu Hause hatte, war er unten durch. Wurde zumindest vor der Klasse als dekadent hingestellt ... Fernsehen hat in den 50er Jahren für mich keine Rolle gespielt." Das galt für die allermeisten Eimsbütteler Jugendlichen bzw. für Jugendliche generell[72].

Spiele spielen war ebenfalls eine beliebte häusliche Freizeitbeschäftigung. Häufig spielte man Gesellschaftsspiele im Kreis der Familie. Seltener kam es vor, daß Freundinnen und Freunde zum Spielen mit nach Hause gebracht wurden. Frau F. hat mit einer Freundin viel Freizeit im häuslichen Wohnzimmer verbracht. Herr B. hat mit Freunden bei sich zu Hause oft und leidenschaftlich Skat gespielt. Und Herr E. sagt von sich: „Ich persönlich war relativ häuslich ... Freunde besucht und geklönt, alles ohne Kosten."

Die Straße, Schwimmbäder und andere Treffpunkte

Dem Beisammensein von Freunden bzw. Freundinnen in den elterlichen Wohnungen waren allerdings Grenzen gesetzt wegen der bereits mehrfach erwähnten beengten räumlichen Verhältnisse. Die Folge davon war, daß man sich mit Freundinnen und Freunden außerhalb der eigenen Wohnung treffen mußte – wobei Lehrlinge und junge Arbeiter offensichtlich stärker nach „draußen" orientiert waren als die relativ häuslichen (Ober-)Schüler und wobei die Jungen insgesamt „aushäusiger" und die Mädchen „häuslicher" gewesen sind[73]. Doch läßt sich wohl allgemein festhalten: „Draußen", zuallererst also auf der Straße, spielte sich ein großer Teil der Freizeit der Jugendlichen in den 50er Jahren ab.

Frau Sch. und Herr B. sprechen für viele ZeitzeugInnen, wenn sie im Hinblick auf ihre Freizeit damals resümieren:"Alles spielte sich auf der Straße ab" bzw.: „Wir waren sehr viel draußen." Dabei ist zu bedenken, daß „die Straße" damals in Eimsbüttel noch ein ganz anderes Gesicht hatte als heute. Zu Anfang der 50er waren viele Straßen gesäumt von Trümmergrundstücken, die von Kindern und Jugendlichen als Abenteuerspielplätze genutzt werden konnten und auch ideale Plätze waren, um sich unbeobachtet von den Erwachsenen zu treffen. Herr G. beschreibt das Aussehen eines Fleckchen Eimsbüttels zu Beginn der 50er zum Beispiel folgendermaßen: Da „war fast alles noch in Trümmern. In der Clasingstraße waren also auch noch zwei Trümmergrundstücke ... Ich glaube von 11 bis 13 oder so, das waren Trümmer und neben uns ab 10 die Ecke, wo also heute die Kirchengemeinde ist, das waren also auch alles Trümmer zu der Zeit. Der ganze Hellkamp war praktisch zerbombt, da konnte man also durchguk-

Im Kaifu-Bad

ken bis zur Methfesselstraße. Und vom Stellinger Weg konnte man praktisch bis zur Fruchtallee sehen, da war also ein riesiges Loch, da war alles Trümmer zu der Zeit. Da haben wir also Fußball gespielt, Schlagball gespielt, auf dem Trümmergrundstück. Das war ziemlich plan schon zu der Zeit, die Steine waren schon weggeräumt, und das war sehr flach. Heute ist das ja 'ne riesige Wohnanlage wieder. Da war überhaupt nichts. Nur an der Osterstraße standen, ich glaube, drei oder vier Häuser, mehr war da nicht, alles andere war kaputt."

Herr U. betont, daß „seine" Straße, die Övelgönner Straße, eine „Trümmerstraße" gewesen sei. „Im Trümmerfeld hat man sich so 'ne Fläche gemacht als Bolz-Plätzchen. Das war nicht viel – und dann die Straße selber." Er weist auf die baulichen Veränderungen im Laufe der 50er Jahre hin: „Als ich hierher kam, war alles flach (lag in Trümmern – d. Verf.). Sechs Jahre später sah das ganz anders aus. In diesen Jahren hat sich die Stadt hier entscheidend verändert. Erst war alles flach, da brauchte man die Straße nicht zu fahren, denn es waren ja über die Trümmer so Trampelpfade gelegt von unendlich vielen Menschen, die da längswanderten, und auf denen ließ sich natürlich wunderbar radfahren. Ich konnte über Trümmer anfangs mit dem Rad in zehn Minuten zur Schule. Später nach dem Wiederaufbau brauchte ich zwanzig Minuten. Und das sind schon Erinnerungen, die so gelegentlich kommen, wenn ich hier in Eimsbüttel bin, wie das hier alles flach gewesen ist, flaches Land."

Auch Herr A. unterstreicht diese Besonderheit der damaligen Stadtlandschaft und ihre Konsequenzen für jugendliche Freizeitgestaltung: „In den fünfziger Jahren waren in Hamburg noch großflächig Trümmerfelder, die waren also ein ideales Spielgebiet für uns. Mein Schulweg von der Gärtnerstraße zur Schule ... da konnte ich quer über die Trümmerfelder, das war ein kürzerer Weg ... Solche Abenteuerspielplätze können Sie nicht mehr konstruieren. Das war nicht ungefährlich. Deshalb hatten wir Verbot von unseren Eltern, dort zu spielen. Einmal, weil es gefährlich war, aber auch, weil es die Kleidung und Schuhe zerschliss."

Bestimmte Straßenecken oder Plätze, zu Anfang der 50er auch noch Trümmergrundstücke, waren Punkte, wo „man" sich traf, klönte, rumalberte und gemeinsame Unternehmungen verabredete. „Man" war dabei die Clique der weitgehend gleichaltrigen Freunde, die man aus der Straße oder aus der Schule kannte. So erzählt Herr T.: „Treffpunkt war absolut die Straße" (in seinem Falle die Wrangelstraße); dort traf er sich mit seinen Freunden, alles Jungen aus seiner Straße, alle aus kinderreichen Familien, wie er sich erinnert. Er sagt: „Also sechs Mann waren wir immer zusammen."

Herr G. und die anderen Jugendlichen aus der Clasingstraße trafen sich an der Bunkermauer, die neben einem Laden in der Clasingstraße lag: „Da saß alles drauf, und da trafen wir uns auch." Herr N. erzählt vom Treffpunkt seiner Clique vor der Apostelkirche: „Da haben wir 'nen Sofa mitgenommen vor die Apostelkirche und denn haben wir uns da hingesetzt und einen getrunken, und da hat kein Mensch was gesagt."

Charakteristisch ist, daß die Jugendlichen ihre Freizeit draußen meist zu mehreren, in der Gruppe, mit ihrer Clique, verbrachten. „Informale Gruppen" waren die vorherrschende Gesellungsform der Jugendlichen in ihrer Freizeit[74].

Selbstverständlich gab es aber auch Jugendliche, die ab und an ihre Freizeit draußen allein verbrachten. Herr Q. erzählt von seinem Hobby: „Habe mir 'nen Segelflugzeug gebaut und bin in die Windsberge gefahren und habe dann das da durch die Gegend geworfen." Und Herr C. sagt über eine für ihn wichtige Freizeitbeschäftigung: „Ich hatte einen Hund, den ich in der Freizeit zweimal am Tag ausgeführt habe." Zum Abitur 1958 dann bekam er ein Paddelboot – „Black Boy" – geschenkt, mit dem er auf der Alster herumgefahren ist.

Später im Jahrzehnt war der Autoverkehr immer noch so gering, daß die Straßen weiterhin als Spielorte und Treffpunkte genutzt werden konnten. Herr S. sagt dazu: „Wir haben 'ne ganz andere Jugend gehabt wie die heutige. Denn wenn man mal gerade so was das Spielen auf der Straße war bedenkt: das war ja damals üblich. Wir haben ja alles auf der Straße gespielt, ob das Fußball war. Wir haben Messerstecken gespielt ... Das gibt's ja alles heute gar nicht mehr ... Mit 15, 16 habe ich noch auf der Straße Fußball gespielt." Neben Fußballspielen auf der Straße war auch Rollschuhlaufen bei den Jugendlichen beliebt. Herr G.: „Dann kam irgendwann Rollschuhlaufen auf. Rollschuhlaufen konnte man damals ja überall auf den Straßen. Alles, was asphaltiert war, da wurde also Rollschuh gelaufen. Ich habe Ende der 50er Jahre, wenn ich aus der Schule kam, die Rollschuhe untergespannt und habe damit Wäsche geholt, weggetragen, bin damit wirklich auch bis zum vierten Stock raufgelaufen, mit Rollschuhen. Ganz normal. Die habe ich also wie meine eigenen Füße gehabt da dran, nur eben es ging halt alles ein bißchen schneller." Und auch die Geschwister O. sagen: „Wir haben gestaunt, wenn mal ein Auto auf der Straße fuhr"; deswegen konnten die Straßen gut zum Rollschuhlaufen genutzt werden, insbesondere die Lutterothstraße wurde von den Geschwistern hierfür intensiv genutzt. Katrin O. kann sich noch ganz genau erinnern, daß sie 1954 mit zwölf Jahren ihre ersten nagelneuen Hudora-Rollschuhe bekam.

Sehr viele und sehr weite Wege machte man zu Fuß. Denn das Geld für Straßenbahn und andere öffentliche Verkehrsmittel wollte man möglichst sparen (weswegen manche Jugendliche auch das Schwarzfahren pflegten. Herr B.: „Irgendwann hatten wir uns das Schwarzfahren angewöhnt"). Exemplarisch sind die Aussagen Herrn H.s: „Wenn ich in die Stadt wollte, bin ich zu Fuß gegangen. Alle gingen zu Fuß in die Stadt. Straßenbahn kostete 35 Pfennige, das war viel zu teuer." Ebenso erzählt Frau Sch.: „Wir sind alles zu Fuß marschiert. Mit Abendkleid und mit hochhackigen Schuhen sind wir durch die Nacht marschiert."

Sehr beliebt als Treffpunkte waren im Sommer selbstverständlich die Freibäder, allen voran das Kaifu. Frau M. (Jg. 1923) sagt: „Das Kaifu-Schwimmbad ... wurde ja sehr frequentiert ... Also, das war so'n Mittelpunkt der Jugendlichen in Eimsbüttel." Das

Kaifu war im Krieg zerstört worden und mußte erst wiederhergestellt werden; 1950 konnte es neu eröffnet werden, und schon nach wenigen Wochen gab es Besucherrekorde von mehr als 13.000 Badegästen täglich. Das Kaifu mußte dann wegen Überfüllung geschlossen werden[75]. Auch den weiten Weg zum Moorbad in Schnelsen oder zum Krupunder See machten viele Jugendliche im Sommer gern, Herr S. zum Beispiel per Anhalter auf LKWs. Herr E. erzählt ebenfalls vom Krupunder See, aber auch vom Großensee und den Freibädern Lattenkamp, Ohlsdorf und Stadtpark.

Im Winter verabredete man sich zum Rodeln oder Schlittschuhlaufen. Herr H. gibt als Beispiel für seine Aussage: „Freizeit haben wir selbst organisiert" die winterlichen Touren zum Rodeln in die Harburger Berge: „In den Wintermonaten war es gängige Praxis, daß am Sonnabend morgen in der Schule gefragt wurde, wer kommt denn morgen mit in die Harburger Berge zum Rodeln. Und dann traf sich die halbe Klasse in den Harburger Bergen zum Rodeln ... Das machten nicht die Lehrer, das machten die Klassen." Herr C. erzählt über eine andere winterliche Freizeitbeschäftigung: „Dann kamen natürlich die Eishockey-Schlittschuhe, daß man unbedingt Eishockey-Schlittschuhe haben wollte, die kamen glaube ich alle aus Amerika ... Eishockey haben wir gespielt auf Teichen, auch auf der Außenalster mal." Frau F.: „Auf der Eisbahn bin ich auch sehr viel gewesen."

Sehr beliebt waren auch der Dom oder kleinere Rummel im Stadtteil als Treffpunkte. Frau Sch. ist mit ihrer Clique aus der Nachbarschaft gern und regelmäßig zum Dom gegangen. Herr Z. erzählt von einem „kleinen Dom" – „Kettenkarussell und so was – an der Kieler Straße in der Höhe, wo heute Max Bahr ist." Und Herr U. berichtet: „Es gab am Eimsbütteler Markt direkt hinter der Eduard-Schule hin zur Kieler Straße 'ne freie Fläche, Trümmerfläche. Und da war dann so Karussell und Auto-Scooter so'n bißchen aufgebaut. Ich glaube drei Buden insgesamt oder so ähnlich – und da war dann gute Gelegenheit, das 'schöne Geschlecht' zu treffen."

Wegen dieser „guten Gelegenheit", mit dem anderen Geschlecht in Kontakt zu kommen, galten die Rummelplätze und insbesondere der Dom bei den erwachsenen Jugendschützern als jugendgefährdende Orte. Der Dom wurde daher mit regelmäßigen Streifen besonders intensiv überwacht. In Berichten dieser Domstreifen aus dem Herbst 1958 ist u.a. zu lesen: „Die Verhältnisse auf dem Dom bezüglich des Jugendschutzes haben sich so weit zugespitzt, daß die Weibliche Polizei allein den Aufgaben nicht mehr gewachsen ist ... Bis in die späten Abendstunden hinein sind noch 12–13jährige Kinder anzutreffen. 14-, 15- und 16jährige Jungen und Mädchen trifft man noch gegen 11 Uhr auf dem Dom ... Eine große Anzahl dieser Jungen und Mädchen (befinden sich) fast täglich auf dem Dom bis in die späten Abendstunden ... Diese Jugendlichen haben oft kein Geld, um irgendwelche Geschäfte zu besuchen, sie bummeln nur herum und stehen insbesondere an solchen Fahrgeschäften, die moderne Musik bringen, so z.B. die Rampe ... Wenn auch krasse Auswüchse wie z.B. Knutschereien und Geschlechtsverkehr zwischen den abgestellten Gerätewagen in gewisser Weise Ausnahmen darstellen, so ist eben eine Gefährdung für alle anderen doch gegeben durch das stunden- und tagelange Herumlungern und die Langeweile, die dazu führt, daß die Jugendlichen zu irgendwelchen Dummheiten Zuflucht suchen, um die Langeweile totzuschlagen ..."[76]. In einem späteren Bericht heißt es: „Die Verhaltensweisen von Jungen und Mädchen müssen in vielen Fällen als mehr als schamlos bezeichnet werden. Man trieb sich in dunklen Ecken umher und tauschte auch an einigen Fahrgeschäften bei voller Beleuchtung Intimitäten aus. Dabei blieb es nicht nur beim Kuß, sondern die Mädchen wurden an allen Körperpartien betastet. Daß in diesem Falle eine erhebliche Gefährdung gegeben ist, steht zweifellos fest"[77].

Die „Straße der Straßen" war damals in Eimsbüttel die Osterstraße. Eine bei den Jugendlichen äußerst beliebte Freizeitbeschäftigung war das Bummeln über die Osterstraße. Herr S.: „Vor allem war früher die Osterstraße Haupt-Treffpunkt. Es hieß bei uns im Volksmund immer 'der Broadway von Eimsbüttel' wegen der Kinos"; andere ZeitzeugInnen nannten die Osterstraße auch despektierlich „Idiotenrennbahn". „Es spielte sich am Abend alles in der Osterstraße ab ... Auf der Osterstraße spazieren. Und dann passiert das natürlich auch, daß man mal kleine Mädchen ansprach, das war natürlich auch mal. Aber wir waren an sich von der Gruppe her immer Jungs" (Herr S.). Katrin O. dagegen erinnert sich: „Mit dem Freund ging man die Osterstraße rauf und runter" – vom Schulweg bis zur Müggenkampstraße. Frau L. ist mit ihrer Freundin die Osterstraße „rauf und runter" spaziert: „Schaufenster kucken ja, aber in die Läden rein und kaufen nicht." Und Frau F. nennt ebenfalls den Schaufenster-Bummel auf der Osterstraße als wichtige Freizeitbeschäftigung.

Hauptattraktion neben Kinos, Geschäften und „Daddelhallen" (= Spielhallen) war in der Osterstraße Adda-Eis, ein bei den Jugendlichen sehr beliebter Treffpunkt. Frau L. ging mit ihren Freundinnen z.B. nach dem Turnen oft zu Adda-Eis: „Acht bis neun Turnen und dann noch schnell zu Adda." Herr S. erzählt: „Es war Adda-Eis da, dieses große Eisgeschäft. Im Sommer ging man einfach zum Eisessen zu Adda, und da kostete so'n Eisbecher dann achtzig Pfennige. War ja auch schon viel Geld für uns. Aber das haben wir dann gemacht." Herr G. erzählt, wie er im Sommer 1954 das Endspiel der Fußball-Weltmeisterschaft bei Adda-Eis erlebt hat: „Ich weiß, 54 zur Weltmeisterschaft, da hing ich bei Adda in dem alten Laden, das war solche Bude. Adda war ja auch zu der Zeit wahnsinnig voll wegen dem Eis. Das ging ja bis zum Urania-Kino. Bis zu der Ecke standen die Leute an, um sich 'ne Kugel Eis zu holen. Und '54 weiß ich genau, da hing ich bei Adda-Eis, weil die ein Radio hatten und übertrugen das also über Radio. Und da hing alles, was sportbegeistert war, war dort."

Kneipen und Lokale

Im Vergleich zum Aufenthalt draußen spielten Kneipen und andere kommerzielle Angebote eine deutlich untergeordnete Rolle für die Freizeitgestaltung der Jugendlichen.

Herr T.: „Soviel Geld war ja auch gar nicht da", um in Kneipen gehen zu können. Anders sah es zum Teil bei den männlichen jugendlichen Arbeitern und Lehrlingen aus, die sich häufigeren Kneipenbesuch finanziell eher leisten konnten. Herr N. und seine Freunde waren regelmäßige Kneipengänger. Ihre Stammkneipe Ecke Armbruststraße/ Rellinger Straße hieß „Bei Tante Hertha". Bei Tante Hertha trafen sie sich regelmäßig nach Feierabend und haben dort immer eine Woche lang anschreiben lassen: „Das ging alles auf einen Zettel." Aber auch sonst waren sie viel in Kneipen unterwegs. Herr N. nennt Lehmitz in der Faberstraße, die „Schwarze Katze" gegenüber der Apostelkirche, die Kneipe „Royal" und den umgebauten Kaiser-Tanzpalast. Herr O. sagt, daß er nach dem Tanzen am Wochenende noch oft zu „Giesecke" (= „Zum Forsthaus") gegangen sei. Dort habe er so manche Nacht von Samstag auf Sonntag Bier trinkend durchgemacht. Herr Z. sieht sich als Sonderfall, weil er nicht in Kneipen gegangen ist: „Kollegen verbrachten ihre Wochenenden und Abende in Kneipen – dazu habe ich nie gezählt ... Ich bin hin und wieder mal zum Billard spielen gegangen, na ja."

Während Herr N. und seine Freunde meist im heimischen Stadtteil blieben und dort ihre Stammkneipe(n) hatten, zogen andere Jugendliche auch schon mal in die Nachbarviertel oder nach St. Pauli. Herr P., der nach Feierabend öfters in die Kneipe ging, erzählt, daß er von den älteren Gesellen in seinem Betrieb in Kneipen auf St. Pauli, am Nobistor, mitgenommen worden sei. Dort verkehrten auch Seeleute, Leute aus der Fremdenlegion und andere exotische Gestalten. Getrunken habe man Bier und Korn.

Herr A. erzählt von einem damaligen „Szene"-Viertel, nämlich der ABC-Straße: „Da standen damals bombenbeschädigte kleine Häuschen. Da gab's dann auch so Kneipen, Lokale ... Eher vergleichbar mit so Schmuddelkneipen wie es sie teilweise heute im Schanzenviertel gibt." Er erwähnt insbesondere die „Palette", die ja durch den gleichnamigen Roman von Hubert Fichte Berühmtheit erlangt hat. Diese „Szene" in der ABC-Straße war den Jugendschützern ein Dorn im Auge. Berichte von Streifen geben einen Eindruck vom Treiben in und vor den Kneipen „Tom Dooley" und „Palette" in der ABC-Straße: „In beiden Lokalen halten sich vorwiegend in den Nachmittagsstunden bis etwa 20.00 Uhr überwiegend Minderjährige auf, deren Alter schwer festzustellen ist, denn vor allem das Lokal „Tom Dooley" ist schlecht ausgeleuchtet ... Es treffen sich dort negative Jugendliche und auch solche, die „etwas erleben wollen". Vor den Lokalen habe ich mehrfach größere Ansammlungen von Jugendlichen beobachten können. Sie pendelten auch teilweise zwischen den beiden Lokalen hin und her. Die Jungen flaxten die Mädel an und umgekehrt. Durch ihre Anzahl behinderten sie auch den Verkehr auf den beiden Bürgersteigen ... Diese Ansammlungen sind vor allem in allerletzter Zeit zu einer Plage geworden ... Die Ansammlungen sind vor allem am Wochenende vorhanden. Die Lokale sind dann brechend voll ... Der Umgangston zwischen ihnen ist sehr frei. Die Mädchen fordern durch ihre Kleidung und durch ihr Verhalten die Jungen zum Teil heraus ... Im Lokal Palette werden ganz offen Zärtlichkeiten zwischen Minderjährigen ausgetauscht ... Während der Nacht (ist es) schon manchmal zu krawallartigen Szenen gekommen ..."[78].

Mädchen sind weit seltener in Kneipen gegangen als Jungen; und wenn, dann meist in einer gemischten Clique. So erzählt Frau K., daß sie mit ihrer Gewerkschaftsjugendgruppe in Kneipen gegangen sei.

*F*eiern und Feste – Alkohol und Rauchen

Aus der alltäglichen Freizeitbeschäftigung hoben sich selbstverständlich die Feiern und Feste heraus. Da waren einmal die im engeren Familien- und Freundeskreise verbrachten Feste wie Weihnachten und Geburtstage, an die die ZeitzeugInnen sich gern erinnern. Da waren weiter die schulischen Feiern und Feste, vor allem in der Vorweihnachtszeit.

Und da waren zum anderen die im größeren Rahmen stattfindenden Feiern wie die alljährlich wiederkehrenden Masken-, Frühlings-, Sommer- und Herbstbälle der verschiedenen Vereine und Organisationen, in denen die Jugendlichen Mitglied waren. So schwärmen die ETV-Mitglieder noch heute von den seinerzeitigen Maskeraden und Bällen ihres Vereins, die im „Heim der offenen Tür" verkehrenden Jugendlichen von den dortigen Faschingsfeiern. Und Herr U. erzählt begeistert von den Frühlings- und Herbstfesten des Eimsbütteler Bürgervereins und den Weihnachtsfeiern seines Schachclubs. Diese Feiern hatten für die Jugendlichen herausragende Bedeutung, vor allem, weil man sich da einmal so richtig „austoben" konnte und weil man „dort auch seine Kontakte geknüpft" hat zum anderen Geschlecht (Herr U.).

Für einzelne Jugendliche waren darüber hinaus besondere, auf die eigene Person bezogene Feiern wie anläßlich der Konfirmation oder des Abiturs von größerer Bedeutung. Frau Sch. erinnert sich noch genau an ihre Konfirmation im März 1951 in der Christuskirche. Denn für die Konfirmation bekam sie den ersten Petticoat, die ersten Nylonstrümpfe und die erste Dauerwelle ihres Lebens, und auf der „Riesen-Familienfeier in der Zwei-Zimmer-Wohnung" hat sie zum ersten Mal Wein getrunken.

Herr V., der sagt, daß seine Mutter „immer große Feste" ausgerichtet habe, erzählt über seine Konfirmation: „Für die Konfirmation wurde tagelang gebacken mit Freundinnen des Hauses ... bergeweise Kuchen." Auch an die Feiern anläßlich seines Abiturs erinnert sich Herr V.: Da gab es die offizielle in der Schule, eine zu Hause zusammen mit den Erwachsenen – und dann noch eine im (Party-)Keller mit Klassenkameraden, Freundinnen und anderen Jugendlichen ...

Herr W. und Herr E. erinnern sich noch genau an ihre Abiturfeier – sowohl die offizielle „seriöse" in der Aula als auch die abendliche „feucht-fröhliche" private in der Wohnung eines Klassenkameraden, dessen Vater Zahnarzt am Weiher war.

Die Rolle des Alkohols auf diesen Feiern und Festen und für die Jugendlichen allgemein wird von den ZeitzeugInnen sehr unterschiedlich bewertet. Während die

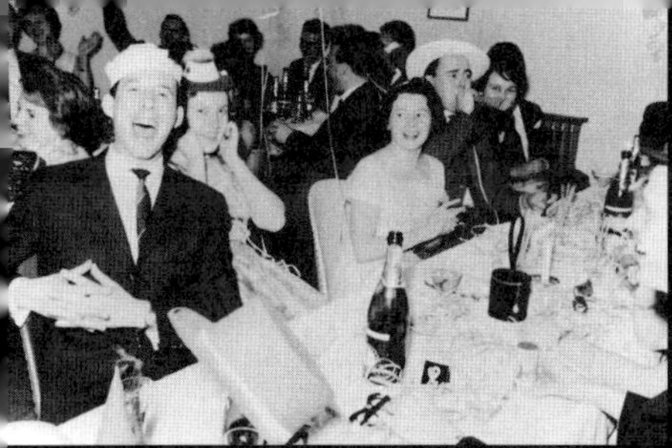

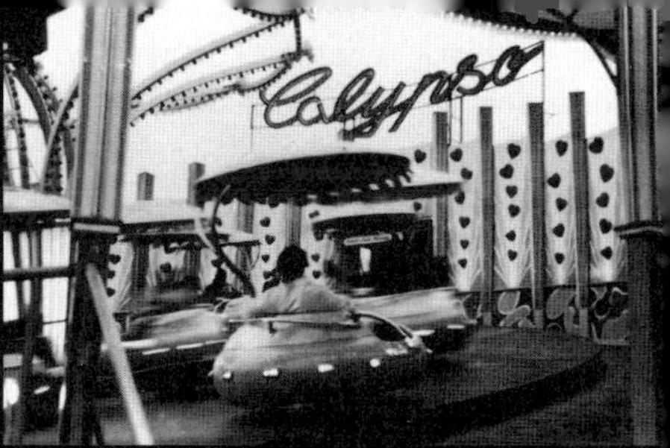
Calypso

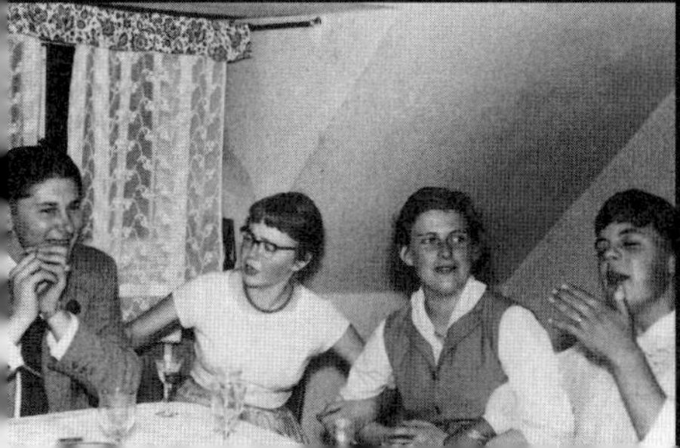

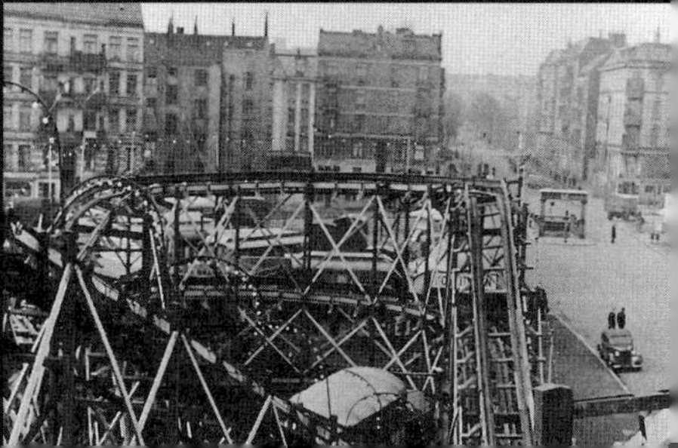

einen berichten, daß der Konsum von Alkohol ganz selbstverständlich zu ihrer Freizeit dazugehörte, erzählen andere, daß sie mit Alkohol gar nicht oder nur äußerst selten in Berührung gekommen seien[79]. Herr S.: „Alkohol gar nicht – erst mal war das Geld gar nicht da." Frau F.: „Ich habe zu der Zeit, als ich achtzehn war, noch keinen Alkohol getrunken. Das kam später." Herr E. sagt, alkoholische Getränke seien von ihm und seinen Klassenkameraden nur „zu besonderen Anlässen" – etwa Geburtstagsfeiern oder der Abiturfeier – getrunken worden. Das bestätigt sein Schulfreund Herr W.: „Trinken war also nicht irgendwie üblich ... Regelmäßig nicht. Zu besonderen Anlässen, da trank man Bier, da trank man 'nen Wein. Man konnte es sich auch gar nicht leisten." Herr C.: „Alkohol spielte meines Erachtens überhaupt keine Rolle." Er erinnert sich an das erste Mal, daß er Alkohol getrunken hat. Das sei in Halle an der Saale nach einem Leichtathletik-Vergleichskampf 1956 gewesen: „In Halle hat uns einer unserer Betreuer, nachdem wir beim Wettkampf sehr erfolgreich waren, zu rotem Likör eingeladen." Das sei aber eine absolute Ausnahme geblieben. Herr V. berichtet, daß in seiner Clique Wein, Kognac, selbstgezogener Obstwein – „den hat mein Vater selbst gemacht" – getrunken worden seien. Frau Sch. gibt an: „Wir haben Alkohol getrunken in der Clique." Sie sagt, daß in ihrem Umfeld Wein und Kognac getrunken worden seien, und: „Wodka mit Kirsche war 'in'." Herr U. erzählt von seinen Erfahrungen Ende der 50er: „Es hat besoffene Klassenkameraden gegeben ... Wodka war 'in'. Auf den Bunker-Parties gab es Leute, die ließen sich vollaufen. Das ging mit 17, 18 Jahren los."

Auch hier scheint es wieder einen Unterschied zwischen dem Anfang und dem Ende des Jahrzehnts zu geben. Zu Anfang der 50er war der Alkoholkonsum offensichtlich weniger verbreitet unter Jugendlichen als am Ende. Doch scheint insgesamt zu gelten, daß Alkohol für Jugendliche in Eimsbüttel in den 50ern keine große Rolle gespielt hat.

Anders war es mit dem Rauchen. Das Rauchen war unter den (männlichen) Jugendlichen in Eimsbüttel offensichtlich weit verbreitet[80]. Herr Q.: „Rauchen gehörte dazu." Er erinnert sich an seine Marke: „Abdullah oval". Frau M. erinnert sich an das Thema Rauchen im „Heim der offenen Tür". Zunächst herrschte Rauchverbot, das Rauchen „mußte dann draußen stattfinden", dann gab es „richtig ein Zimmer, wo wir sagten, das ist denn nun das Raucherzimmer. Aber das war eigentlich meistens leer."

Andere Drogen als Alkohol und Nikotin scheinen unter den Eimsbütteler Jugendlichen in den 50er Jahren nicht verbreitet gewesen zu sein. Jedenfalls berichten unsere ZeitzeugInnen, daß ihnen der Konsum anderer Drogen nicht aufgefallen sei.

SPORT

„Immer war im Hintergrund dieser Verein"

Während Lesen die wichtigste häusliche Freizeitbeschäftigung war, war Sport (neben dem „Rumhängen" auf der Straße, das ja nicht als eigentliche Freizeit„beschäftigung" gesehen werden kann) die wichtigste außerhäusliche. Das geht sowohl aus allgemeinen empirischen Untersuchungen über das Freizeitverhalten Jugendlicher in den 50er Jahren[81] als auch aus den Aussagen unserer Eimsbütteler ZeitzeugInnen hervor. Dabei trieben viele Jugendliche „selbstorganisiert" Sport, d.h. sie fanden sich zu Straßenfußballmannschaften zusammen und „bolzten" an Ecken und auf Trümmergrundstücken, verabredeten sich zum Schwimmen in Hallen- und Freibädern, paddelten auf der Alster und den Kanälen, gingen Rollschuh- oder Eislaufen.

Zunächst die Trümmergrundstücke und später die Straßen waren hervorragend für Ballspiele geeignet, gab es doch noch kaum Autoverkehr. Fußball war damals der beliebteste und der (auf der Straße oder im Verein) am meisten praktizierte Sport, auch wenn Herrn S.s Aussage: „Die Jugend spielte Fußball" sicher relativiert und auf die männliche Jugend eingeschränkt werden muß. (Bei den Mädchen war Turnen am beliebtesten)[82].

Wenn die Jugendlichen ihre sportlichen Aktivitäten nicht selbst organisierten, griffen sie auf institutionelle Angebote zurück. Über den Turnunterricht am Vormittag hinaus boten etwa einzelne Schulen ihren SchülerInnen auch die Möglichkeit zu sportlicher Betätigung in ihrer nachmittäglichen Freizeit. Und auch das „Heim der offenen Tür" in der Bundesstraße machte Angebote für sportliche Betätigung. Äußerst beliebt war bei den das Heim besuchenden Jugendlichen Tischtennis.

Eine recht große Zahl von Jugendlichen ging aber auch in Sportvereine und trieb dort regelmäßig und organisiert Sport[83]. In den 50er Jahren war eine „Expansion des jugendlichen Vereinssports"[84] zu verzeichnen; die Mitgliederzahlen der Sportvereine stiegen beständig an. Von der „Vereins- und Organisationsmüdigkeit" der Jugendlichen in der zweiten Hälfte der 50er Jahre blieben allein die Sportvereine verschont[85]. Über die Funktion körperlicher Betätigung und Ertüchtigung hinaus war der Sportverein für viele Jugendliche auch primärer Ort von Geselligkeit; dort wurde nicht nur geturnt, gespielt, geschwommen usw., sondern dort wurde auch gefeiert, dort traf man sich mit Freundinnen und Freunden, dort wurden Wochenendfahrten und Ferienreisen organisiert, dort verbrachte man einen großen Teil seiner freien Zeit. Der Verein wurde oft zur „zweiten Heimat" neben der Familie. Das galt insbesondere für junge Mädchen, die im Sportverein eine von den Eltern akzeptierte, weil „wohlbehütete" und „sinnvolle", Möglichkeit außerhäuslicher Freizeitgestaltung fanden. Wenn auch zahlenmäßig deutlich weniger Mädchen als Jungen in Sportvereinen organisiert waren[86], so hatte der Verein augenscheinlich für viele Mädchen eine besonders große soziale Bedeutung. Das wird an den Aussagen einiger unserer Zeitzeuginnen recht deutlich. Ihr Verein war – wie für viele Eimsbütteler in den 50ern – der ETV.

Frau F., die 1953 zum ETV gekommen war, sagt, daß ihre Jugend weitgehend „um den Reinmüller-Sportplatz stattgefunden" habe. Nachdem sie Handball gespielt und Leichtathletik getrieben hatte, war sie lange Jahre in der Gymnastik-Gruppe, obwohl sie Gymnastik „anfangs 'n bißchen albern" fand. Sie hebt die soziale Bedeutung des Vereinslebens ganz besonders hervor: Im Verein haben sie und ihre Freundinnen den größten Teil ihrer Freizeit verbracht, dort habe ein großes Gemeinschaftsgefühl geherrscht, jeder habe jeden gekannt, insbesondere sei man dort auch mit Jungen zusammengekommen: „erste Freundschaften und so – das hing alles mit dem ETV zusammen, ... das waren wirkliche Freundschaften und erste Liebe kam auch mit ... Da sind, glaube ich, auch Ehen entstanden." In der Tat: Frau L. hat ihren Mann – „der war Fußballer" – über den ETV kennengelernt und ihn 1958 geheiratet. Gleichzeitig betont Frau F. den Schutz, den der Verein bot: „Es war 'ne gewisse Geborgenheit ... Immer im Hintergrund war dieser Verein. Also, es war 'n bißchen geschützt auch gleichzeitig"; und die Eltern seien froh gewesen, „daß sie wußten, wo die Tochter war." Das bestätigt Frau L.: Ihre Eltern haben ihre Vereinsmitgliedschaft begrüßt, weil sie beruhigt waren: „Sie wußten immer, wo wir waren." Daher bezahlten sie oft auch bereitwillig die – ohnehin relativ niedrigen – Mitgliedsbeiträge für ihre Kinder[87].

Auch Frau L.s Jugend stand ganz im Zeichen ihrer Mitgliedschaft im ETV, in dessen Turnabteilung sie im Sommer 1947 gekommen war. Sie erzählt von den schwierigen Bedingungen in dieser Zeit: In der ETV-Turnhalle hatte Edeka ein Lebensmittellager, so daß sie auf andere Hallen ausweichen mußten (dafür stellte Edeka immerhin einen LKW zur Verfügung, mit dem die ETV-ler sonntags vormittags zum Waldlauf in den Volkspark gebracht wurden). „Wir sind damals viel durch die Turnhallen gezogen: Schlankreye, Emilie-Wüstenfeld-Schule, Bismarck-Gymnasium." Die ETV-Halle war dann ab 1952 wieder nutzbar. Sportkleidung gab es zunächst auch nicht, erst 1953, anläßlich des Deutschen Turnfestes in Hamburg, „da kriegten wir schon Zeug gestellt". Sie habe fünf Abende in der Woche beim Sport im ETV verbracht: „Montag und Donnerstag Turnen, Dienstag und Freitag Leichtathletik, Mittwoch Tanzen. Und am Wochenende waren dann Wettkämpfe oder Ausflüge – irgendwas."

Neben den sportlichen Wettkämpfen waren die Vereinsfeste die Höhepunkte im Vereinsleben. Frau F., Frau L. und andere schwärmen heute noch von den „Tatü-Tata"-Maskenbällen des ETV im Curio-Haus, von Frühlings- und Herbstbällen, Weihnachtsfeiern und der Aufführung von Weihnachtsmärchen in der ETV-Halle, in deren Vorberei-

ETV-Sportlerinnen auf dem Weg zum Waldlauf im Volkspark

Eimsbütteler Fußball-Fans

tung z.B. Frau L. sehr engagiert war. Und schließlich ging man mit dem Verein auch auf Reisen: nach Puan Klent auf Sylt oder in eine Jugendherberge im Schwarzwald (Frau F.). Besonders beliebt waren die „Turnfestfahrten". Frau L. kam 1953 anläßlich einer solchen Fahrt das erste Mal in ihrem Leben ins Ausland, nach Kopenhagen. „Das war natürlich 'nen Höhepunkt. Mit 19 Jahren und dann ins Ausland fahren – das war das Höchste." Aber auch Tages- und Wochenendausflüge wurden mit dem Verein gemacht. Frau L. erzählt von Barkassenfahrten mit der Turnabteilung oder Fahrradausflügen nach Bad Oldesloe.

Herr Eh. war damals ein „Star" im ETV („der Fritz Walter des Faustballs"). Er wurde mit der Faustballmannschaft des ETV in den 50er Jahren regelmäßig Hamburger und mehrfach Deutscher Meister, zusammen mit anderen ETV-lern war er auch das Rückgrat der deutschen Faustball-Nationalmannschaft (daneben war er in den 50ern erfolgreicher Tischtennisspieler, auch im Tischtennis wurde er Hamburger Meister). „Wir waren ja immer 'n Aushängeschild für den ETV". Er berichtet von zahlreichen Turnieren vor großer Kulisse, etwa: Im Frankfurter Waldstadion „haben wir vor 40.000 Zuschauern gespielt, das kann man sich heute überhaupt gar nicht mehr vorstellen". Neben sportlichen Erfolgen und dem damit zusammenhängenden Ruhm betont Herr Eh. ebenso den Aspekt der mit dem Sport verbundenen Geselligkeit und Kameradschaft. Nach dem Training habe man „sehr, sehr lange zusammengesessen, in den ETV-Stuben oder zu Hause", auch habe man mit der Faustballabteilung alljährlich Weihnachtsfeiern und Lumpenbälle gemacht. Die Kameradschaft bezog dabei auch den sportlichen Gegner mit ein. „Aber wir hatten auch ein ausgesprochen kameradschaftliches Verhältnis zu den Gegnern. Am Tage wurde gekämpft bis zum Geht-nicht-mehr. Aber anschließend wurde dann auch gefeiert." Herr Eh. erwähnt auch die Entbehrungen, die mit der intensiven sportlichen Betätigung im Verein verbunden waren: „Wir mußten auf sehr, sehr viel verzichten für den Sport." 15 Jahre lang habe er wegen der Turniere usw. keinen Urlaub machen können, und auch finanziell sei der Sport eher eine Belastung gewesen, mußten sie doch (fast) alles selber bezahlen. „Wir waren also reine Amateure ... Bei uns war das damals so bei den Deutschen Meisterschaften: Der Hamburger Verband bezahlte 'nen Drittel, das zweite Drittel bezahlte der Verein und das letzte Drittel wir selber. Das war hartes Brot damals, wir hatten ja alle kein Geld. Wenn wir zu Turnieren fuhren, dann mußten wir alles selbst bezahlen. Das konnte auch nicht jeder. Wir mußten vielleicht auch den einen oder anderen mit durchschleppen, daß wir ihn mitfinanzierten ... Das haben wir dann untereinander gemacht. Sponsoren oder so etwas gab es nicht." Auch Herr S., der im Verein Fußball spielte, betont, daß sie damals „alles selbst bezahlt" hätten und daß es kein Geld fürs Spielen gab.

Herr Eh. als Sport-Star war eine Ausnahmeerscheinung unter der sportbegeisterten Eimsbütteler Jugend. Doch erzielten auch andere Eimsbütteler Jugendliche sportliche Erfolge. Herr C. zum Beispiel war ein Leichtathletik-As. Er war im Sportverein TuS Alstertal. Er sagt: „Ich war läuferisch sehr begabt. War bei den Hamburger Meisterschaften dritter oder vierter. Lief die tausend Meter in 2,37 locker ... Und das brachte natürlich auch in der Schule Pluspunkte, wenn jemand so im Sport Aushängeschild ist für eine Schule ... Geräteturnen habe ich gehaßt." Auch das ETV-Mitglied Herr H. war ein sehr guter Sportler, er war Hamburger Meister im Schwimmen und Rudern, allerdings: Im Jahr vor dem Abitur „mußte ich meine sportlichen Aktivitäten reduzieren". Vorher war seine Freizeit weitgehend für den Sport draufgegangen. Er hatte zunächst einmal, dann zweimal und schließlich fünfmal in der Woche Schwimm-Training. „Um sportliche Erfolge zu erringen, mußte ich so viel trainieren, daß ich für andere Dinge wenig Zeit hatte. Und das ging vielen meiner Klassenkameraden so." Er war im Sport allerdings sehr ehrgeizig und sagt, daß sich seine Jugendträume auf „sportliche Preise" konzentriert hätten. Für die meisten Jugendlichen stand beim Sporttreiben jedoch die körperliche Betätigung in der Gemeinschaft, und nicht der Erfolg, im Vordergrund.

Selbstverständlich gab es unter den Eimsbütteler Jugendlichen auch begeisterte Fans, die mehr oder minder regelmäßig als Zuschauer Sportveranstaltungen besuchten. Besonderes Interesse galt dem Fußball. Aber auch andere Sportarten fanden sehr viel mehr jugendliche Zuschauer als heute. Besonders beliebt scheinen Radrennen und Boxveranstaltungen sowie das „Catchen" gewesen zu sein. Herr Z. erzählt, daß er öfter als Zuschauer zu Radrennen gegangen sei, auch habe es damals noch Straßenradrennen durch Eimsbüttel gegeben.

Herr R. ging zusammen mit seiner Frau regelmäßig zu den Fußballspielen des HSV am Rothenbaum. Auch Herr B., der 1949/50 selber bei Union 03 Fußball gespielt hatte, ging als Zuschauer zum HSV; er ergänzt aber: „West-Eimsbüttel, das war allerdings auch noch einer meiner Lieblingsclubs. Da mochte ich den Torwart so gerne. Kerniger Kerl!". Herr S. spielte bei West-Eimsbüttel Fußball, sagt aber, daß der HEBC populärer war und erläutert das folgendermaßen: „Also hier in Eimsbüttel war ja nachher federführend HEBC, am Reinmüller ..., die ja heute auch noch groß da sind. Weil einfach ... HEBC spielte am Sonntagmorgen, die spielten von elf bis halb eins. Da gingen einfach die Familienväter zum Fußball. Sonntag morgens. Und dann waren sie eben zu Mittag wieder zu Hause. Und da waren dann immer so am Reinmüller an die tausend Zuschauer. Wo die sich heute freuen würden, wenn das so wäre ... Daß Frauen mitgingen war selten, und es gingen auch die Familienväter alleine los, höchstens, daß mal der Sohn mitging oder so. Also daß ich mit meinem Vater hingegangen bin, kam schon mal vor. Aber meistens gingen die Väter allein." Frau L. sagt demgegenüber: „Wir waren viel als Mädchen beim Fußball zum Zukucken. Das fanden wir auch toll. Wir haben nach dem Turnen in der Halle oft Fußball gespielt. Wenn das Angebot gewesen wäre, hätten wir auch Fußball gespielt." Andere Zeitzeuginnen erinnern sich, daß sie nach der Halbzeit auf den Fußballplatz gingen, um ihren Mann oder Freund abzuholen, denn dann kostete es keinen Eintritt mehr.

Herr N. besuchte mit seinen Freunden oft Profi-Boxveranstaltungen in der Ernst-Merck-Halle. Er selbst war von 1956 bis 1959 Mitglied im Polizei-Boxverein in der

Haubachstraße. Herr Q. ging sehr gern zusammen mit seinem Stiefvater zum Catchen bzw. Ringen: „Ringen war auf dem freien Feld zwischen der Bornstraße und der Grindelallee. Das war ja früher auch 'ne freie Fläche. Da stand 'n Zelt, Zehe und Dose haben da gerungen, das erinnere ich noch ... Und später war's auf'm Heiligengeistfeld."

KINO

„Ich ging mehr ins 'Roxy' oder ins 'Emelka'"

So unterschiedlich die Vorlieben der einzelnen Jugendlichen in den 50er Jahren auch hinsichtlich der Freizeitbeschäftigungen gewesen sein mögen – ein Vergnügen hatten sie alle gemeinsam: den Kinobesuch. Ob Oberschüler oder Lehrling, ob Junge oder Mädchen, ob „Halbstarker" oder „Teenager" – ins Kino gingen sie alle. Und das gilt für das ganze Jahrzehnt. Die 50er Jahre waren das Jahrzehnt der Kinos und des Kinobesuchs, wie in der Bundesrepublik generell so auch in Eimsbüttel im besonderen. Herr A.: „Kino immer. Es war immer etwas, wo man hinging." Und Herr B. sagt über das damalige Eimsbüttel: „In der ganzen Umgebung gab's Kinos, Kinos, Kinos ... Kino war damals die große Mode." Ebenso Herr P.: Kino habe damals für die Jugendlichen eine „sehr große Rolle gespielt", in Eimsbüttel habe es „Mengen" von Kinos gegeben[88]. Und viele ZeitzeugInnen erinnern sich noch genau an die einzelnen Kinos im Stadtteil: Das „Roxy" und das „Emelka" sowie das „Urania" (= die „Flohkiste") in der Osterstraße, das „Astra" in der Müggenkampstraße, das „Delta" im Langenfelder Damm, das „Central" in der Eimsbütteler Chaussee, die alte und die neue „Blumenburg" und das „Capitol" auf der Hoheluftchaussee, das „Reichs-Theater" am Eimsbütteler Markt (das war – so Herr N. – „die älteste Kaschemme, die es gab") .... Aber auch die größeren Kinos in der Innenstadt oder in anderen Stadtteilen wurden zuweilen von den Eimsbütteler Jugendlichen besucht. (Genannt wurden das „Holi", „Thalia", „Kammerspiele", „Waterloo", „Urania" und das „Grindel-Kino".)

Die Kinos waren tatsächlich meistens sehr gut besucht[89], was nicht zuletzt daran lag, daß der Eintritt recht billig war. Die ZeitzeugInnen nennen Eintrittspreise zwischen 50 Pfennigen zu Anfang der 50er Jahre für die Kinder- und Jugendvorstellungen am Nachmittag und bis zu 8 DM für die Hauptvorstellungen am Abend Ende der 50er[90].

Im allgemeinen waren die Eimsbütteler Jugendlichen sehr eifrige Kinogänger. Herr S.: „Es war noch kein Fernsehen, und deshalb ging alles ins Kino. Wir gingen teilweise dreimal – wenn wir das Geld hatten – am Sonntag ins Kino. Sonntag war einfach Kinotag." Frau F. war eine ebenso eifrige Kinogängerin: „Also Kino ... Das war wohl das Tollste. Ein-, zweimal die Woche mindestens. Freitags auf alle Fälle. Sonnabend bekam man manchmal keine Karten mehr." Frau K. erinnert sich: „Einmal die Woche war Kino angesagt." Frau Sch. meint, sie sei mindestens alle zwei Wochen einmal ins Kino gegangen[91]. Sie kann sich noch heute an ihren allerersten Kinobesuch erinnern, das war ca. 1951, und man spielte „Die verschleierte Maja", einen Film mit „albernen Schlagern". Auch andere ZeitzeugInnen erinnern sich noch lebhaft an einzelne Filme, die sie seinerzeit als Jugendliche besonders beeindruckt haben. Genannt wurden etwa „Der Mann, der zuviel wußte" mit Doris Day (Herr O.), „Rififi", „ ...denn sie wissen nicht, was sie tun" (Herr C.), „Vom Winde verweht", „Im Westen nichts Neues", „Die badende Venus", „Wem die Stunde schlägt"(Herr W.).

Selbstverständlich bewunderten die Jugendlichen die Filmstars jener Zeit, lasen in Illustrierten oder speziellen Film-Zeitschriften Geschichten und Berichte über die Stars, klebten die Fotos von Filmstars an die Wände des eigenen Zimmers (wenn ein solches vorhanden war und die Eltern es erlaubten) und suchten sich Filme oft auch danach aus, ob der oder die LieblingsschauspielerIn darin mitwirkten. Die Mädchen schwärmten für Rudolf Prack, O.E. Hasse, Karl-Heinz Böhm und Dieter Borsche, und die Jungen bewunderten „harte Männer" wie John Wayne oder Audy Murphy und „schöne Frauen" wie Ruth Leuwerik oder Hildegard Knef. Junge deutsche Schauspieler, die bei den Jugendlichen besonders beliebt waren, waren Hardy Krüger und Horst Buchholz bzw. Liselotte Pulver und Romy Schneider. Doch einem übertriebenen „Star-Kult" scheinen Jugendliche damals kaum verfallen zu sein.

Herr G. erinnert sich an gewisse Spezialisierungen der einzelnen Kinos und an seinen eigenen Filmgeschmack: „Das Urania stand an der Ecke Osterstraße/Heußweg gegenüber von Karstadt. Da gab's meist immer so die alten Schnulzen, so die alten Heimatfilme, da gingen meine Eltern meistens hin. Und im Astra-Kino genauso ... Ich ging mehr ins Roxy oder ins Emelka. Roxy/Emelka lag also so gegenüber in der Nähe von Adda ... Weil da gab es mehr so amerikanische Komödien oder eben Western. Auch noch sehr viel Kriegsfilme zu der Zeit, amerikanische Kriegsfilme wurden damals noch gezeigt. Um noch mal alles rauszukehren, wie schön das doch war. Hat bei mir immer so'n bitteren Beigeschmack gehabt. Ich habe sowas auch nicht so gerne gesehen. Ich habe mir lieber 'ne schöne Komödie angekuckt. Oder zu der Zeit machte der Picard auch schon Filme, Unterwasserfilme. Hans Hass machte damals Unterwasserfilme. Das war also überhaupt ganz 'was neues. Und das war auch wahnsinnig voll. Überhaupt da 'ne Karte zu bekommen! Man mußte da wirklich vorbestellen, um überhaupt noch reinzukommen. Kann man sich heute gar nicht vorstellen."

Die Vorlieben der einzelnen ZeitzeugInnen für bestimmte Film-Genres variierten zwar, doch bewegten sie sich weitgehend im Rahmen des damaligen allgemeinen Publikumsgeschmacks. Deutsche Heimatfilme und US-amerikanische Western waren sehr beliebt, auch leichte Komödien und aufwendige (Eis-)Revue-Filme sowie Königs- und Kaiserkinderfilme wie „Sissy" oder Arztfilme wie „Sauerbruch". Herr T., der sich nicht besonders fürs Kino interessierte, schaute sich immerhin gern „Filme mit Fernweh" – z.B. mit Freddy Quinn – an: „Das fand ich immer schön, ja, wenn man so ausbüxen kann. Raus so, nicht?" Herr N. sah am liebsten Western oder Tarzan-Filme an und ging sehr gern in die Nachtvorstellungen, wenn es Grusel- oder Gladiatorenfilme gab: „Wir sind denn auch mitten in der Woche ins Kino gegangen. Abends um 23 Uhr gab's ja noch 'ne Nachtvorstellung. Ich glaube, mittwochs und sonnabends, da sind wir denn auch rein, durften zwar noch nicht rein, aber uns hat man immer reingelassen." Und auch wenn die Eimsbütteler Mädchen mehr zu Komödien und Heimatfilmen wie „Das Schwarzwaldmädel" oder „Grün ist die Heide" neigten und die Jungen mehr zu Western und Abenteuerfilmen, so gewinnt man doch den Eindruck, daß die meisten Jugendlichen nicht besonders wählerisch waren und sich „quer durch den Garten" alle möglichen Arten von Filmen angesehen haben. So erzählt zum Beispiel Herr B., der sich eigentlich für Seeräuberfilme und „Tom Mix" (eine US-amerikanische Western-Figur) begeisterte, daß er auch „richtige Schnulzen-Liebesfilme" sehr gern gesehen habe. Und Frau F., die „so Heimatfilme, so Heidefilme" mit Sonja Ziemann und Rudolf Prack mit Begeisterung gesehen hat, hat sich ebenso Western mit Stewart Granger angeschaut. Frau K. scheint die Einstellung der Jugendlichen recht genau zu treffen, wenn sie sagt, daß man sich angesehen habe, „was eben so lief".

Wichtiger als der jeweilige Film scheint der Kinobesuch selbst als „soziales Ereignis" gewesen zu sein. Jugendliche suchten „das Kino vor allem als Treffpunkt für Gleichaltrige und als Ausgangspunkt anderer Unternehmungen"[92] auf. Im Kino bzw. vor und nach der Vorstellung traf man sich mit Freundinnen und Freunden – insbesondere war der Kinobesuch auch eine willkommene Gelegenheit, dem „anderen Geschlecht" näher zu kommen. Die meisten ZeitzeugInnen erzählen, daß sie in der Clique oder mit Freund oder Freundin gemeinsam ins Kino gegangen sind.

Speziell Jugendliche ansprechende Filme wurden verstärkt erst etwa im letzten Drittel des Jahrzehnts produziert und in die Kinos gebracht. Die Jugend wurde nun von der Filmindustrie als zahlungskräftiges Publikum mit besonderen Bedürfnissen und Geschmackslagen entdeckt.

Dabei handelte es sich vor allem um die „wilden" Musikfilme aus den USA und – gegen Ende der 50er – ihre „zahmere" deutsche Variante, die sog. „Schlagerfilme". Herr S. schwärmt noch heute davon, wie er den Rock 'n' Roll – Film „Rock around the clock" im „Roxy" gesehen hat. Wenn solche Filme gezeigt wurden, ging es im Kinosaal manchmal hoch her. Herr T. erzählt z.B. von der „Blumenburg" (auf der Hoheluftchaussee, Ecke Eppendorfer Weg), daß bei der Vorführung von Rock 'n' Roll – Filmen das Gestühl aus dem Vorführraum genommen wurde, „und dann wurde da auf der freien Fläche rumgehottet." Damit war dann Schluß, als einige Jugendliche dabei das Kino verwüsteten.

Häufig nennen unsere ZeitzeugInnen als Filme, die sie als Jugendliche besonders angesprochen haben, solche mit den „zornigen jungen Männern" der 50er Jahre, James Dean und Marlon Brando: „Früchte des Zorns", „... denn sie wissen nicht, was sie tun", „Giganten", „Der Wilde". Herr B. sagt: „James Dean war schon ein Vorbild für uns." Und auch die Mädchen fühlten sich angesprochen. Frau F. sagt, daß James Deans „... denn sie wissen nicht, was sie tun" für sie „sehr beeindruckend" gewesen sei.

An Streifen mit James Dean oder Marlon Brando oder an Rock 'n' Roll – Filme dachte man seitens der Erwachsenen allerdings nicht, wenn man forderte, für die Jugend müßten besondere „jugendgemäße" Filme produziert und gezeigt werden, um den „schädlichen Einfluß", den die gängigen Filme angeblich auf die Jugendlichen hätten, abzuwehren. In der Erwachsenenwelt war es seinerzeit ein gängiges Argumentationsmuster zu behaupten, die modernen Filme trügen zur „Verwahrlosung" der Jugendlichen bei, der „übermäßige" Kinobesuch wirke sich negativ auf die seelische Entwicklung der Jugendlichen aus und führe dazu, daß Verrohung und Gewaltbereitschaft der Jugendlichen zunähmen. Deswegen sei es ein Gebot des „Jugendschutzes", die Jugendlichen von bestimmten Filmen fernzuhalten. Das Jugendschutzgesetz von 1951[93] enthielt daher in seinem Paragraphen 6 auch Einschränkungen des Besuchs „öffentlicher Filmveranstaltungen" durch Jugendliche. Jugendliche seien besonders anfällig für die „Suggestivkraft des bewegten Bildes", weswegen die „Hauptwirkung" des Films darin liege, „daß er dem jungen Menschen oft ein falsches Bild von der Wirklichkeit des Lebens vermittelt. Für die männliche Jugend sind daher die Verbrecher- und Wildwestfilme die große Gefahr, für die heranwachsenden Mädchen dagegen die Liebesfilme mit ihrer verlogenen Gefühls- und Luxusatmosphäre"[94]. Um die Jugendlichen vor diesen Gefahren zu bewahren, konstituierte sich 1952 in Hamburg ein „Filmkreis" aus Lehrern, Behördenvertretern und Mitgliedern privater Organisationen, der es sich zur Aufgabe machte, die Programme der Kinos auf jugendgefährdenden „Schmutz und Schund" zu überprüfen. Dabei hatte „jedes Mitglied ... drei Kinos zu überwachen"[95]. Dieser Arbeitskreis Film wollte auch Einfluß auf die Programmgestaltung der Filmtheater nehmen, damit „möglichst jugendfördernde Filme gezeigt werden. Leider seien zu wenig gute Filme vorhanden"[96]. Denn parallel zur Bekämpfung „schädlicher" Filme müsse man den Jugendlichen auch „positive Angebote" machen, ihnen also „gute, jugendgemäße" Filme zeigen. Das stieß aber nur auf mäßige Resonanz bei den Jugendlichen selbst. Am wirksamsten war diese Strategie „positiver Angebote" augenscheinlich in der Nachkriegszeit bis Anfang der 50er Jahre, wohl vor allem, weil es damals nur ein recht bescheidenes Angebot an Filmen gab und viele Kinos infolge der Kriegszerstörungen noch nicht wieder geöffnet hatten. Zu dieser Zeit fanden die von Behörde und Kulturring der Jugend organisierten „Jugendfilmstunden" bei den Jugendlichen durchaus Anklang[97].

Als sich die Lage aber wieder normalisierte, also viele Kinos wieder ein breites Spektrum von Spielfilmen zeigten, ließ auch das Interesse der Jugendlichen an den behördlichen Bemühungen um spezielle Filmangebote nach. Jedenfalls hat keine(r) der befragten ZeitzeugInnen sich an die vom Amt für Jugendförderung in Zusammenarbeit mit den Schulen und einzelnen Kinos Ende der 50er Jahre durchgeführten „Jugendfilmveranstaltungen" erinnert. 1957/1958 etwa organisierte der „Bezirksarbeitskreis Jugendschutz Eimsbüttel" unter dem Motto „Der wertvolle Jugendfilm" in den Kinos „Kursaal", „Kapitol", „Holi" und „Roxy" derartige Jugendfilmveranstaltungen, bei denen u.a. die Filme „Der geheimnisvolle Wilddieb", „Der Dieb von Bagdad", „Roter Staub" und „Das fliegende Klassenzimmer" gezeigt wurden[98]. Dabei war es das Bestreben, die Eimsbütteler Jugendlichen, die sich „vornehmlich Reißer" in den normalen Kino-Jugendvorstellungen ansahen, an „gute" Filme heranzuführen[99]. Besonders erfolgreich war dieses Bemühen anscheinend nicht.

Ebensowenig wie für die als „besonders geeignet" empfohlenen Filme interessierten sich die Jugendlichen für die anspruchsvolleren Filme jener Zeit. Filme, die die jüngere deutsche Geschichte aufarbeiteten wie etwa „Die Mörder sind unter uns" (der erste sog. „Trümmerfilm", 1946), „Liebe 47" (nach Wolfgang Borcherts „Draußen vor der Tür"), „Berliner Ballade" (mit Gert Fröbe als „Otto Normalverbraucher"), Helmut Käutners „Des Teufels General" nach dem Theaterstück von Carl Zuckmayer mit Curd Jürgens oder der Anti-Kriegsfilm „Die Brücke" von Bernhard Wicki (1959) fanden nur ein Minderheitenpublikum. Dasselbe gilt für künstlerische Meisterwerke des damaligen italienischen Neorealismus oder der französischen „Neuen Welle". Nur ausgesprochene Cineasten unter unseren ZeitzeugInnen schauten sich derartige Filme an. Herr V. etwa schwärmte von den Filmen der „Neuen Welle" aus Frankreich. Und die liefen nicht in den Eimsbütteler Kinos. Hier spielte man vor allem die deutsche und US-amerikanische Massenware[100].

Dafür wurde am Ende der 50er Jahre im Kino etwas mehr Sex geboten. In diesem doch sehr prüden Jahrzehnt übten Filme, in denen entsprechende Szenen zu sehen waren, auf die Jugendlichen eine gewisse Anziehungskraft aus, man(n) ging in bestimmte Filme gerade wegen solcher Szenen. Deswegen hatte – so Herr J. – ein Kinobesuch „immer ein bißchen den Ruch des Verbotenen". Herr U. sagt dazu: „Wenn erotische Szenen drin vorkamen, dann war das schon 'n Knaller, und das wurde natürlich in der Schule schon kolportiert, aber in die (Filme mit solchen Szenen – der Verf.) kam man eigentlich weniger, weil die sehr teuer waren im Verhältnis." Bereits 1951 hatte der Film „Die Sünderin" mit Gustav Fröhlich und Hildegard Knef einen Riesen-Skandal verursacht, weil „die Knef" dort für den Bruchteil einer Sekunde nackend zu sehen war, was die Kirchen und große Teile der Öffentlichkeit dazu veranlaßten, einen Sturm der Entrüstung zu entfachen und ein Verbot des Films zu fordern. Daraufhin wurde er selbstverständlich erst recht zu einem Kassenschlager.

Geschadet hat der häufige Kinobesuch den Jugendlichen – entgegen der mit erhobenem Zeigefinger vorgetragenen Warnungen der erwachsenen Moralapostel vor dem verderblichen Einfluß von Film und Kino – offensichtlich nicht. Sie wurden weder zu „brutalen Gewaltkriminellen" noch zu „leichtlebigen Flittchen", sondern ordneten sich weitgehend als nützliche arbeitsame Glieder der Gesellschaft in die deutsche Wiederaufbau- und Wirtschaftswunderrepublik ein – trotz exzessiven Kinobesuchs und tiefen Abtauchens in eine Film-Traumwelt für „ein paar schöne Stunden."

Gegenüber dem Kino waren der Besuch von Theater, Oper oder Konzerten für die meisten Jugendlichen von deutlich nachrangiger Bedeutung[101]. Wenn sie überhaupt ins Theater usw. gingen, so war das in der Regel über die Schule oder über den Jugendverband, in dem sie Mitglied waren, organisiert.

Einer der wenigen wirklich theater- und operbegeisterten Jugendlichen war Herr V. Er erzählt, daß er mit 16 Jahren zum ersten Mal in die Oper gegangen sei (von der Schule aus) und daß dies für ihn ein großes Erlebnis gewesen sei. Auch sei er oft im Schauspielhaus gewesen, dort habe er Aufführungen mit Gustav Gründgens und Maximilian Schell erlebt, besonders Stücke von Shaw haben ihn seinerzeit gefesselt, im allgemeinen habe er „sehr viele klassische Sachen" gesehen.

Ein Theaterbesuch war dabei eine höchst förmliche und feierliche Veranstaltung. Herr W.: „Ins Theater ging man in festlicher Kleidung" – in seinem Falle in schwarzem Anzug mit silbernem Schlips.

MUSIK

„Das war ein Muß, mit 'nem Kofferradio rumzulaufen"

Jugend und Musik in den 50er Jahren: Da denkt man sofort an Rock 'n' Roll, Elvis Presley und Bill Haley. Doch wenn man genauer nachfragt, so stellt man fest, daß damit nur ein kleiner Ausschnitt der „Musikszene" der 50er erfaßt wird. Das gilt zum einen zeitlich, denn der Rock 'n' Roll war eine Erscheinung lediglich der letzten Jahre des Jahrzehnts. Und das gilt zum anderen auch im Hinblick auf das Publikum. Nur eine Minderheit der damaligen Jugendlichen läßt sich als ausgesprochene Rock 'n' Roll-Fans bezeichnen.

Bei den Befragungen unserer ZeitzeugInnen kam heraus, daß sie den konventionellen Musikgeschmack der Erwachsenen weitgehend teilten, und daß sie sehr unterschiedliche Musikrichtungen favorisierten. Vor allem für die erste Hälfte der 50er Jahre ist festzustellen, daß deutsche Schlager und sogar Operetten sich bei vielen Jugendlichen großer Beliebtheit erfreuten. Herr P. nennt als seine Lieblingssängerin z.B. Caterina Valente und erzählt: „Abends auf der Straße haben wir als Lehrlinge voll Begeisterung Caterina Valente nachgesungen." (Ein äußerst beliebter Schlager der Valente aus der Mitte der 50er hieß bezeichnenderweise: „Es geht besser, besser, immer besser!") Auch Herr G. erzählt, daß sie „Schlager, deutschsprachige" nachgesungen hätten, „zu der Zeit sang man noch keine englischen Lieder"[102].

Deutschsprachige Schlager – das waren in den 50ern solche Titel wie: „Pack die Badehose ein" (Conny Froboess), „Ganz Paris träumt von der Liebe" (Caterina Valente), „O mein Papa" (Lys Assia), „Die Gitarre und das Meer" (Freddy) oder die „Capri-Fischer" und die „Florentinischen Nächte" von Rudi Schuricke. Die Geschwister O. schwärmten von Rocco Granata und seinem Schlager „Marina". Herr S. zählt als bewunderte Musikstars auf: Paul Kuhn, Friedel Hensch, Helmut Zacharias, Cornelia Froboess.

US-amerikanische und englische Musik spielten demgegenüber nur eine untergeordnete Rolle. Allerdings gab es seinerzeit auch eingefleischte Jazz-Fans, bei denen, neben einigen deutschen Formationen – in Hamburg etwa das Rundfunk-Tanzorchester des NWDR unter Leitung von Franz Thon, das neben Schlagermusik auch hervorragend Jazz spielen konnte –, gerade ausländische Bands hoch im Kurs standen[103]. Dabei gab es auch unter den Jazz-Anhängern selbstverständlich unterschiedliche Fraktionen. Herr D. z.B. hatte „ein Faible für Oldtime-Jazz". Herr E. schwärmte für Glenn Miller, Herr S. für Glenn Miller und Louis Armstrong, Herr Z. für Glenn Miller und

Benny Goodman. Herr A. dagegen war entschieden für Modern Jazz. Er sagt: „Man kuckte auf diese Holzhacker-Jazz-Leute, die den Dixieland liebten oder so etwas, so'n bißchen herab."

Herr A. rechnete sich damals zur elitären Szene der „Existentialisten". Er erzählt: „Das war damals die Zeit des Existentialismus. Man trug so ganz kurze Haare auch. Auch Turnschuhe waren damals noch vorübergehend modern gewesen sogar ... Von der philosophischen Richtung haben wir eigentlich nicht viel mitgekriegt. Zu jener Zeit war das mehr etwas aufgesetztes, daß man so in der Kleidung, in der Haltung, im Haarschnitt sich versuchte abzusetzen." Kleidung und Habitus waren für diese „Exis" sehr viel wichtiger und kennzeichnender als der französische Existentialismus als geistige Strömung[104]. Und zu diesem Habitus gehörte eben auch, Anhänger von Cool oder Modern Jazz zu sein und sich deutlich vom Mainstream Jazz, von Swing und Dixieland, abzusetzen.

Herr C. – ebenso wie Herr U. – waren nicht derart dogmatisch festgelegt wie Herr A., sie waren sowohl für Oldtime-Jazz als auch Modern Jazz zu haben. Herrn C.s Lieblingsmusiker waren Charly Parker und Stan Getz. Er ist Ende der 50er Jahre öfters ins „Barett" in den Colonnaden gegangen, weil das „das führende Jazz-Lokal für Modern Jazz war, da spielte Michael Naura mit seiner Band" (auch Herr T. und Herr A. weisen auf das „Barett" hin). Oldtime-Jazz hörte er im „New Orleans" auf St. Pauli.

Seit Mitte der 50er Jahre entwickelte sich in Hamburg eine Jazz-Szene von auch überlokaler Bedeutung; die fünf wichtigsten und bekanntesten Amateurjazzbands dieser Zeit waren die Riverside Jazz Band, die Magnolia Jazz Band, die Oimel Jazz Youngster, die Jailhouse Jazzmen und die Old Merry Tale Jazz Band, die mit der verjazzten Version des 1929er-Schlagers „Am Sonntag will mein Süßer mit mir segeln geh'n" einen echten Hit landeten[105].

Neben Schlagern und Jazz fand auch klassische Musik unter den Jugendlichen durchaus Liebhaber. Das gilt für die gesamten 50er Jahre. Meist handelte es sich hier um Jugendliche, die durch Schule oder Elternhaus an diese Musik herangeführt wurden. Sie besuchten hin und wieder sogar die Oper oder gingen ins Konzert. So bezeichnet sich Herr W. als „Fan von klassischer Musik", der sich für die moderne populäre Musik „nicht weiter interessiert" hat. Er ist gemeinsam mit einem Klassenkameraden ab 1950 „viel in Konzerte gegangen", und zwar in kostenlose Schüleraufführungen oder in die Musikhalle, das hat „so um die fünf Mark gekostet".

Schließlich gab es den Boogie-Woogie, der für den Anfang der 50er das war, was der Rock 'n' Roll für die End-50er werden sollte: „wilde", widerständige, ausgelassene Musik. Herr V.: „Boogie-Woogie war 'ne Welle."

Viele Jugendliche waren nicht auf eine bestimmte Musikrichtung festgelegt. Ähnlich wie bei den Filmen war die Bandbreite ihres Interesses recht groß. Die Befragungen unserer ZeitzeugInnen bestätigen in dieser Hinsicht die allgemeine Feststellung: „Im Alltag der großen Mehrheit der Jugendlichen (...) war Raum für verschiedene

Musikvorlieben; US-Popmusik und deutsche Schlager, Volkstanz und Rock 'n' Roll, teilweise auch populärere Jazz-Richtungen wie Swing und Dixieland fanden Platz in der persönlichen Musikwelt"[106].

Musik gehört wurde dort, wo man zum Tanzen ging, in Kneipen, Lokalen und Eisdielen mit Musikbox[107] oder in besonderen Jazz-Lokalen, und – ganz wichtig – zu Hause im Radio. Mit den Erwachsenen gab es in den Haushalten, in denen nur ein Radio vorhanden war (und das waren zu Anfang der 50er die meisten) häufig Auseinandersetzungen darüber, welche Sendungen gehört werden sollten: eine der damals noch recht seltenen, speziell Jugendliche ansprechenden Musiksendungen oder eine den Erwachsenen zusagende andere Sendung. Und es gab Auseinandersetzungen über die Lautstärke, wenn eine Musiksendung von den Jugendlichen gehört wurde.

Die diesbezüglichen Nöte hat ein junges Mädchen 1951 in ihrem Tagebuch festgehalten: „Hoffentlich geht Mutti heute nachmittag spazieren, damit wir in Ruhe kochen können und Radio hören. Vati stellt sich ja entsetzlich mit dem Jammerkasten an, keiner darf dran tippen, ... Vati will es nicht anmelden. Es soll nur mal sonntags spielen, (ich werd' verrückt) nur wegen den zwei Mark monatlich, aber hauptsächlich wegen Mutti, die ist noch nervöser. Immer geht's 'hach, macht das Radio aus!' Immer dann, wenn's am schönsten ist. Meine Wut kann ich manchmal gar nicht mehr verbergen. Ich kann kaum Schlager, in der Schule kann ich nie mitsingen (natürlich wenn kein Lehrer dabei ist)"[108].

Nicht zuletzt wegen derartiger Probleme war einer der größten und ersten Wünsche vieler Jungen und Mädchen ein eigenes Radio. Das persönliche „Wirtschaftswunder" so manches Jugendlichen begann mit der Anschaffung eines solchen. Später kamen dann häufig noch der eigene Plattenspieler oder ein Tonbandgerät hinzu. Denn der elterliche Plattenspieler (soweit vorhanden) durfte von den Jugendlichen, ebenso wie das Radio, oft nur mit Einschränkungen benutzt werden. Herr T.: „Wir hatten 'nen Plattenspieler in der Familie ... Ich durfte meine (Jazz-)Platten nur spielen, wenn sie (= die Eltern – der Verf.) nicht da waren."

Gegen Ende der 50er schafften sich zusehends mehr Jugendliche einen eigenen Plattenspieler an[109], und entsprechend stieg der Schallplattenverkauf an Jugendliche[110]. Auch haben die Jugendlichen Schallplatten untereinander getauscht (wie überhaupt das Tauschen seinerzeit sehr beliebt war).

Ganz etwas Besonderes war es, wenn man sich ein Kofferradio leisten konnte. Diese Geräte kamen ca. seit 1956 – etwa zeitgleich mit dem Rock 'n' Roll – nach Deutschland und machten es möglich, nun auch auf der Straße, im Schwimmbad, auf Wochenendausflügen die Erwachsenenwelt mit der wüsten „Negermusik" zu provozieren. Herr Z. erzählt z.B.: „Das war ja auch beinahe so'n Muß, mit 'nem Kofferradio durch die Gegend zu laufen ... Die kamen auf den Markt irgendwann, und da mußte man das haben."

Und auch wenn die Jugendlichen bzw. jungen Erwachsenen erstmals eine eigene Wohnung bezogen, war die Ausstattung mit Musikgeräten oft vorrangig. Besonders beliebt waren damals die sogenannten Musiktruhen. Herr N. ging ein ziemliches Risiko ein, um die von ihm heißbegehrte Musiktruhe „Königin von Saba" zu bekommen. Er sagt, das sei „ein Super-Ding" gewesen, „mit Tonband, Radio, Plattenspieler und Fernseher". Die Musiktruhe hat er in einem Elektroladen Osterstraße/Ecke Emilienstraße auf Raten gekauft und dafür – wie er selbst sagt – „Urkundenfälschung" begangen: Um nämlich dieses „Super-Ding" auf Raten kaufen zu können, mußte er sich älter machen als er war, und so hat er das falsche Geburtsjahr 1936 angegeben. Prompt bekam er später Probleme mit der Zahlung der Raten. Doch hatte er Glück: seine damalige Freundin (und spätere Frau) sprang ein und hat für ihn bezahlt.

Eigenes Musizieren war seltener. Es hatte – abgesehen vom Nachsingen irgendwelcher Schlager auf der Straße oder bei Parties usw. – im wesentlichen zwei Formen. Zum einen pflegte man in den Jugendorganisationen noch Volksmusik und -lieder (sowie Volkstanz). Hier wurde kräftig gesungen, oft begleitet von Gitarre, Geige oder Akkordeon. Und auch in den Schulen wurde „deutsches Liedgut gepflegt." Eine Ausnahmeerscheinung war die Familie O. Die Geschwister erzählen, daß bei ihnen zu Hause sehr viel gesungen worden sei; außerdem sangen sie alle im Kirchenchor.

Zum anderen gründeten Jugendliche ihre eigenen Bands, mit denen sie moderne populäre Musik oder Jazz-Musik spielten. So berichtet Herr U. von Schulkameraden, die eine eigene Band gründeten: „Und sonst hat man versucht, selber 'was auf die Beine zu stellen. In der Zeit gab es also Schulkollegen ..., die dann auch Gitarre spielten oder die dazu mal Trompete spielten." Ein großes Problem war es für diese Bands, Übungs- und Auftrittsräume zu finden. Aber die Jugendlichen erwiesen sich als findig. So funktionierten sie Ende der 50er/Anfang der 60er Jahre zahlreiche Bunker aus dem Zweiten Weltkrieg zu sogenannten Jazz-Bunkern um. In Eimsbüttel waren solche Jazz-Bunker der Hochbunker Heußweg 114, in dem sich ein „Club der Schaffies" etablierte, der Bunker Ecke Müggenkampstraße/Sartoriusstraße sowie der Bunker Bei der Apostelkirche, in dem der Club „Storyville" sein Zuhause hatte[111]. In diesen Bunkern entstand ein von Behörden und Erwachsenen argwöhnisch beobachteter „Underground", wobei vor allem die unzureichenden hygienischen und sanitären Verhältnisse, die schlechte Luft und der unzulässige Ausschank von Bier beanstandet und zum Anlaß für behördliches Durchgreifen genommen wurden[112]. Ziel der Jugendbehörde war es, die „Jazz-Gruppen aus den ungesunden ehemaligen Luftschutzbunkern herauszunehmen und in staatlichen Jugendheimen unterzubringen"[113], um die Jugendlichen besser im Auge und damit unter Kontrolle zu haben. Das selbstorganisierte jugendliche Treiben rund um die ohnehin als „wild" abqualifizierte moderne Musik in den schwer kontrollierbaren Bunkern war der Obrigkeit suspekt.

Ebenso wie die Jazz-Bunker bei der Erwachsenenwelt auf Skepsis stießen, so auch die Begeisterung, die der Rock 'n' Roll seit 1956 bei vielen Jugendlichen auslöste. Herr N. war ein ausgesprochener Rock 'n' Roll – Fan. Er schwärmte für Elvis Presley und Bill Haley. Die entsprechenden Platten kaufte er sich im Elektroladen Ecke Faber-

und Armbruststraße. Die Geschwister O., die seit ca. 1956 einen Plattenspieler – genauer: einen „Zehn-Platten-Wechsler" – zu Hause hatten, kauften ihre Schallplatten bei Wilhelm Walensky im Langenfelder Damm. Auch sie standen auf Bill Haley, Elvis Presley, Rock 'n' Roll. Im Radio konnten sie ihre Lieblingsmusik allerdings kaum hören, denn die deutschen Rundfunksender weigerten sich lange Zeit, diese „obszöne" Musik zu spielen. Lediglich die gewissermaßen „weichgespülte" deutsche Version des Rock 'n' Roll wie sie etwa der „deutsche Elvis" Peter Kraus präsentierte, fand in den Augen der Erwachsenen Gnade.

Die Begeisterung für den Rock 'n' Roll war Ausdruck der Auseinanderentwicklung von erwachsener und jugendlicher Freizeitkultur im letzten Drittel der 50er Jahre, „gerade die neue Musik drückte den jugendlichen Wunsch nach mehr Lockerheit und Freiheit am nachdrücklichsten aus und wurde entsprechend von der Elterngeneration als symbolische Kampfansage aufgefaßt"[114].

Bis in die Mitte der 50er Jahre hatte sich „noch keine altersspezifische Musikkultur und Musikszene ausdifferenziert. Jugendliche und ihre Eltern besuchen ähnliche Typen von Veranstaltungen"[115]. Das änderte sich erst in der zweiten Hälfte der 50er. Herausragende Zeichen hierfür waren die großen Rock 'n' Roll-Konzerte, in deren Zusammenhang es öfters zu Krawallen kam – so in Hamburg bei Konzerten von Bill Haley am 5.11.1956 bzw. am 27.10.1958. Schon vorher hatte es bei einem großen Jazz-Konzert von Louis Armstrong am 17.10.1955 in der Ernst-Merck-Halle Krawalle gegeben. Man sollte aber festhalten, daß lediglich eine relativ kleine Minderheit der Jugendlichen solche Konzerte besuchte und dabei „ausflippte". Herr G. kommentiert die „Randale" bei Rock 'n' Roll-Konzerten in der Ernst-Merck-Halle: „Das ist aber, ich sag' mal, Enthusiasmus gewesen ... Ich glaube, das ist die Massenhysterie dann auch." Von den von uns befragten ZeitzeugInnen waren auch jene, die sich als ausgesprochene Rock 'n' Roll-Anhänger bezeichneten, nicht bei diesen großen Konzerten dabei. So müssen wir an dieser Stelle auf einen Bericht aus der Wochenzeitung „Die Zeit" vom 31.10.1958 über die Geschehnisse beim Bill Haley-Konzert in der Ernst-Merck-Halle zurückgreifen. Dort heißt es: „Zunächst ging es in der Ernst-Merck-Halle noch konzertmäßig zu. Dann fingen einzelne Paare an, in den engen Gängen des Saales zu tanzen. Einige Ordner, die vom Hamburger Studentenwerk gestellt worden waren, versuchten, die Tanzenden wieder auf ihre Plätze zu drängen. Immer mehr aufgeregte Burschen drängten in die Gänge. Menschenströme flossen wie schreiende Lavaströme nach vorn. Im Handumdrehen waren Bill Haley und seine Musiker von einer Menschenmauer umzingelt, die sich immer enger schloß ... Eine Stimme im Lautsprecher ermahnte: 'Bitte, steigen Sie runter von den Stühlen.' Der Tumult wurde immer wilder. Bill Haley sollte 50 Minuten spielen, nach 35 Minuten aber flüchtete er mit seinen Mannen hinter die Bühne ... Der Ruf 'Schiebung' gellte wie ein Aufschrei durch das Haus. Die Saalschlacht ging eine Weile hin und her, zu lang ... dann erschien eine Hundertschaft Polizei, und nun setzte eine wilde Jagd über die Stühle ein. Die Polizei räumte den Saal"[116]. Die Auseinandersetzungen zwischen Polizei und KonzertbesucherInnen gingen dann in den umliegenden Straßen und am Dammtorbahnhof weiter.

Für die Erwachsenen zeigte sich an diesen Ereignissen – ähnlich wie am „übermäßigen" Kinobesuch – die der Jugend drohende „Verwahrlosungsgefahr". Dieser wollte man aber nicht nur mit Kontrolle und Verboten begegnen, sondern auch – ebenfalls ähnlich wie beim Thema Film – mit „positiven" Angeboten, um die Begeisterung der Jugendlichen für die moderne Musik in „geordnete(re) Bahnen" zu lenken. Und anders als mit den relativ schlecht angenommenen „positiven Angeboten" im Bereich Kino und Film traf man hinsichtlich der positiven Angebote auf dem Felde der Musik auf große Resonanz der Jugendlichen. Seit 1957 organisierte das Amt für Jugendförderung Jugend-Jazz-Veranstaltungen mit jeweils mehreren hundert TeilnehmerInnen. Über ein solches „Jugend-Jazz-Konzert der Eimsbütteler Jugend" vom Mai 1958, das in der Aula der Schule Mittelweg vor rund 450 ZuhörerInnen stattfand, hieß es im Bericht eines Behördenvertreters:

„Die Veranstaltung lief in erfreulicher Atmosphäre ohne Zwischenfälle ab. Das mag zum Teil daran liegen, daß m.E. der größte Teil des Publikums aus Jugendlichen bestand, die schon häufiger derartige Veranstaltungen besucht haben. Zum zweiten mag es daran liegen, daß die Aula von vornherein einen festlichen Eindruck machte und daß es Zwang war, die Garderobe abzulegen"[117].

„Darf ich bitten?" **tANZ**

Auch für das Tanzen gilt das bereits für die Musik Gesagte: Man bekommt einen falschen Eindruck, wenn man „Jugend und Tanz in den 50er Jahren" zuerst und hauptsächlich mit dem „wilden" Rock 'n' Roll verbindet. Anfang der 50er fing alles sehr viel harmloser und konventioneller an (von Ausnahmen abgesehen), und auch später im Jahrzehnt blieb es bei den meisten Jugendlichen recht konventionell. Wenn unsere ZeitzeugInnen von ihren Tanzerlebnissen als Jugendliche erzählen, dann ist öfter von Tanzstunde, Standardtänzen und „gepflegtem Gesellschaftstanz" die Rede als von Boogie-Woogie oder Rock 'n' Roll.

Die euphorische Tanz-Stimmung aus der Nachkriegszeit der End-40er Jahre hat sich offensichtlich auch in den 50ern gehalten. Anders als der Kinobesuch allerdings war das Tanzengehen für die meisten Jugendlichen keine regelmäßige Freizeitbeschäftigung. Die Mehrheit ging nur „manchmal" bis „selten"[118].

Ein Problem für die Jugendlichen war, wo sie ihrer Tanzleidenschaft frönen sollten. Orte hierfür waren zunächst rar. Erst am Ende der 50er Jahre gab es verstärkt entsprechende kommerzielle Angebote speziell für Jugendliche. Vorher waren sie auf Tanzlokale und Tanzveranstaltungen, die eigentlich auf ein erwachsenes Publikum ausgerichtet – und daher für Jugendliche teuer – waren, angewiesen. Oder auf verschiedene Angebote der (Sport-)Vereine und der Jugendbehörde, etwa die Jugendtanzveranstaltungen oder die Tanzabende in den Heimen der offenen Tür. Oder sie mußten sich ihre Tanzveranstaltungen und entsprechenden Räumlichkeiten selbst organisieren – was sie mit zum Teil erheblicher Phantasie auch häufig taten. Auf alle diese Möglichkeiten soll im folgenden eingegangen werden. Zuvor aber ein paar Worte zu einer Institution, die die meisten unserer ZeitzeugInnen genossen haben: die Tanzstunde.

*T*anzstunde

Herr P., der 1954 als 17jähriger eine Tanzschule am Besenbinderhof besuchte, erzählt, wie es dort zuging: „Eine Seite die Jungs – andere Seite die Mädchen. Dann gab er (= der Tanzlehrer – der Verf.) 'n Signal. Dann sind die Jungs alle losgepreschst, kreuz und quer ... und jeder kuckte schon: 'ich will die oder ich will die', und jeder rempelte sich gegenseitig an ... und dann mußte man sich so exakt vor der Dame aufstellen, mußte man 'ne Verbeugung machen, dann mußte man seinen Spruch aufsagen: 'Darf ich bitten?' ... Man mußte sich dazu gequält anziehen. Schlips war vorgeschrieben. Also richtig mit Anzug, mit Krawatte. Als ich mal 'ne Kordel statt Krawatte hatte, haben sie mich wieder nach Hause geschickt."

Am Ende der 50er Jahre ging es in den Tanzstunden noch nicht sehr viel anders zu. Aus der Sicht eines Mädchens beschreibt eine Schülerin der Klasse 10 der Schule Telemannstraße in einem Aufsatz zum Thema: „Wie denke ich über das Tanzen und die Tanzstunde" ihre Tanzstundenerfahrungen. Sie erklärt als wesentliches Ziel der Tanzstunde, daß man lernen solle, wie man sich „in der Öffentlichkeit zu benehmen hat, besonders den jungen Damen gegenüber, die es nicht gerne sehen, wenn man sie mit dem Ruf 'He, Puppe, woll'n wir tanzen?' anspricht ... Die 'Herren' sehen sich die 'Damen' erst genau an, bevor sie ihre 'Auserwählte' zum Tanzen bitten. Haben sie dann ihr 'Traummädchen' entdeckt, springen sie wie von der Tarantel gestochen auf, laufen zu ihr hin, verbeugen sich mit einem siegessicheren Lächeln vor ihr und sprechen deutlich den vorgeschriebenen Satz: 'Darf ich bitten?' ... (Die Jungen) identifizieren sich oft mit einem Besenstiel, und es bedarf größter Anstrengung seiner Partnerin, mit fröhlichem Charme und Unterhaltungskunst aus einem Besenstiel einen netten jungen Mann zu formen! ... (Die Mädchen) in Gruppen herumstehend, kichernd und flüsternd, mit einer Coca-Cola-Flasche in der Hand, beäugen sie die Jungen und beanspruchen für sich den bestaussehenden ... Oft kommt es vor, daß sich mehrere Jungen um ein Mädchen bemühen. Nun bleibt es der Diplomatie des Mädchens überlassen, einem Jungen den Vorzug zu geben und die anderen zu vertrösten ..."[119] Ein anderes Mädchen aus einer 10. Klasse schreibt zum Aufsatzthema „Höhepunkte meiner Schulzeit", daß die Tanzstunden in der Schule für sie zu solchen Höhepunkten gehört hätten. Sie habe „noch nie so viele verlegene, linkische Jungen in einem Raum gesehen ... wie in unserer ersten Tanzstunde. Mancher wird mich für schadenfroh halten, weil ich den Anblick verlegener Jungen als Höhepunkt betrachte. Ich erwähne darum auch, daß ich noch nie soviel Mädchen gesehen habe, die versucht haben, den verlegenen Herren zu gefallen."[120] Was in diesen Schilderungen bereits anklingt, wird von einer anderen Aufsatzschreiberin direkt ausgesprochen. Sie schreibt, daß die Tanzstunde „für viele junge Leute die erste Gelegenheit ist, mit dem anderen Geschlecht in etwas nähere Verbindung zu treten", und über sich selbst sagt sie: „Vielleicht gibt es ja auch bald einen jemand, um dessentwillen es lohnenswert erscheint, zur Tanzstunde zu kommen. Auch wenn das Tanzen selbst nicht so beliebt ist, gibt es ja auch noch den Heimweg!"[121]

Auch Herr Q., der 1958 bei der Tanzschule Kaschinsky am Mittelweg in die Tanzstunde ging, bringt diese wichtige Funktion der Tanzstunde zur Sprache: „Da hatte ich mir 'nen Mädelchen gegriffen. Da gab es schon mal etwas engeren Kontakt. Aber nicht so wie heute, sag ich mal." Herr C. hat sich als 16jähriger in der Tanzstunde erstmals in ein Mädchen verliebt. Herr G. sagt, daß seine erste „feste" Freundin seine Tanzpartnerin gewesen sei.

Aber einigen Jugendlichen war die Tanzstunde auch zu teuer. So sagen die Geschwister O.: „Für Tanzstunde hatten wir kein Geld."

Daher organisierten sich einige Jugendliche ihre „Tanzstunde" selber. So erzählt Herr H., daß er mit Klassenkameraden zusammen einen „Tanzkreis" aufgezogen habe. Wieder andere machten vom Angebot des „Heims der offenen Tür" in der Bundesstraße Gebrauch, in dem kostenlos Tanzkurse abgehalten wurden.

Tanz im „Heim der offenen Tür"

Dieser Tanzunterricht, „ohne in die Tanzstunde zu gehen", war bei den jugendlichen Besuchern des „Heims der offenen Tür" in der Bundesstraße „sehr beliebt" – so Frau M., die Anfang der 50er als Betreuerin im Heim arbeitete. Unterrichtet wurden die modernen Gesellschaftstänze: „Es gab zum Beispiel den schnellen Fox und den Slow Fox. Und dann kamen so die ersten Boogie-Woogie-Sachen ... Aber das war nicht ausgeprägt" (Frau M.).

Gleichwohl machte man sich offensichtlich mit Blick auf das Treiben in den Tanzkursen und auf den Tanzabenden des Heims in der Jugendbehörde gewisse Sorgen, sollte das Heim doch dazu dienen, die Jugendlichen „von der Straße zu holen" und vor „Verwahrlosung" zu bewahren. Und jetzt wurde im Heim selbst womöglich „wild" getanzt![122] Das konnte nicht im Sinne der Behörde sein. Sie schickte daher Anfang der 50er wiederholt Beobachter ins Heim, die nach dem Rechten sehen sollten. Aus ihren Berichten sei im folgenden etwas ausführlicher zitiert, weil sie ein plastisches Bild vom damaligen Tanzgeschehen und den diesbezüglichen Werthaltungen und Einschätzungen der Erwachsenen vermitteln.

In einem Bericht vom 25.3.1950 heißt es über den von ca. 60 Jugendlichen besuchten Tanzkurs: „Bei den Tanzenden tobten sich einige Jungen etwas unnatürlich aus. Ob das Getue bei dem Foxtrott und den übrigen Tanzarten notwendig ist, kann ich nicht ganz beurteilen."[123] Zwei Tage später heißt es in einem weiteren Bericht: „Ich sah mir vor allem den sogenannten Tanzunterricht an und mußte feststellen, daß man dabei von Unterricht eigentlich nicht reden kann. Der Tanzlehrer, Herr Deu, konnte sich bei den Jugendlichen keineswegs durchsetzen, ließ ihnen ziemlich ihren eigenen Willen in Bezug auf die Art und Weise des Tanzens. Von irgendeiner Pflege der entsprechenden Umgangsformen war keine Rede ..."[124]. Ein Bericht von Anfang April klingt dann bereits wieder versöhnlicher: „Die Tanzformen waren gepflegt und es war nicht zu verkennen, daß dort seit einiger Zeit planmäßig Unterricht im Gesellschaftstanz erteilt wird. Es wurde z.B. peinlich darauf gesehen, daß nicht zwei Mädchen zusammentanzten. Selbst eine Samba wurde, zwar etwas ausgelassener, aber doch verhalten getanzt ..."[125].

Da die Tanzkurse und Tanzabende für viele Jugendliche offensichtlich die Hauptattraktion des „Heims der offenen Tür" waren, führte man sie trotz der in den zitierten Berichten zum Ausdruck kommenden Skepsis weiter. Man gelangte wohl zu der Über-

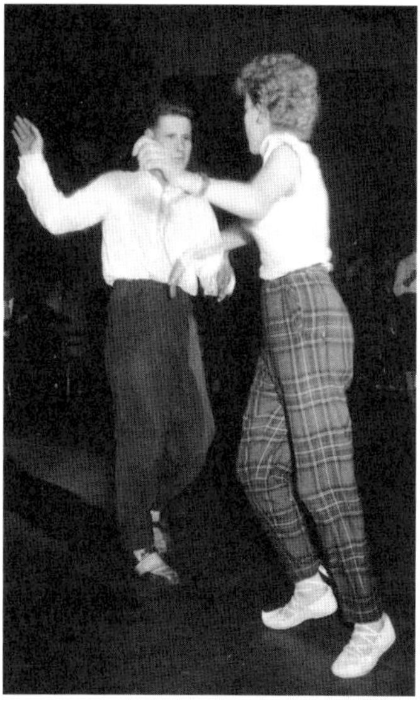
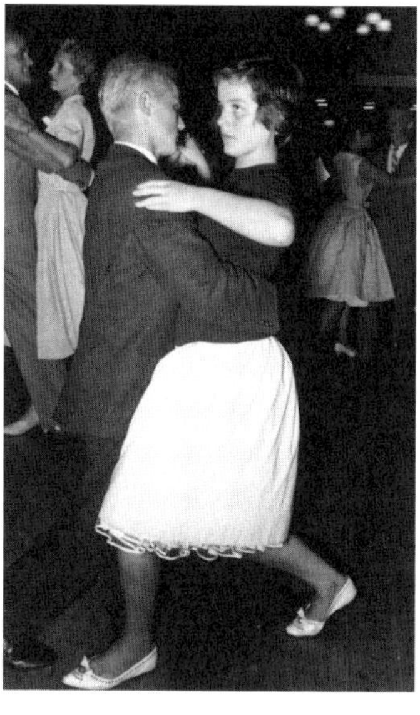

zeugung, daß es immer noch besser sei, die Jugendlichen im Heim, wo sie unter Erwachsenenaufsicht waren, „wild" tanzen zu lassen als sie an anderen, unkontrollierbaren Orten sich selbst zu überlassen. Und zudem keimte wohl mit der Zeit auch auf Seiten der Erwachsenen die Einsicht, daß das „wilde" Tanzen vielleicht doch „nur halb so wild" war. Jedenfalls berichtete im April 1953 ein Artikel in der Zeitung „Die Welt" voll Wohlwollens über die Tanzerei im „Heim der offenen Tür" Bundesstraße. Dort heißt es u.a.: „Auch die Begegnung mit dem anderen Geschlecht vollzieht sich hier ganz zwanglos: In einer Gemeinschafts- und Gesellschaftstanzgruppe gibt es regelrechte Tanzstunden, die sich diese jungen Menschen sonst niemals leisten könnten."[126] Und allein für den März 1956 wird für das „Heim der offenen Tür" Bundesstraße ein Jazz-Konzert, ein Kostümfest mit Tanz und ein Abtanzball des Tanzkurses vermeldet[127]. Zu dieser Zeit waren die Tanzveranstaltungen im Heim zu einer festen und bei den Jugendlichen äußerst beliebten Einrichtung geworden. Ein eifriger Teilnehmer dieser Veranstaltungen war damals Herr G.: „Dort sind wir also sechs Tage in der Woche gewesen, abends. Das hatte bis 22.00 Uhr auf, und von acht bis zehn haben wir getanzt, jeden Tag. Es gab nichts anderes. Es gab kein Fernsehen, wir haben also halt getanzt. Dort war also einer, der ging zur Tanzschule und konnte das Tanzen und brachte uns das dann bei. Und wir waren auch 'ne ziemlich große Gruppe. Ich sag' mal, wir waren gut vierzig Leute dort, die regelmäßig dort getanzt haben." Und zwar „wurde immer alles getanzt. Wir haben also auch ... Square Dance gemacht zwischendurch."

Bunker-Parties und Schülerbälle

Neben dem „Heim der offenen Tür" gab es aber auch andere, von den Erwachsenen weniger kontrollierbare Orte für jugendliche Tanzvergnügen. Herr G. erzählt, daß es im Eimsbütteler Bürgerverein eine Jugendgruppe von etwa 50 Leuten gegeben habe, die „also auch reichlich am Tanzen" waren, und zwar in einem unterirdischen Bunker auf einem Hof in der Müggenkampstraße zwischen Sartoriusstraße und Langenfelder Damm. Er berichtet: „Den Bunker haben wir uns zurechtgemacht. D.h., wir haben da den Verwalter gefragt und haben aufgrund der Fürsprache vom Bürgerverein also diesen Bunker bekommen und haben dort unten also unsere Parties gefeiert, sag ich einfach mal."

Auch Herr U. erinnert sich gut an solche Bunker-Parties: „Oder man machte so 'ne Bunker-Party, das war damals ja nichts Ungewöhnliches ... Methfesselstraße und Heußweg: Die Bunker standen uns zur Verfügung, ich weiß nicht mehr warum ... Wir haben aber auch Bunker aufgemacht, um darin zu hausen. Da war so 'ne Hebeltür, die machte man auf, und dann war man drin ... Und da haben wir Parties gefeiert. Was heißt Parties, das ist übertrieben. Da waren denn also Matratzen und Holzstühle ... Flaschen mit Kerzen aufgebaut und dann hatte man ein bißchen versucht, bißchen

Campari irgendwo mitzubringen, irgendwie solche Dinge. Und dann machten da drei, vier Leute Musik, und wenn es ganz komfortabel war, war ein Plattenspieler dabei. Da versuchte man, sich näher zu kommen (Jungen und Mädchen – der Verf.)."

Eine größer dimensionierte Form selbstorganisierten Tanzvergnügens waren die Schülerbälle im Winterhuder Fährhaus. Um den ersten dieser Bälle, der zu Pfingsten 1954 stattfand (am 3.6.), gab es noch große Aufregung, wurde doch angekündigt, daß im Rahmen einer Modenschau auf dem Ball auch „das charmanteste Schüler-Mannequin" gewählt werden solle. Dies und die Tatsache, daß der Ball von Schülern selbsttätig organisiert wurde, war bei der Jugendbehörde Anlaß für große Besorgnis. Den Hintergrund dieser Besorgnis macht folgendes Zitat aus einer erläuternden Broschüre zum Jugendschutzgesetz deutlich. Dort heißt es unter der Überschrift: „Jugendschutzgesetz und sexuelle Situation der Jugend": „Kommt dazu noch die erhitzende Luft einer Tanzveranstaltung, vor allem in vorgerückter Stunde, so können die ganzen Umstände nicht anders als in stärkstem Maße erotisierend wirken. Leider müssen wir gerade in den Jahren seit dem Zusammenbruch die Feststellung machen, daß sich immer jüngere Jahrgänge unserer Mädchen zu den Tanzveranstaltungen drängen. 13- und 14jährige in Tanzstunden, 14- und 15jährige, meist ohne elterliche Begleitung, bevölkern die Tanzvergnügungen ..."[128]. Zunächst wollte man den Ball wegen möglicher Verstöße gegen das Jugendschutzgesetz verbieten, beschränkte sich dann aber darauf, das Geschehen mit starken Kräften der Jugendbehörde und der Polizei (es rückten sage und schreibe dreizehn BeobachterInnen zum Einsatz aus) zu überwachen[129]. Die Beobachtungsberichte waren dann dazu angetan, die Gemüter in der Behörde wieder zu beruhigen. Hieß es doch: „Die Veranstaltung war sauber und ordentlich aufgezogen, auch die in der Zeit von 20 bis 21 Uhr durchgeführte Modenschau bot keinen Anlaß zum Einschreiten. Besucht wurde die Veranstaltung von 7-800 Personen im Alter von 16 bis 21 Jahren. Nachdem um 24 Uhr vom Veranstalter angesagt wurde, daß Jugendliche unter 18 Jahren nicht mehr geduldet werden dürften, leerte sich der große Zahl (muß heißen: Saal – d. Verf.) vollkommen." Einen „Schönheitsfehler" hatte allerdings die Wahl des „charmantesten Schüler-Mannequins" unter Jugendschutzgesichtspunkten: Die Gewählte war erst 15 Jahre alt und hätte ohne Begleitung Erwachsener den Ball von Rechts wegen gar nicht besuchen dürfen: „Zu beanstanden ist, daß die als Schüler-Mannequin gewählte Ursel Soehring erst im 15. Lebensjahre steht und allein die Veranstaltung besuchen durfte. Sie mußte gegen 22.30 Uhr nach Hause geschickt werden ..." Ansonsten fand aber auch die Modenschau, die vor allem Anlaß behördlicher Befürchtungen – wegen „sittlicher Gefährdung" der Jugendlichen – gewesen war, durchaus Gnade vor den Augen der erwachsenen BeobachterInnen. In einem weiteren Bericht wird die Modenschau als „durchaus ordentlich und tragbar" qualifiziert: „die Mädchen erschienen in sommerlicher und mehr mädchenhaft gehaltener Kleidung ... 6 gut aussehende, natürlich wirkende Mädchen führten einfache Schulkleidung vor. Zunächst zeigte jede einen Poppelinrock mit einem schlichten Baumwollpulli, dann einen Wollrock mit Wollpullover, einer Sportblluse und Jacke bis hin zur beliebten '3/4-Hose' mit farbenfrohen Blusen. Ohne 'Laufsteg' und auch ohne Koketterie wurde die Kleidung nach einer Ankündigung des Preises und leiser Musikbegleitung von den Schülerinnen auf der Tanzfläche vorgetragen. Sie bewegten sich mit einer natürlichen Anmut und eher mit einer gewissen Scheu und Zurückhaltung. Die ca. 1/2stündige Vorführung wirkte durchaus angenehm und zeigte nichts Anstößiges."

Dieser erste Schülerball im Hamburger Fährhaus war so erfolgreich, daß die Organisatoren weitere folgen ließen. In den folgenden Jahren wurden die Schülerbälle zu einer festen Institution[130]. Erwähnenswert aus Eimsbütteler Sicht ist noch der Schüler-Herbstball des Jahres 1954. Denn Siegerin der Modenschau wurde hier ein 17jähriges „Tippfräulein" aus Eimsbüttel: Bronislava Marchlewski, genannt „Bonny"[131].

Jugendtanzveranstaltungen

Da an den Schülerbällen jeweils mehrere hundert Jugendliche teilnahmen, wurde auch den Behördenvertretern klar, daß unter den Jugendlichen ein großes Bedürfnis nach derartigen Tanzveranstaltungen herrschte. Gleichzeitig war bekannt, daß es keine entsprechenden Angebote gab. Erst ab Dezember 1957 führte das Amt für Jugendförderung selber regelmäßig monatliche Jugendtanzveranstaltungen durch, zunächst im „Haus des Sports" an der Fruchtallee, dann auch in Planten un Blomen und andernorts[132]. Dem vorausgegangen waren drei Tanzveranstaltungen im Rahmen der „Woche der Jugend" im Mai 1957, die „großen Anklang gefunden und den Wunsch nach Wiederholung (haben) laut werden lassen"[133].

Herr G. gehörte zu jenen Jugendlichen, die die von Seiten der Jugendbehörde angebotenen Tanzmöglichkeiten intensiv wahrgenommen haben. Er erzählt: „Das gab früher in Hamburg so einen Dachverband, der hieß „Jugend tanzt", wurde organisiert vom Bieberhaus. Und dort ging ich also tanzen. Das war so praktisch jeden Sonntag Tanztee. Das war ... Kieler Straße im Rex-Hotel, Schäferkampsallee im Haus des Sports, Jungiussstraße in der Festhalle von Planten un Blomen, dann von-Melle-Park in der Mensa, dann Müggenkampstraße bei Frascati, ja und dann Fruchtallee das Resi. Das sind so die Sachen, wo wir früher getanzt haben ... Das Resi, das war im Grunde genommen 'ne Bar, im Grunde nur für Erwachsene ... Und das Resi war auch recht klein, aber am Sonntag war das nur für Jugendliche. War auch gute Musik, war 'ne Live-Band dort. Und das war praktisch nur ein Tanztee für Jugendliche. War sehr interessant, war drei Stunden lang, und da haben wir uns halt ausgetobt ... Das waren mit die einzigen Möglichkeiten, daß die Jugendlichen unter sich waren. Daß die querbeet wirklich alles tanzen konnten ... Und das war voll, proppevoll ... Für den Tanztee haben wir so zwei Mark bezahlt. Das war recht billig, das konnte sich jeder leisten."

Auf den von der Behörde organisierten Tanzveranstaltungen spielte das von Behördenseite eingerichtete Jugendtanzorchester auf[134], das seinen ersten Auftritt am 16.2.1958 hatte[135]. Herr G. erinnert sich sehr gern an die Aufführungen dieses Orchesters: „Die Live-Band in Planten un Blomen, Haus des Sports und in der Mensa, das war also das Hamburger Jugendtanzorchester. Die haben wirklich gespielt des Spielens wegen."

An den "offenen Tanzabenden" in Planten un Blomen kamen jeweils ca. 1.000 Jugendliche zusammen[136]. Von Seiten der Behörde wurde bei diesen von ihr gemeinsam mit der „Aktion Jugendschutz" organisierten „Tanzabenden für junge Leute von 16-21 Jahren" allerdings peinlich darauf geachtet, daß „gepflegter Gesellschaftstanz" praktiziert wurde – und das bedeutete vor allem Ausgrenzung des „wilden" Rock 'n' Roll. So wurde in einer zeitgenössischen Broschüre der Rock 'n' Roll denunziert als „eine Art von Schlagern, die vor einigen Jahren aus den USA vom Westen über uns herfiel wie die Grippe asiatica vom Osten"[137].

Die Eimsbütteler Tanzszene

Herr G. beschreibt die Situation Mitte der 50er Jahre folgendermaßen: „Da gab es dann die ersten Lokale wieder, wo man tanzen konnte, Tanzlokale ... Das war halt dann ein neuer Trend auf einmal. Und es war halt was anderes, es war eine Musik, ich glaube, wie es in jeder Generation irgendwo ist, die die Jugendlichen irgendwo anmacht. Und wo die dann sagen: 'Oh ja, toll. Das machen wir doch mal!' Rock 'n' Roll ist ja auch ein bißchen ein verrückter Tanz, was wir dann ja auch alle reichlich gemacht haben. Wir haben ja nun reichlich getanzt ..."

In Eimsbüttel und den benachbarten Stadtteilen gab es in den 50ern einige kommerzielle Tanzlokale – unter anderem „Treffpunkt", „Demski", „Wintergarten", „Cafe' Meyer" (am Pferdemarkt), „Müllers gute Stuben" (am Paulinenplatz), „Mulzer und Völkel" (am Schulterblatt). Herr T., der ein eifriger Tänzer war, ging ins „Marina" auf der Hoheluftchaussee oder ins „Smoky Eck" Ecke Löwenstraße/Eppendorfer Weg. Das „Smoky Eck" war bei den Jugendlichen wegen der Musikbox mit den guten Tanzmusikplatten beliebt. Das „Marina" war „sehr laut. Aber es war gemütlich drin ... Durch die ganze Sitzordnung." „Smoky Eck" und „Marina" standen in gewisser Konkurrenz zueinander. Herr T. erzählt, daß es unter den Jugendlichen Streit bis zur Prügelei darum gab, in welches dieser beiden Lokale „man" ging. Er selbst besuchte auch den „Trichter" auf St. Pauli, „weil die gute Musik spielten" oder das „Lido" in der Großen Freiheit: „Das war ein riesiger Schuppen ... Da spielten Super-Orchester reine Tanzmusik." Auch das „Faun" am Gänsemarkt habe „dufte Kapellen gehabt". Dort kostete ein Bier 2,50 DM. Davon leistete man sich als Jugendlicher eines pro Abend: „Man saß da so in riesigen Ledersesseln und an schönen Tischen, mit Kapelle. Und na ja, ein zweites Bier gab's am Abend nicht. Es gab nur ein Bier eben. Man mußte es sich ja einteilen." In besonders guter Erinnerung ist ihm persönlich das Orchideen-Café in

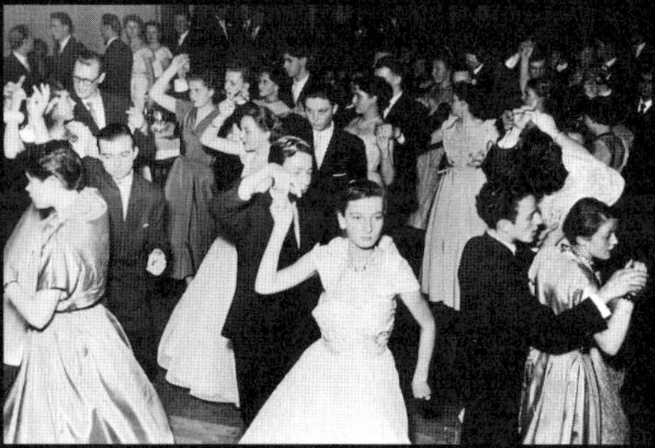

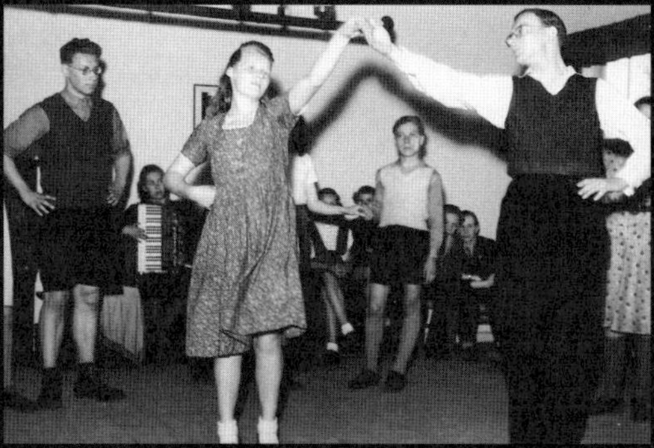

Planten un Blomen – dort lernte er nämlich nachmittags beim Tanztee seine spätere Frau kennen. Dieses Orchideen-Café sei „ein ganz schmuckes Tanzcafé" gewesen, welches auch „unheimlich gut besucht" gewesen sei. Sein großer Standortvorteil: „Und nachts zeigte man den Frauen die Wasserlichtorgel."

Herr S. erzählt über seine Erlebnisse auf der Eimsbütteler „Piste" der 50er: „Ab achtzehn durfte man denn ja schon los zum Tanzen. Da hatten wir ja hier in Eimsbüttel mehrere kleine Tanzlokale ...(Die) hatten alle Live-Musik. Es waren immer zwei, drei Musiker da, so daß wir immer Live-Musik hatten. Richtig Tanzmusik haben die gebracht." Er ging ebenso wie Herr Z. gern zum Tanzen ins „Frascati" an der Ecke Müggenkamp-/Methfesselstraße. Dort seien Jugendliche und Erwachsene „gemischt" gewesen.

Die Geschwister O. gingen gemeinsam mit Freunden aus der Nachbarschaft ins „Trier Bräu" im Langenfelder Damm. Die „hatten eine hervorragende Musikbox und eine große Tanzfläche" (Klaus O.). Oder sie gingen in die „Roxy Bar" bei der U-Bahn Emilienstraße, wo „Charly und Co." spielten. Dort war jeweils dreimal Damenwahl und einmal Herrenwahl. Auch auf die Reeperbahn in den „Kaisersaal" sind sie „sehr oft" gegangen, weil es dort gute Live-Musik zum Tanzen gab. Das war schon ein teureres Vergnügen. Denn dort mußte man 10 DM Eintritt zahlen. Dafür gab es dann ein „Damengedeck" oder ein „Herrengedeck". Klaus O. erläutert: „Das Damengedeck bestand aus Sekt und O-Saft ... und das Herrengedeck aus Bier und Orangensaft. Und da hat man sich natürlich den ganzen Abend lang dran festgehalten ... Zehn Mark war ja viel Geld." Seine Schwestern waren besser dran – die konnten sich von den Jungen einladen lassen.

Herr P. zählt als Tanzcafés, „wo man denn so rumgebutschert ist", auf: Das „Frascati", das „Café Keese", das sich damals noch in der Fruchtallee, Höhe Emilienstraße befand, das „Boccaccio" am Hauptbahnhof, „Wienerwald", „Dreyers Ahoi" und das „Astoria". Einmal in der Woche, samstags oder sonntags, sei er in einem dieser Lokale mit einer „Horde" von Freunden zum Tanzen gegangen. Getanzt wurden Tango, Langsamer Walzer, auch Boogie-Woogie. Später machte im vormaligen „Café Keese" in der Fruchtallee das „Royal" auf. Dort ging Herr N. mit seinen Freunden zum Tanzen.

Herr U. ging ins „Café Wien" am Hauptbahnhof. Dieses Café – so sagt er – „war ein beliebtes Ziel für uns am Wochenende". Dort spielte eine kleine Kapelle Walzer und Foxtrott, ein Kaffeegedeck kostete 4,50 DM. Hier konnte man Mädchen kennenlernen. Herr U.: „Das war das Ziel, mit der Damenschaft in Berührung zu kommen." Herrn T.s Meinung zum „Café Wien": „Das war ein ganz billiger Schuppen."

*T*anzen im Sportverein

Frau L., die sehr stark auf die Freizeitgestaltung in ihrem Sportverein, dem ETV, konzentriert war, frönte dort auch ihrer Tanzleidenschaft. Sie sagt: In den ETV-Stuben, „da war samstags abends Tanztee für Jugendliche", dort sei sie oft hingegangen. Hier wurde kein Alkohol ausgeschenkt, stattdessen gab es dort Milchshakes: „Da gab's – das war ganz modern – Milchshake zu trinken. Das war der Hit. Da tranken wir ein Glas Milchshake und haben denn den ganzen Abend da getanzt." Außerdem war sie auch in einem Tanzkreis des Sportvereins, jeden Mittwoch hatte sie in der Krausestraße Tanzen vom Verein aus. Dieser Tanzkreis fing als „Volkstanzkreis" an, später aber wurde er zum „Tanzkreis". Frau L. erklärt diese Entwicklung so: „Wir fingen zwar '52 an mit sogenanntem Volkstanz, aber dann kamen so ein, zwei Jahre später so die amerikanischen Tänze auf: Square Dance ... Und dann kam nachher, als diese Rock 'n' Roll-Welle anfing: ja, man wollte das einfach tanzen. Und dann nannte sich unser Volkstanzkreis nur noch Tanzkreis, weil wir auch diese Tänze tanzten."

Frau F., die ebenfalls im ETV war, erzählt, daß sie am Wochenende zum Tanzen ins vereinseigene Bootshaus am Isebekkanal in der Bismarckstraße gegangen sei: „Das war ja auch unten im Keller, am Isebekkanal ... Und da hörte uns ja keiner. Und da war dann Remmi-Demmi. Aber, ich sag mal, ja, sehr, sehr harmlos. Vergnügt, harmlos. Nix mit wahnsinnig viel Alkohol oder sowas ... Rock 'n' Roll, das haben wir da in gemäßigter Form, aber doch ziemlich wild, getanzt."

Außerdem waren die häufigen Bälle des ETV eine gute Gelegenheit zum Tanzen. Frau Sch., ebenfalls ETV-Mitglied, erinnert sich, daß sie und ihre Freundinnen „viel zu Bällen gegangen" sind, sowohl beim ETV als auch zu den Abtanzbällen der verschiedenen Tanzschulen. Auch Frau K. erzählt, daß sie mit ihrer Clique zu den Bällen im Curio-Haus gegangen sei.

Eine andere Welt: Volkstanz

Neben den bisher angesprochenen Tanzlokalen und Tanzvergnügen gab es aber auch noch eine ganz andere Welt. In vielen Jugendorganisationen hielt man in den 50er Jahren gar nichts von modernen Gesellschaftstänzen – und erst recht nichts vom Boogie-Woogie oder Rock 'n' Roll. Dort wurde vielmehr der deutsche Volkstanz gepflegt. Herr D., der seinerzeit sehr stark bei den „Falken" aktiv war, erzählt: „Wir sind sehr engagiert im Volkstanz gewesen als Gruppe ... Unsere Gruppe tanzte in der Schule in der Schwenckestraße in der Turnhalle." Er war zeitweilig fünf Abende in der Woche zum Volkstanz. Beim Volkstanz bei den „Falken" lernte er auch seine spätere Frau kennen.

Andere Tanzformen waren bei ihnen verpönt. Selbst gegenüber dem Square Dance, der in den 50ern in Mode kam und als Alternative zu den „wilden" Tänzen von Seiten der Erwachsenen begünstigt wurde, gab es Vorbehalte. Moderne Tänze „wurden bei den „Falken" zunächst mal als abartig angesehen" (Herr D.). Herr Ä., der in den 50er Jahren Funktionär bei den „Falken" war, sagt sehr entschieden: „Es gab ja auch verschiedene Trends. Zum Beispiel die Musik, daß ja Klamaukmusik geliebt wurde ... laute Musik, Jazz oder Rock ... in einer Form, daß wir sagten: Nein, dafür sind wir nicht." Gegen die „Klamaukmusik" setzte man bei den „Falken" seinerzeit auf klassische Musik, Volkslieder und Volkstanz – mit dem Ergebnis, daß immer weniger Jugendliche in die Gruppen kamen.

Das Ehepaar Ü. berichtet von der Guttempler-Jugend ebenfalls, daß dort die modernen Tänze strikt abgelehnt wurden, was mit „Widerstand gegen politischen und gesellschaftlichen Opportunismus" begründet wurde. Aus dem Rückblick sagen sie dazu: „Bißchen verbohrt waren wir schon."

Bei den „nichtorganisierten" Jugendlichen stieß diese Haltung jedenfalls auf Befremden. Frau M., die Anfang der 50er Jahre im „Heim der offenen Tür" Bundesstraße als Betreuerin tätig war, sagt: „Volkstanz gab es auch, aber das hat sie (die nichtorganisierten Heimbesucher – d. Verf.) eher amüsiert." Da Volkstanz „eigentlich immer in Groteske ausartete" (Frau M.), wurde er im Heim selten angeboten.

Und noch eine ganz andere Welt: Die „wilde" Tanzerei

Vor dem Rock 'n' Roll gab es in den 50er Jahren als „wilden", von den Erwachsenen mißtrauisch beäugten und als jugendgefährdend stigmatisierten Tanz den Boogie-Woogie. Er war für den Anfang des Jahrzehnts, was der Rock 'n' Roll für dessen Ende war. Auf welche Vorbehalte das Boogie-Woogie-Tanzen bei den Erwachsenen stieß, wird deutlich an den Berichten von Behördenvertretern, die sich im Dezember 1953 eine entsprechende Tanzveranstaltung in einem Lokal im „Grenzgebiet" von Eimsbüttel, nämlich im Tanzlokal „Florida" am Schulterblatt 137, angeschaut hatten. Diese Berichte sind zum einen aufschlußreich, weil sie sehr gut Aussehen, Atmosphäre und Treiben in einem von Jugendlichen frequentierten Tanzlokal Anfang der 50er Jahre – durch die Brille erwachsener Beobachter – einfangen, und zum zweiten sind sie interessant, weil verschiedene Berichterstatter über ein und dasselbe Ereignis berichten, so daß hieran die Subjektivität der Beobachtungen und Einschätzungen deutlich wird. Deswegen sei aus den Berichten im folgenden etwas ausführlicher zitiert.

Am 2.12.1953 besuchten sechs Mitarbeiter des Bezirksjugendamtes zwischen 20 und 23 Uhr das Tanzlokal „Florida" am Schulterblatt. Im ersten Bericht über diesen Besuch werden zunächst die Örtlichkeiten genau beschrieben:

„Das Lokal selber ist auf einer Trümmerstätte aufgebaut, respektive Trümmerrest, besteht hauptsächlich aus zwei größeren Räumen im Erdgeschoß und einigen Kellerräumen. Die ganze Aufmachung ist ziemlich billig. Im Tanzraum liegt ein ziemlich welliges Parkett, eine kleine Tanzfläche von etwa 30 qm, an den Wänden Tische und Stühle in unzureichender Zahl, teilweise lehnlose Hocker (Wehrmacht!). Die Wände sind einfach getüncht und auf primitive Art mit Bildern von Jazzmusikern bemalt oder mit Schriftzeichen bedeckt. Keine anstössigen, oder besonders aufreizend. Einfachste Beleuchtung, eben ausreichend"[138].

Über die Gäste im Lokal heißt es sodann: „Einige Herren waren in amerikanischen Gummischnürschuhen, einige Damen in geschnürten Schuhen ohne Absätzen. Einige Damen in langen engen Hosen, kein besonderes make-up ..." Der zweite Bericht gibt das Alter der „am Boogie-Woogie Tanz teilnehmenden jungen Leute ... bei den männlichen Personen zwischen 18 und 23 Jahre und bei den weiblichen Personen zwischen 16 und 21 Jahren" an. Bericht Nummer drei sagt über Lokal und Gäste: „Milieu: Vororttanzlokal mit primitiven Jazz-Musiker-Darstellungen an den Wänden (jedoch keine obszönen Bilder!) und zweckmäßig guter Kapelle. Teilnehmerkreis: Jugendliche und Heranwachsende etwa im Alter von 17–23 Jahren; unter den Jungen viele 'Halbstarke', unter den Mädchen teilweise 'Flittchentyp'." Der vierte Bericht sagt über das Äußere der Gäste: „ ... kaum einer war extravagant angezogen, abgesehen von den Schuhen, die nun mal zur Mode der modernen Tänze gehören ...". Der Verfasser des sechsten Berichts äußert sich deutlich negativer. Seiner Beobachtung nach verbirgt sich „hinter dem wohlklingenden Namen" des Tanzlokals „ein enges, in der äußeren Aufmachung und inneren Einrichtung primitives Lokal ... feinere gesellschaftliche Formen fehlen völlig ... Während die dort vertretenen Jünglinge zu etwa 90% einen wenig ansprechenden und primitiven Eindruck machten, sah man bei den Mädchen doch etwas ansprechende Gesichter ...".

Bei der Schilderung des Tanzgeschehens bemühen sich die Berichte um besondere Anschaulichkeit, auch wenn einige Berichterstatter anscheinend recht fassungslos vor dem Gesehenen standen. So heißt es etwa im ersten Bericht eingangs: „Der Tanz ist kaum zu beschreiben." Allerdings wird sich dann doch um eine Beschreibung bemüht. Das Resultat: „Nach meiner Ansicht war es ein verrücktes Gestampfe und Gehopse, bei welchem die Beine in artistischer Gewandtheit bewegt wurden. Die Partnerin wurde beim Tanz hin- und hergerissen oder durch die Luft geworfen. Sie schien im Ganzen nur Werkzeug zu sein ... Beim wildesten Hot schreit alles unartikuliert mit ... Vor unserem Kommen hatte sich bereits einer die Hand gebrochen." Ähnliches Unverständnis spricht aus dem sechsten Bericht: „So wenig wie der Laie aus den grellen, disharmonischen Tönen der Kapelle eine Melodie herauszuhören vermag, so wenig kann er eine bestimmte Tanzform, einen Tanzschritt oder ähnliches erkennen." Andere Berichterstatter zeigen sich immerhin angetan von den artistischen Leistungen der TänzerInnen und ihrem Verhalten zueinander: „ ... trotz größter Ekstase beim Tanz und zeitweise sogar artistischen Leistungen beim Boogie-Woogie konnte man immer wieder Höflichkeit und starkes Zusammengehörigkeitsgefühl zwischen den Teilnehmern bemerken" (Bericht Nummer zwei).

Ein Berichterstatter nimmt seine Beobachtungen des Tanzverhaltens der Jugendlichen im „Florida" zum Anlaß allgemeiner vergleichender kultursoziologischer Reflexionen: „M. E. ist der Boogie-Woogie ... in seiner Wirkung auf unsere Großstadtjugend eine dem Großstadtmilieu und -Erleben entsprechende Ausdrucksform adäquat z.B. dem bayerischen Schuhplattler und seiner Wirkung auf die ländliche Jugend. Beide

Tänze bringen eine urwüchsige Ausgelassenheit in ihren Ausdrucksformen mit sich ... es mag unbequem sein und vielen anstößig erscheinen, 'Niggertänze' mit Volkstänzen zu vergleichen. Wer beide erlebt hat, dem drängt sich unwillkürlich dieser Vergleich auf, daß beide Ausdruck eines ursprünglichen Lebensgefühls sind."

Sehr unterschiedlicher Auffassung sind die Berichterstatter über die Umgangsformen und insbesondere das Verhältnis von Jungen und Mädchen. Der erste Bericht moniert: „Haltung, Charme und Eleganz sind Fremdwörter"; insbesondere seien die Herren mit den Damen ziemlich rüde umgegangen: „Beim Paarwechsel wurde die Tänzerin einfach stehen gelassen. Verbeugungen und derartiges Verhalten ist außer Kurs gesetzt." Dieselben Beobachtungen bewertet der Verfasser des fünften Berichts völlig anders: „Auffällig war eine gute Disziplin einerseits und eine recht weitgehende Nichtbeachtung hergebrachter Gepflogenheiten im Verkehr zwischen Damen und Herren beim Tanzen andererseits. Die zum Teil bewußt saloppe Aufmachung scheint auch im Verkehr mit den Damen „zünftig". Offenbar herrscht volle Gleichberechtigung. Es konnte beobachtet werden, daß sowohl Damen als auch Herren zum Tanze aufforderten oder während des Tanzens abklatschten. Es ist dann üblich, seine Dame formlos stehen zu lassen und sich auch formlos der neuen Partnerin zuzuwenden."

Positiv vermerkten alle Berichterstatter den geringen Alkoholkonsum der Gäste: „Es fällt auf, daß von den Teilnehmern fast nur Coca-Cola und von wenigen Bier getrunken wird" (Bericht drei).

Im Hinblick auf die „sittliche Gefährdung" der Jugendlichen waren die Berichterstatter nicht allzu beunruhigt. So heißt es im ersten Bericht: „Von irgendwelchen schwülen Eckenknutschereien wurde nichts bemerkt. Ab 11.30 war dann allgemeiner Gesellschaftstanz, der immerhin sehr 'Backe an Backe' ausgeübt wurde ...". Auch der Verfasser des dritten Berichts notierte als „bedenklich: Langsame Tänze bei halbdunkelem Licht". „Bedenklich" war also gerade nicht der Boogie-Woogie, der ja eigentlich Gegenstand der behördlichen Besorgnisse war, hatte doch die Beobachtung des Tanzabends im „Florida" „der Klärung der Frage, ob unsere Jugendlichen und Heranwachsenden in den Boogie-Woogie-Klubs besonders sittlich gefährdet sind" (dritter Bericht) gegolten. Auf diese Frage antwortet der Verfasser des sechsten Berichts: „Es ist nach meiner Auffassung ein recht geistloses Vergnügen, das weder zur Stärkung innerer und materieller Werte beiträgt, aber auch nicht unbedingt Schaden anrichtet." Etwas positiver heißt es im zweiten Bericht, „daß es immer noch besser ist, Jugendliche huldigen dem Boogie-Woogie und toben sich dabei körperlich aus, als stehen abends ziellos an den Straßenecken, um dort nur auf Dummheiten zu kommen. Jede Generation hat ihren Modetanz erlebt und man sollte auch kleinere Auswüchse des Boogie-Woogie Tanzes nicht tragisch nehmen."

Hinter dem Mißtrauen der Erwachsenen gegenüber dem Boogie-Woogie (und später dem Rock 'n' Roll) stand der Argwohn, daß das Aus-der-Reihe-Tanzen beim Tanz Vorzeichen allgemeiner jugendlicher Auflehnung gegen die von den Erwachse-

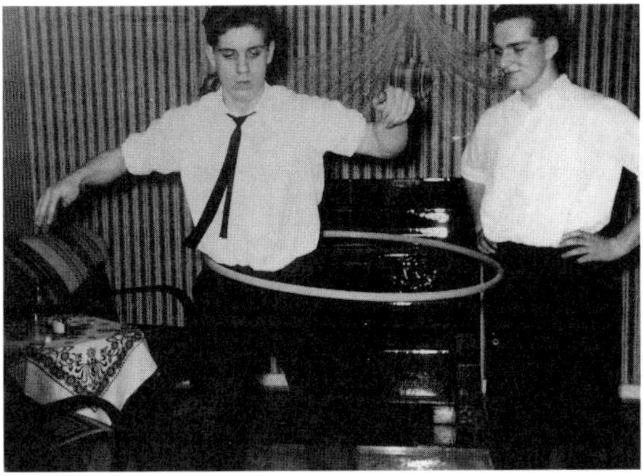

nen gesetzte Ordnung sei, daß sich hier eine Rebellion Ausdruck verschaffe, die die bürgerliche Wohlanständigkeit des 50er-Jahre-Biedermeiers in ihren Grundfesten erschüttern könnte. Daher der moralische Aufschrei der erwachsenen Mehrheit gegen die entfesselte „Negermusik", die alle Regeln des „guten Tons" und der „gepflegten" Gesellschaftlichkeit verletze. Was die erwachsenen Moralhüter bei ihren Alarmrufen nicht beachteten, war, daß das „wilde" Tanzen nur die Sache einer äußerst kleinen Minderheit unter den Jugendlichen war. Das blieb im Prinzip auch so, als seit etwa 1957 das Rock 'n' Roll-Fieber auch relativ viele Hamburger Jugendliche erfaßte. Bei weitem nicht alle der von uns befragten ZeitzeugInnen waren enthusiastische Rock 'n' Roll-TänzerInnen. Überwiegend erwähnen sie, daß sie „auch", „hin und wieder" Rock 'n' Roll getanzt hätten – oder daß sie als Zuschauer dabeigewesen seien. So erzählt Herr S. von den Rock 'n' Roll-Meisterschaften: „Und was dann auch noch war: es gab so Rock 'n' Roll-Meisterschaften, die dann in der Ernst-Merck-Halle waren, wo in der Mitte wie eine Box-Arena aufgebaut war. Und da spielte die Kapelle an den Seiten, und da wurde denn getanzt. Und da wurden die deutschen Meisterschaften im Rock 'n' Roll ausgetragen. Da sind wir denn immer hingegangen als Zuschauer."

Der Rock 'n' Roll stand für die meisten unserer ZeitzeugInnen neben anderen Tänzen; er hatte für sie nicht die überragende Bedeutung, die ihm heutzutage in der Rückschau auf die 50er Jahre oft pauschal zugewiesen wird[139]. Charakteristisch ist die Aussage von Herrn A., der sich erinnert, im Winterhuder Fährhaus „auch" Rock 'n' Roll getanzt zu haben, obgleich – wie er sagt – Rock 'n' Roll „zunächst nicht unsere Sache" als Jazz-Fans gewesen sei, weil Rock 'n' Roll auch „mit einem anderen Lebensstil verbunden" gewesen sei: Die (Modern) Jazz-Fans gaben sich intellektuell und existentialistisch, während der Rock 'n' Roll eher Sache der „Halbstarken", der jungen Arbeiter und der Lehrlinge, gewesen ist. Auch Frau F. relativiert die Bedeutung des Rock 'n' Roll, sagt aber: „Rein vom Tanzen her fand ich das lustig ... Ich kann es nur als Lebensfreude bezeichnen ... Die ganze Atmosphäre war freundlich, ausgelassen."

MODE

„Meine kernige rote Lederjacke"

Wenn die Jugendlichen zum Tanzen oder ins Kino gingen, wollten sie sich selbstverständlich „chic" machen. In den 50er Jahren bildete sich erstmals eine besondere Mode für junge Leute heraus, mit der sie sich bewußt und deutlich von den Erwachsenen absetzen und unterscheiden konnten. Sie konnten ihr Äußeres persönlicher gestalten, indem sie sich „modern" kleideten – was oft auf den Widerstand auf Seiten der Erwachsenen stieß, die sehr starre Auffassungen von „ordentlicher" und „anständiger" Kleidung hatten.

Allerdings kam es zur Herausbildung einer eigenständigen jugendgemäßen Mode erst in der zweiten Hälfte der 50er Jahre – ebenso, wie erst dann sich der Musikgeschmack oder die Tanzvorlieben weiterer Kreise von Jugendlichen von denen der Erwachsenen zu unterscheiden begannen. Der Beginn des Jahrzehnts war noch weitgehend von den Nachwirkungen der Mangelsituation der Nachkriegszeit geprägt; damals kam es noch zuallererst darauf an, daß man überhaupt etwas zum Anziehen hatte, und nicht darauf, daß die Kleidung besonders modisch und jugendgemäß war. Oft mußten die Jugendlichen umgearbeitete Sachen der Erwachsenen oder älterer Geschwister tragen; ihre Kleidung konnte sich daher nicht von der der Erwachsenen unterscheiden. Selbstverständlich bemühten sich Jugendliche auch seinerzeit, eine besondere Note in ihre Kleidung und ihre äußere Erscheinung zu bringen, doch spielte das noch eine sehr nachgeordnete Rolle. Herr W. sagt über die Zeit Anfang der 50er Jahre: Mode „war damals gar nicht wichtig, das war überhaupt kein Thema".

Später setzten die finanziellen Verhältnisse weiterhin den Möglichkeiten, stets „mit der Mode" zu gehen, Grenzen. Herr G. resümiert daher hinsichtlich der Kleidung: „Das war nicht immer der neueste Schrei." Herr C. berichtet, daß er in die Tanzstunde mit einer „olivdunkelgrünen Hose und einem grob karierten Jackett" gegangen sei und erläutert diesen Aufzug: „Na ja, meine Eltern hatten nicht viel Geld, es wurde das gekauft, was gerade günstig war in der Defaka, Deutsches Familien-Kaufhaus am Großen Burstah. Dort konnte man nämlich auch mit langer Abzahlung kaufen."

Die Einschränkungen finanzieller Art galten vor allem für die Schüler, die kaum selbst Geld verdienten und die sich Kleidung von ihren Eltern kaufen lassen mußten, so daß die Eltern stärker darüber bestimmen konnten. Allerdings scheint den Oberschülern modische Kleidung auch nicht besonders wichtig gewesen zu sein. Besser und anders sah es für jene Jugendlichen aus, die bereits selbst Geld verdienten. Sie konnten sich modische Kleidung kaufen, und sie waren auch eher bereit, die jeweils neueste Mode mitzumachen und dafür ihr Geld auszugeben. So sagt Frau Sch.: „Damals, als ich berufstätig war, habe ich mir eigentlich auch jeden Monat 'was Neues gekauft"; sie habe „alle Moden mitgemacht".

Für die Lehrlinge spielten Aussehen und bestimmte Kleidungsstücke eine wichtige Rolle für ihr Selbstbewußtsein. Sehr deutlich wird das an den Erzählungen von Herrn N. über seine rote Lederjacke. „Ich hatte viel Geld verdient ... Und dann gab's meine kernige rote Lederjacke, die war die einzige in Eimsbüttel, die es überhaupt gegeben hat ... Alle hatten sie Lederjacken, nur ich hatte eine rote, mit Tigerfell drinne ... Ich hatte ja von vornherein gesagt, ich möchte eine andere, nicht wie die anderen rumlaufen alle in schwarz, sondern ich möchte eine rote." Und die hat er sich dann auch im Sommer 1955 bei Leder-Teichert in der Osterstraße gekauft, für 125 DM, was damals für einen Jugendlichen eine große Summe war. Forthin waren Herr N. und seine rote Lederjacke unzertrennlich: „Das war im Sommer, und man kann sagen, es war draußen, na, 25 bis 30 Grad. Und ich mußte natürlich in Eimsbüttel, Ecke Armbruststraße, mit solcher Jacke da stehen. Ich habe geschwitzt wie so'n Bulle, das lief mir nur noch alles so runter, aber: Ich hatte 'ne neue Jacke ... Die hatte unheimliche Wirkung." Nach einiger Zeit erwies sich diese Jacke allerdings für Herrn N. gerade wegen ihrer Auffälligkeit als lästig. Denn da er als „Halbstarker" des öfteren Sachen machte, die sich nicht ganz im Rahmen von Recht und Ordnung hielten, wurde die rote Jacke für ihn gefährlich, weil er an ihr zu leicht zu identifizieren war. Er erzählt: „Zu kraß war die nachher ... Es hieß hier nur: Der in der roten Lederjacke! Das war mir so bewußt, ich mußte sie verschwinden lassen, also nur färben lassen."

Die Nachfolge von Herrn N. als Roter-Lederjacken-Träger trat Herr B. an. Er erzählt: „Zu mir hat mal ein Lehrer gesagt, ob ich noch 'ne andere Jacke hätte als nur 'ne Lederjacke. Die hatte mein Vater mir geschenkt, eines Tages brachte er so 'ne rote Lederjacke mit. Von da an habe ich nur noch diese Lederjacke getragen ... Die hat er wohl günstig irgendwo gekriegt ... das hätte ich nie zu hoffen gewagt, daß ich einmal 'ne Lederjacke geschenkt kriege. Sowas war so teuer, das war völlig unerreichbar."

Auch Herrn N.s Kumpel Manfred kleidete sich extravagant: „Gestreifte Anzüge oder karierte in schreienden Farben – grundsätzlich solche Anzüge."

Während Herr N. und sein Freund Manfred mit ihrem Äußeren sicher besonders auffielen, bemühten sich zwar auch andere Eimsbütteler Jugendliche, sich modisch zu kleiden, bewegten sich dabei aber eher im gängigen Trend der damaligen Mode. Zu der gehörten für die Mädchen mal flache, dann auch wieder hochhackige Schuhe, Nylonstrümpfe mit dunkler Mittelnaht sowie weite (Glocken-)Röcke und später insbesondere Petticoats („mit Mehlstärke gebügelt" wie die Schwestern O. erzählen). Die Jungen trugen mit Vorliebe Pullover mit V-Ausschnitt und bunte Hemden. Zu letzteren

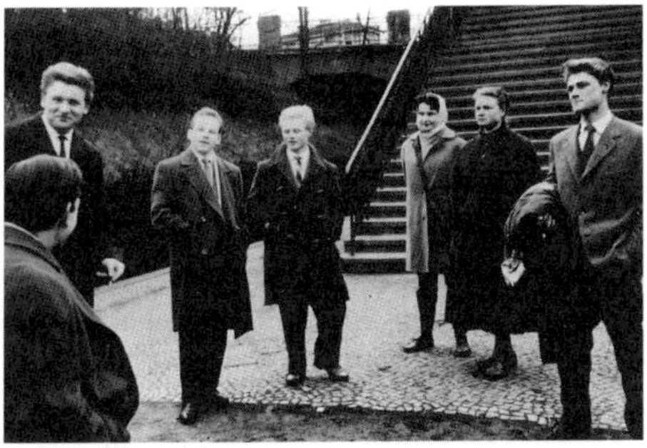

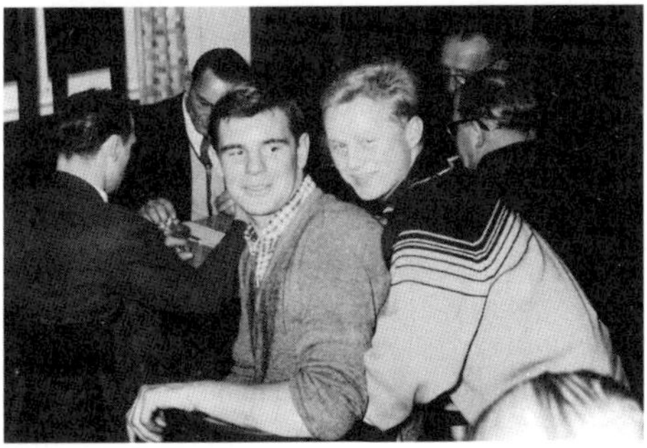

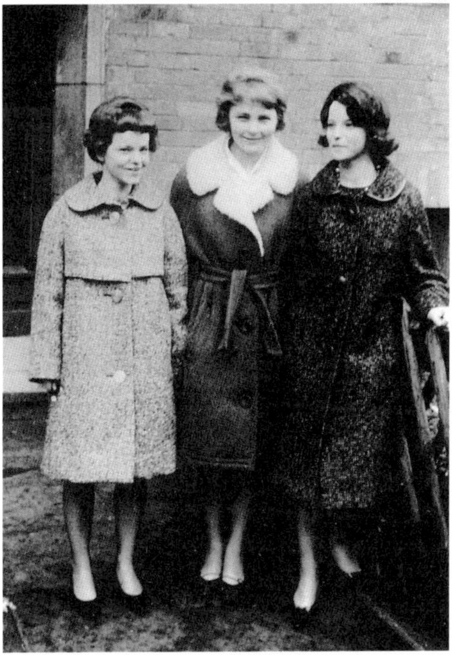

merkt Herr P. an: „Dann kamen diese Hawaii-Hemden, ganz bunt bedruckte Stoffe kamen dann. Und dann war das ganz groß in Mode, daß man das Oberhemd über der Hose mal im Sommer trug. Und da hatte man ganz große Muster drauf."

Bunte, grelle Farben und schrille Kontraste wurden von den Jugendlichen aus der US-Mode übernommen; bei den deutschen Erwachsenen, die traditionell farblich dezente Kleidung trugen, stieß das zunächst auf Unverständnis und Ablehnung. Das gilt auch für die Jeans. Sie trat in der zweiten Hälfte der 50er Jahre, aus den USA kommend und damals in Deutschland noch häufig „Nietenhose" genannt, ihren Siegeszug bei den modebewußten Jugendlichen an. Herr S. dazu: „Und denn fing ja nachher die Zeit der Jeans an, nicht. Aber in den meisten Haushalten haben die Eltern denn gesagt: 'Das ist 'ne Arbeitshose, die kriegt ihr nicht.' Haben wir das heimlich gekauft oder besorgt irgendwoher. Daß wir die denn nachher angezogen haben, wenn wir draußen waren, damit das keiner sah, daß meine Eltern das nicht sahen." Auch Herr G. erzählt vom häuslichen Widerstand gegen die Jeans: „Meine Mutter hat damals immer gewettert, wenn ich 'ne Jeans anhatte. Das war also 'ne Hose, die sie zuerst überhaupt nicht leiden konnte. Aber o.k., irgendwann hat sie sich dann auch dran gewöhnt ... Ich bin ziemlich der letzte gewesen, der sich so eine Hose angeschafft hat, weil meine Mutter die also wirklich zum Teufel nicht ausstehen konnte. Aber letztendlich habe ich dann gesagt: 'Kuck mal, Mutti, alle haben sie, und ich darf nicht!' Und denn – o.k. Dann habe ich's nachher eben auch bekommen. Und dann hat sie auch festgestellt, daß diese Hosen doch ganz praktisch sind. Daß man die dreckig machen kann, und dann schmeißt man sie eben in die Waschmaschine – und die hält."

Die Oberschüler waren in der Frage der Jeans offensichtlich konservativer eingestellt. Herr H. sagt: „In meiner Klasse gab es einen Schüler, der trug Jeans, das fanden wir unerhört." Und auch Herr V. berichtet: „Jeans war in der Schule verpönt ... Ich weiß, ein Klassenkamerad kam in der zwölften oder dreizehnten Klasse mit einer Jeans in die Schule. Wir haben alle gestaunt. Also, ich durfte sowas nie tragen von zu Hause aus, und das ging vielen meiner Mitschüler auch so." Außerdem machten auch die Lehrer Druck, um bei den Schülern „anständige" Kleidung durchzusetzen. Bei den Oberschülern setzte sich die Jeans erst verspätet Ende der 50er Jahre durch. Über diese Zeit sagt Herr C. dann aber auch: „Wir waren alle ganz wild auf Jeans."

Für die modebewußteren Jungen war wichtig, daß die Hosen eng waren. Herr O.: „Und die Hosen, die wurden enggemacht. Weiß nicht, wie ich da damals reingekommen bin ... die waren so eng, enger ging's nicht." Herr Z. sagt über die Hosenmode: „Eine Zeitlang trugen wir die Hosen auch ziemlich kurz ..., damit die Ringelsocken auch zu sehen waren." Herr P. bestätigt, daß die Hosenform – „eng oder bütelig" – „ganz, ganz wichtig" gewesen sei. Auch die Frage: „Hose mit Aufschlag oder ohne Aufschlag" sei ein für die Jungen wesentliches Problem gewesen. Ebenso wurde der „Schlag der Hose" ausgemessen, weil er sich mit der Mode änderte. Und aus der jeweils angesagten Form des Schlips-Knotens wurde ein „Kult gemacht" (Herr P.).

Wichtig für die modische Erscheinung war auch das richtige Schuhwerk. Herr S. erzählt: „Und das allererste, was ich mir von meinem ersten Lohn gekauft habe, waren Schuhe. Und zwar waren das dunkelbraune Wildlederschuhe mit 'ner Specksohle unter. Das war doch damals so 'in'. So Ringelsocken, so ganz enge Hosen, und dann diese 'Elvisschuhe' nannte man die ja. Das habe ich mir zuerst gekauft. Und zwar in der Hartwig-Hesse-Straße war so ein ganz kleiner Schuhladen, Grosse, da habe ich mir die gekauft ... Damit sind wir zum Tanzen gegangen." Sehr beliebt waren Schuhe mit hohen Kreppsohlen. Herr C. hat für die Tanzstunde „Schuhe mit dicken fetten quietschenden Kreppsohlen" bekommen. Und auch Herr J. erinnert sich noch lebhaft an die Kreppsohlen: „Wer neue Schuhe mit Kreppsohlen hatte ... das war ein Abzeichen des Wohlstands." Herr O. berichtet über die spätere Schuhmode in den 50ern: „Wir als Männer hatten immer Schuhe an – da mußte man 'nen Waffenschein für haben für die Schuhe, weil die so spitz waren ... und die Absätze, was damals auch ganz große Mode war, mit Messingeisen unter. Das mußte ordentlich knallen." Herr N. nahm für die „richtigen" Schuhe ziemliche Qualen in Kauf: „Meine Mutter hat von den Engländern abgelegte Schuhe mitgebracht ... Ich fand sie so todschick, weil sie ja zweimal gemustert waren, weiß und braun. Und ich bin dann immer rumgelaufen wie so 'ne Ballerina, also die Fußzehen so eingezogen (weil er Schuhgröße 41/42 hatte, die Schuhe aber nur Größe 39 – der Verf.) ... Aber ich mußte diese Dinger anhaben, und dann ja wie gesagt meine Lederjacke und dann natürlich die schöne kernige Elvis-Locke."

Mit dem Stichwort „Elvis-Locke" sind wir bei einem weiteren modischen Attribut: der Frisur. In Mode waren bei den Jungen seinerzeit entweder sehr kurze Haare, der sog. Mecki-Schnitt, oder in der Tat eine Elvis-Tolle, ein sog. Entenschwanz. Beides waren aus den USA übernommene, bei den deutschen Erwachsenen „verschriene" Haartrachten. Um die Haare bei der Elvis-Tolle in Form zu halten, wurde reichlich Pomade verwendet. Herr N. benutzte regelmäßig „Brisk" zum Haare-Einfetten für seine Elvis-Frisur: „Da war ja richtig 'n Pfund Pomade drin" in den Haaren. Und Herr G.: „Die Frisur war an und für sich: sehr viel Pomade im Haar, und dann wurde hier 'ne Welle reingemacht, die denn hier so hoch war ... Oder eben Stoppelschnitt. Das war so die Mode nachher."

Ein Problem war es für die Jugendlichen, Friseure zu finden, die ihnen diese Frisuren machten. Herr G.: „Es gab ja zu der Zeit noch die alten Friseure, die also wirklich den Kaiser-Wilhelm-Schnitt machten ... Die haben sich allerdings nachher dann angepaßt. Aber so Modefriseure gab's an und für sich zu der Zeit nur einen, Dorf, und der war im Hellkamp, Ecke Stellinger Weg." Oft machten sich die Jungen daher nach Auskunft von Herrn N. ihre Frisuren selber: „Das haben wir alles selbst hingestylt."

Die Erwachsenen lehnten die Elvis-Tolle als „unordentlich" und „unmännlich" ab; in vielen Familien gab es Krach über die Frisur des Sprößlings[140]. Bei den Mädchen waren übrigens Pferdeschwanz und Pony in Mode. Auch das entsprach zwar nicht den Vorstellungen vieler Erwachsener von einer „ordentlichen" Frisur, hat offensichtlich aber nicht zu so erbitterten Auseinandersetzungen geführt wie die Frisuren der Jungen.

Die Jugendlichen konnten sich natürlich bei weitem nicht alles das leisten, was die Textilindustrie als modisch auf den Markt brachte. Die Diskrepanz zwischen dem Alltag und den von der Mode präsentierten Bildern blieb notgedrungen bestehen. Allzuoft konnten die jungen Leute nur von modischer Kleidung träumen. Einen Einblick in solche, von der Werbung und den Vorgaben der Modemacher vorgeprägten Träume bieten die Aufsätze einiger junger Mädchen aus der Schule Telemannstraße aus dem Jahre 1955. Zum Leidwesen der damaligen Lehrer verfehlten die Aufsatzschreiberinnen seinerzeit das Thema „Kleider machen Leute" doch recht weit. Statt sich mit dem Gehalt des Sprichworts bzw. des Keller-Textes auseinanderzusetzen, gaben die Aufsatzschreiberinnen ihre Auffassungen über Kleidung und Mode zum besten. So heißt es etwa in einem Aufsatz: „Im Haushalt soll die Hausfrau ein schlichtes, leicht waschbares Kleid tragen. Es würde lächerlich wirken, wenn sie am Morgen ihre Hausarbeit in großer Toilette verrichtet ... Arbeitet eine Dame in einem Büro oder einem Geschäft, so soll sie sich schlicht und nett kleiden. Die Farben dürfen dann nicht so grell sein und müssen harmonieren ... Kommt Besuch, so kann ruhig ein schlichtes Kleid getragen werden und kein großes Abendkleid. Bei Veranstaltungen ist ein dunkles Kleid meistens richtig. Ziehe ich ein Kleid oder der Herr einen Anzug an, so muß ich auch auf den Ort achten, wo ich mich gerade befinde. An der See würde ich ein Strandkleid, Shorts und sonstige sportliche Kleidung vorziehen ... Ältere Leute sehen netter aus, wenn sie Kleidung mit gedämpften Farben tragen. Junge Leute dagegen sollen farbfreudige Kleidung anziehen"[141]. Ähnlich wie diese Schreiberin sich im Aufsatz einen Kleiderschrank mit zu jeder Gelegenheit passenden todschicken Kleidungsstücken vollschrieb, so schwelgten auch einige andere Mädchen in Kleiderträumen und gaben zusätzlich Tips zur Körperpflege und zum Schminken, zum Beispiel: „Eine Frau sollte sich nie so dick und auffällig schminken, denn erstens schadet es ihrer Haut und zweitens hebt es ihr Aussehen nicht besonders"[142]. Eine letzte Kostprobe aus der Reihe Modetips im Deutschaufsatz: „Immer wieder modern wirkt der Plisseerock, der in hellen Farben besonders nett aussieht ... Ein zartes Parfum ist immer angebracht. Das 'Make up' ist für viele Damen unentbehrlich, doch sollte man nicht zu verschwenderisch damit umgehen. Junge Mädchen sehen ungeschminkt viel netter aus ... Sehr nett finde ich den modischen Dufflecoat und einen kombinierten Anzug. Die Schuhe und die Socken müssen natürlich dazu passen ... Ob eine Rose im Knopfloch oder ein Spazierstock angebracht ist, entscheidet jeder selbst ..."[143].

Selbstverständlich sagen diese Zitate nichts über die Realität der Kleidung von Eimsbütteler Jugendlichen in den 50er Jahren, wohl aber einiges über die Muster und Vorbilder, an denen sich der Geschmack orientierte. Denn entnommen sind die eben zitierten Klischees aus den seinerzeit gängigen (Mode-)Zeitschriften und Benimm-Büchern, die entweder von den Jugendlichen selbst gelesen oder deren Regeln ihnen in der Tanzstunde nahegebracht wurden.

aMERIKANISIERUNG DES LEBENSSTILS?

„Wir tranken Malzbier und Brause statt Coca-Cola"

Ende der 50er wurde es beliebt, Kleidung im „American Stock" zu kaufen. Herr C.: „Im American Stock, da gab es Jacken, die waren so wie diese Holzfäller-Jacken, so mittelblau-schwarz kariert oder schwarz-rot kariert, so gemütliche dicke Jacken."

„American Stock", bunte Hawaii-Hemden, Petticoats, Jeans, Elvis-Tolle, Rock 'n' Roll, Bill Haley und James Dean – lauter Attribute jugendlicher US-amerikanischer Populärkultur, die in den Erzählungen unserer ZeitzeugInnen auftauchen. Bestätigt sich damit die These von der durchgängigen „Amerikanisierung" der deutschen Jugend in den 50er Jahren, die im Rückblick als wesentliches Merkmal des Jahrzehnts hervorgehoben wird und die seinerzeit von vielen Erwachsenen als Gefahr für deutsche Kultur und Sitte gebrandmarkt wurde? Auch hier gilt es wieder zu differenzieren. Unterschieden werden muß zwischen der ersten und der zweiten Hälfte des Jahrzehnts, unterschieden werden muß aber auch zwischen Oberschülern und Lehrlingen, zwischen den Einstellungen von in Jugendverbänden organisierten und nicht-organisierten Jugendlichen sowie schließlich zwischen Jungen und Mädchen.

Man gewinnt dann den Eindruck, daß Oberschüler sehr viel weniger beeindruckt und beeinflußt waren von der US-Populärkultur als Lehrlinge, organisierte Jugendliche weniger als unorganisierte, Mädchen weniger als Jungen, und daß Amerikanisierung eine Erscheinung weit stärker der zweiten als der ersten Hälfte der 50er war. Und man gewinnt den Eindruck, daß sich die „Amerikanisierung" doch in deutlichen Grenzen hielt.

Die Aufnahme der Einflüsse der US-amerikanischen Kultur war bei verschiedenen Gruppen von Jugendlichen unterschiedlich; sie suchten sich selektiv einzelne Elemente heraus. Während Oberschüler wie Herr J. von der modernen amerikanischen Literatur oder dem Modern und Cool Jazz angetan waren, schwärmten Lehrlinge oder junge Arbeiter wie Herr N. vom Rock 'n' Roll und Comic strips. Stärker bildungsbürgerlich orientierte Jugendliche verachteten, wie viele erwachsene Bildungsbürger, die US-Kultur als trivial und oberflächlich. Junge Mädchen kehrten die Übernahme US-amerikanischer Einflüsse nicht nach außen; sie schwärmten für US-amerikanische Filmstars und Musikgrößen und bildeten die Masse der Mitglieder entsprechender Fan-Clubs. Daß von der „Amerikanisierung" am stärksten und frühesten jugendliche Lehrlinge und Arbeiter erfaßt wurden, ist sicher darauf zurückzuführen, daß sie sich die neuen „amerikanischen" Freizeit- und Konsumgüterangebote eher finanziell leisten konnten als beispielsweise die Oberschüler. So wurden die jugendlichen Arbeiter zur „Avantgarde" der Amerikanisierung.

Zu jenen, die den amerikanischen Einfluß entschieden ablehnten, gehörten Herr und Frau Ü., die damals bei den „Guttemplern" sehr aktiv waren. Für sie zählte Coca-Cola z.B. zu den „feindlichen Symbolen". Aus der Rückschau stellt Herr Ü. allerdings selbstkritisch fest: „Man konnte den Einflüssen von außen, insbesondere von den USA, durch einfaches Nein-Sagen nicht begegnen"; diese ablehnende Haltung sei mit ein Grund für den Niedergang der Jugendverbände seit Mitte der 50er Jahre gewesen. In extremer Form findet sich die bei den Jugendverbänden weit verbreitete Ablehnung der US-Populärkultur in der Stellungnahme eines Führers einer bündischen Jugendgruppe, die dieser 1950 nach Auseinandersetzungen zwischen seiner Gruppe und nicht-organisierten Jugendlichen im „Heim der offenen Tür" Bundesstraße verfaßte. In der Stellungnahme heißt es u.a.: „Zu den Faktoren, die in der Veramerikanisierung unseres Landes die größte und erfolgreichste Rolle spielen, gehören Fußball, Kino, Schwoof und Nuditäten ... Fußball, Kino, Schwoof und Nuditäten stellen zur Zeit die größten geistigen und physischen Autoritäten in unserem Land dar." Der Heimleitung wurde der Vorwurf gemacht, daß sie einer solchen „Veramerikanisierung" Vorschub leiste, habe sie doch die Jugendlichen mit Fußball, Tischtennis und Kino angelockt. Die Folge: „So schleichen nun sonderbare Gestalten durch die Räume, lungern in den Gängen umher und kommen am Sonntagabend 'in Schale' zum Tanz, 18jährige Jungen und 16jährige Mädchen, so wie in Cafe Keese, im gleichen Aufputz, der den Versuch verrät, ein wenig Chick (sic!) und billige Eleganz zu zeigen, die Poussage ... in die Säle und Toiletten des Heimes zu verlegen, dabei Geld zu sparen, angemessene Bekanntschaften zu machen, die für den Rest des Abends einiges mehr versprechen." Der Verfasser faßt seine Einschätzung des Heims zusammen in der aus seiner Sicht vernichtenden Kritik: „Alles in allem ein wohlgelungener amerikanischer Jugendclub." Und abschließend droht er, „daß wenn das Heim zum Sammelbecken der verhotteten und amerikanisierten Jugend wird, daß wir (gemeint sind die organisierten Jugendlichen der Jugendverbände – der Verf.) dann nur weichen können ..."[144]. Die Vertreter einer solchen Auffassung waren in den Folgejahren nicht in der Lage, die Jugendlichen an ihre Organisationen zu binden. Denn die „Amerikanisierung" hatte den Jugendlichen mehr Spaß und Unterhaltung zu bieten als die in vieler Hinsicht recht angestaubten Jugendverbände jener Zeit.

Es ist sicher richtig, daß die „Amerikanisierung" nicht derart umfassend und tiefgreifend war wie von den zeitgenössischen Kritikern unterstellt und vielfach in der Rückschau behauptet, sondern daß sie „in Maßen" (Herr W.) stattgefunden hat und daß sie insbesondere von den Jugendlichen „nicht so empfunden" (Herr S.) wurde. Gleichwohl sollte man den mit dem Schlagwort „Amerikanisierung" bedachten Wandel jugendlichen Lebens nicht unterschätzen. Immerhin schwärmten auch viele der von uns befrag-

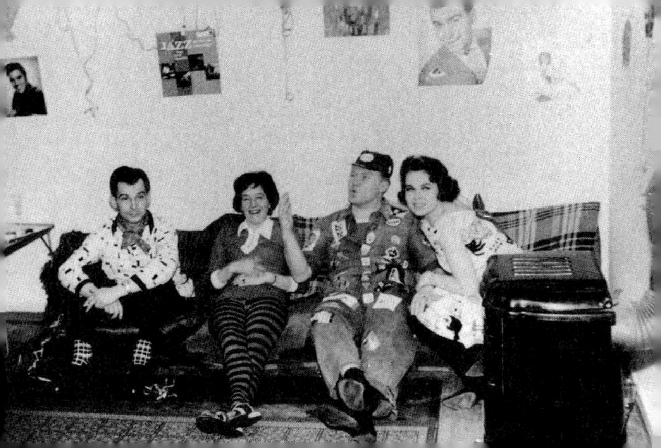
JAZZ

ten ZeitzeugInnen von US-amerikanischen Kinofilmen, US-Musik und Musikstars, trugen aus den USA übernommene Frisuren und Kleidungsstücke, tanzten amerikanische Tänze und lasen aus den USA stammende Comic strips und Bücher. Und sie tranken Coca-Cola und Milchshakes, trafen sich in Milchbars und Kneipen mit Musikboxen – auch das US-Importe. Und selbst wenn sie sagen, daß sie Cola nur „selten" getrunken haben bzw. sogar behaupten: „Wir tranken Malzbier und Brause statt Coca-Cola" (Herr C.), so sind sie sich doch des Neuen und Modernen bewußt, das sich in diesem Getränk äußerte, welches seinerzeit als Sinnbild der „Amerikanisierung" galt[145]. Und schließlich hatte sich Coca-Cola Ende der 50er/Anfang der 60er ja auch als Lieblingsgetränk der Jugendlichen durchgesetzt[146]. Coca-Cola-Trinken wurde nunmehr alltäglich.

Die „Amerikanisierung" mag allmählich gar nicht mehr als eine solche empfunden worden sein, weil sie sich mit der Zeit wie selbstverständlich im Alltag der Jugendlichen vollzog und gewissermaßen in modifizierten, anverwandelten Formen geschah, so daß das spezifisch „Amerikanische" eben gar nicht mehr identifizierbar war. Sobald das „Amerikanische" den „mainstream" der Jugendkultur durchdrungen hatte, wurde es als solches gar nicht mehr wahrgenommen: es war schlichtweg da und es war „die Jugendkultur". Sehr deutlich wird das am Typ des „Teenagers", der Ende der 50er Jahre allgegenwärtiges jugendliches Leitbild wurde[147]. Jugendliche waren seinerzeit „Teenager", und der Teenager war ein US-amerikanisches Konzept, das sich in Musik, Mode, Kleidung, Konsumverhalten, Ausdrucksweise usw. äußerte[148]. Vergleicht man die kleinen Zirkel Boogie-Woogie tanzender und Cola trinkender Jugendlicher vom Anfang der 50er Jahre mit den Jugendlichen vom Ende der 50er Jahre, die sich selbstverständlich als Teenager sahen[149], so wird der umfassende Wandlungsprozeß, der sich in der jugendlichen Freizeitkultur der 50er Jahre vollzogen hat, sehr deutlich. Zu Beginn des Jahrzehnts war der Ausgang der Auseinandersetzung zwischen Jugendverbandsfunktionären, die gegen „verhottete und amerikanisierte" Jugendliche wetterten und deutschen Volkstanz, zünftige Fahrten und Sonnenwendfeiern als angemessene Freizeitgestaltung der Jugendlichen vertraten, auf der einen Seite und den modernen „amerikanischen" Strömungen in der jugendlichen Freizeitkultur auf der anderen Seite noch offen. Ende der 50er Jahre waren Vertreter einer Position, wie sie in der oben zitierten Stellungnahme des Jugendführers von 1950 zum Ausdruck kam, nur noch lächerliche Randfiguren im jugendkulturellen Leben. Die „verhotteten, amerikanisierten Jugendlichen" hatten sich durchgesetzt – allerdings mit Hilfe einer Jugendkulturindustrie, für die die Jugendlichen in erster Linie zahlungskräftige Konsumenten waren[150].

DAS „HEIM DER OFFENEN TÜR"

„Der unorganisierten Jugend wollen wir den Treffpunkt geben"

Eine für viele Eimsbütteler Jugendliche in den 50er Jahren sehr wichtige Freizeiteinrichtung war das „Heim der offenen Tür" in der Bundesstraße. Es war das erste einer ganzen Reihe solcher Heime in Hamburg[151]. Sein ursprünglicher Hauptzweck, der ihm von der Jugendbehörde als seinem Träger zugewiesen wurde, war, die „unorganisierten", also nicht in Jugendverbänden eingebundenen, Jugendlichen „von der Straße" zu holen. Sie sollten betreute – und beaufsichtigte – Möglichkeiten der Freizeitgestaltung bekommen und allmählich an eine Mitgliedschaft in den Jugendorganisationen herangeführt werden. In der Behörde sah man die Notwendigkeit einer solchen Einrichtung zunächst vor allem darin begründet, daß aufgrund der sozialen Notlagen der Nachkriegszeit eine „bindungslose Jugend"[152] heranwuchs, die ganz besonders „sittlichen Gefährdungen" ausgesetzt sei. Insbesondere die beengten Wohnverhältnisse, die Jugendarbeitslosigkeit, die unzureichenden Einkommen und der Zerfall vieler Familien[153] machten staatlicherseits die Betreuung dieser Jugendlichen nötig.

In einem Memorandum des Hamburger Amtes für Jugendförderung vom 1. Juni 1949 zur Erläuterung der Idee des „Heimes der offenen Tür" wird dieser Begründungszusammenhang benannt: „Es zeigt sich, daß in einem weit größeren Ausmaße als je zuvor, Kinder und Jugendliche durch Verwahrlosung gefährdet sind, da sie ihre Freizeit in falsch verstandener Weise verbringen. Die Wohnungsnot und aber vor allen Dingen auch die durch den Krieg und die Nachkriegszeit eingerissene seelische und geistige Unausgeglichenheit und Ziellosigkeit der Jugend, treibt Jungen und Mädchen auf die Straße. Sie wissen dort vielfach nichts mit sich und ihresgleichen anzufangen ... Hier will das 'Heim der offenen Tür' helfend zur Verfügung stehen"[154].

Das „Heim der offenen Tür" war also zunächst vor allem konzipiert als Mittel des Jugendschutzes in Zeiten der „Jugendnot", um die Jugendlichen vom „Herumtreiben" auf der Straße abzubringen. Im Laufe des Jahrzehnts wurde diese Zielsetzung im wesentlichen beibehalten, auch wenn sich die zugrundeliegenden Motive wandelten. Hatte man zu Beginn des Jahrzehnts die materielle Not und „Bindungslosigkeit" der Jugend als Ursache für die Gefahr der „Jugendverwahrlosung" identifiziert, so sprach man seit dem „Wirtschaftswunder" der zweiten Hälfte der 50er von drohender „Wohlstands- bzw. Luxusverwahrlosung" der Jugendlichen und prangerte vor allem die Verlockungen der Konsum- und Unterhaltungsindustrie an[155]. Auch hiergegen sollten jetzt

Das „Heim der offenen Tür"

die Heime der offenen Tür ein Gegenmittel sein[156]. Insbesondere sah man im letzten Drittel der 50er Jahre die Heime der offenen Tür auch „als geeignetes Mittel an (...), die 'Halbstarken' zu integrieren"[157].

Das Wesen der Heime der offenen Tür wurde wie folgt definiert: „Das Heim der offenen Tür ist eine Freizeit- und Begegnungsstätte im freien Erziehungsraum und ergänzt die Erziehung in Elternhaus, Schule und Beruf. Es dient der gesamten Jugend und muß allen offenstehen. Im Heim der offenen Tür soll der junge Mensch der sozialen Gesamtheit begegnen; deshalb muß das Heim der offenen Tür die soziale Struktur der Gemeinde oder Nachbarschaft widerspiegeln"[158].

Diesem Konzept und dieser Zielsetzung der Träger der Heime der offenen Tür stand bei den Jugendlichen primär das Bedürfnis nach Geselligkeit, Unterhaltung und Entspannung gegenüber. „Was die Jugend wünscht, ist, zusammen zu sein mit einer Gruppe von etwa Gleichaltrigen, die sich aus der Nachbarschaft des Wohnens oder vom Treffen auf der Straße kennen, um mit ihnen über ihre Lage zu reden, über Erlebtes zu spotten und zu lachen. In solchen Kreisen wollen sie ausruhen von ihrer Berufstätigkeit, von anstrengender körperlicher Arbeit, von ungewohnter geistiger Anspannung. Doch Ruhe und Besinnung ist es nicht in erster Linie, was sie benötigen; vielmehr fühlen sie sich voller Kraftüberschuß und sehnen sich gegenüber der Eintönigkeit des Berufs nach Abwechslung und Erlebnis"[159]. Diesen elementaren Bedürfnissen paßten sich die Heime weitgehend an, was letztlich ihren (begrenzten) Erfolg bewirkte, ihnen aber auch – insbesondere von den Jugendverbänden – heftige Kritik eintrug.

Das „Heim der offenen Tür" in der Bundesstraße nahm am 1.9.1948 im Gebäude des ehemaligen HJ-Heimes Bundesstraße 101 seinen Betrieb provisorisch und in eingeschränktem Umfange auf. Zunächst stand es nur für Kinder zwischen sechs und vierzehn Jahren offen; zudem wurden einzelnen Jugendorganisationen Räume für ihre Gruppenabende zur Verfügung gestellt[160]. Dem Heim wurde eine Doppelfunktion zugewiesen, wie aus einem Vermerk des Amtes für Jugendförderung vom 3.2.1949 hervorgeht: „Einmal Räume für die Jugendgruppen bereitzustellen, zum anderen eine Stätte für die unorganisierte Jugend zu schaffen"[161]; um das zweite Ziel zu erreichen, müsse der Betrieb ausgeweitet werden, da bisher nur Schulkinder erfaßt würden. Einer solchen Ausweitung standen zunächst allerdings große Probleme bei der Einrichtung und Ausstattung des Heimes und der Anwerbung von qualifiziertem Personal entgegen. Gleichwohl wurde das Heim am 3. März 1949 offiziell mit einer Feierstunde eingeweiht. Die Festansprache hielt Frau Senator Karpinski[162]. In ihrer Rede sprach sie die Zielsetzung des Heimes und die Probleme bei seiner Einrichtung an. Sie sagte, „daß die inzwischen in den Wohnbezirken um die Bundesstraße stark angewachsenen Jugendorganisationen ein erstes Anrecht auf dieses Heim hätten, und daß die Jugend, die heute in unwürdigen Wohnverhältnissen mit zahlreichen Familienmitgliedern in einem Zimmer hausen muß, auch das Anrecht hat, sich in ihrer Freizeit in würdigen Räumen zu treffen." Weiter führte sie aus: „Diesem Stadtteil ist jetzt das erste gut eingerichtete Jugendheim mit der Wirkungsmöglichkeit eines Heimes, das für alle seine Tür offen hält, gegeben ... Der unorganisierten Jugend wollen wir den Treffpunkt geben, wo man spielen, tanzen, sich unterhalten kann ... Brettspiele, Kulturfilmvorführungen, Dichterlesungen, Tischtenniswettkämpfe, Basteln und Werken, Aussprachen und Diskussionen ... sollen den Abend füllen"[163]. Auf Bitten der im Heim untergebrachten Jugendorganisationen erhielt das Heim den Namen „Max-Zelck-Heim"[164].

Die von Frau Senator Karpinski in ihrer Rede gestellte Frage, ob die Jugend das Angebot des Heimes annehmen werde, erfuhr schon in den nächsten Wochen eine positive Antwort. Bereits im März ist von täglich rund 150 Kindern und 50 Jugendlichen die Rede, die nachmittags bzw. abends das Heim besuchen, im Mai von durchschnittlich 75 jugendlichen Besuchern[165]. Die zunächst nur vorhandenen sechs Räume (von denen vier an den Abenden auch noch durch Jugendgruppen besetzt waren) reichten bei weitem nicht aus. Auch spätere Erweiterungsmaßnahmen (Ausbau des Dachbodens) konnten das Problem nicht grundsätzlich lösen, das Heim blieb im Verhältnis zur großen Nachfrage zu klein. Und so konnte es immer nur eine relativ kleine Minderheit der Eimsbütteler Jugendlichen versorgen; in den folgenden Jahren hatte es durchschnittlich gut 100 bis 150 tägliche Besucher, die als „Stammgäste" bezeichnet wurden[166]. Zu besonderen Ereignissen wie Festen oder Filmveranstaltungen waren es noch sehr viel mehr.

Trotz Mangels an Räumen, Personal und Material gelang es den MitarbeiterInnen des Heimes offensichtlich, ein für die Jugendlichen attraktives Programm auf die Beine zu stellen, so daß sich bei den „Stammgästen" eine enge emotionale Bindung zum Heim entwickelte. Diese „Stammgäste" waren – so erinnert sich Frau M., die zu Anfang der 50er Jahre als Betreuerin im Heim beruflich tätig war – zum ganz überwiegenden Teil Lehrlinge aus Eimsbüttel und dem Schanzenviertel; Schüler oder Jugendliche aus anderen Stadtteilen waren kaum vertreten. Großenteils waren es Jugendliche aus Kleinbürger- oder Arbeiterfamilien. Mädchen waren eindeutig in der Minderheit.

Frau M. sagt zum Thema Mädchen im Heim: „Und die Mädchen konnten auch ganz ungefährdet – von den Eltern her gesehen – dieses Haus besuchen. Und die waren da in der Minderheit. Das brachte auch so ganz interessante Momente für die Mädchen. Die waren da eigentlich ganz gut angesehen. Die Jungen bemühten sich um sie."

Die Attraktivität des Heimes für die Jugendlichen bestand offensichtlich darin, daß man zum einen zwar die Möglichkeit hatte, sich je nach Laune unterschiedlichen Neigungsgruppen – sei es Tischtennis, Tanz oder Diskussionsrunden usw. – anzuschließen, daß zum anderen dazu aber keine Verpflichtung bestand, daß man also auch „nur so" ins Heim kommen konnte, um zu klönen, „rumzuhängen", sich mit Freunden und Freundinnen zu treffen. Diese Mischung aus Angeboten und Unverbindlichkeit kam den Jugendlichen sehr entgegen[167]. Und ein weiterer nicht zu unterschätzender Gesichtspunkt für die Anziehungskraft des Heimes war: es kostete nichts bzw. nur sehr wenig. (Zeitweise wurde im Heim ein „Mitgliedsbeitrag" erhoben, dessen Höhe die Jugendlichen selbst festlegten und der recht niedrig war: 50 Pfennige im Monat)[168].

Die lockere Atmosphäre, die im Heim herrschte, war den Behördenvertretern anfangs ziemlich suspekt, wie ein Bericht über einen gewöhnlichen Abend im Heim aus dem Juli 1949 zeigt. Dort heißt es über das Bild, das sich dem Betrachter bei Betreten der Räume bot: „Der größte Teil der Jungen saß in einer Ecke und beschäftigte sich damit, einen Schlager nach dem anderen in der bekannten Art zu singen. Auch einige Mädel hatten sich zu diesem Kreis gesellt und hatten offenbar das größte Vergnügen an diesem Treiben. Schlagwörter wie „Jazz" und „Jive" waren die häufigsten Vokabeln. – Viele andere Mädel und Jungen traf ich in den Gängen und im Hof des Heimes herumstehend, ohne daß sie dran dachten, sich irgendwie positiv zu beschäftigen"[169]. Doch gewöhnten sich die Behördenvertreter offensichtlich im Laufe der Zeit an die lockere Atmosphäre, da sie mitbekamen, daß das Heim tatsächlich Jugendliche „von der Straße" holte und daß trotz (oder vielleicht gerade: wegen) aller Unverbindlichkeit im Heim doch sehr viel an Aktivitäten lief. So konnte ein Behördenvertreter am 21. März 1950 bei einem Besuch im Heim feststellen: „Im ganzen Haus herrschte ein reges Leben"; die ca. 100 anwesenden Jugendlichen verteilten sich auf die Interessengruppen Boxen, Tischtennis, Gesellschaftsspiele und einen „politischen Gesprächskreis"[170]. Bei weiteren Besuchen im März 1950 wurden jeweils knapp 100 Jugendliche angetroffen, die sich bei Tischtennis, Gesellschaftsspielen und Tanzen vergnügten[171]. Die Behördenvertreter gewannen den Eindruck, „daß die Jungen und Mädel, welche das Heim der offenen Tür mehr oder minder regelmäßig besuchen, letzteres wirklich als ein Stück Zuhause annehmen und sich dort offensichtlich sehr wohl fühlen"[172].

Zu Anfang der 50er Jahre gab es im Heim folgende Interessengruppen: Singen, Musik, Werkarbeit, Boxen, Diskussion, Tischtennis, Tanzkursus und Fechten[173]. Außerdem war ein Leseraum vorhanden, in dem „gute" Jugendbücher auslagen – allerdings lasen die Jugendlichen oft nicht die Heimbücher, sondern mitgebrachte Illustrierte „wie Kristall, Stern und Constanze"[174]. Im Frühjahr 1954 wurden im Heim angeboten: Tanzgruppen Gesellschaftstanz, Tanzkreis Gemeinschaftstanz, Volkstanz, Mädchenkreis, Tischtennis, Boxen, Diskussion, Schach, Tierfreunde, „Hummel-Hummel" (Arbeitskreis mit wechselnden Inhalten), Jazz, Akkordeon, Instrumentalgruppe, Klassische Musik[175].

Über den „Mädchenkreis" war in einer zeitgenössischen Studie zu lesen: „Wie vielfach im Leben ist es die Frau, die den Ton angibt. Darum ist es wichtig, die Mädchen zu einer Gruppe zusammenzuschließen, zumal sie selbst das Bedürfnis haben, gelegentlich unter sich zu sein. Gegenstände ihres besonderen Interesses finden sich leicht: Kleidung, Moden, Zuschneiden und Nähen, Bastel- und Handarbeiten vor Weihnachten oder zum Fasching; weiterhin Sonderfragen des Mädchenlebens: Gesundheit, Körperpflege, Gymnastik, Anmut der Haltung und Bewegungen, Benehmen in der Geselligkeit"[176]. Und in einem Bericht der Zeitung „Die Welt" vom 11.4.1953 über das Heim in der Bundesstraße hieß es zum Mädchenkreis: „Es gibt auch einen Mädelkreis, wo beim wöchentlichen Tee spezifische 'Frauenfragen' besprochen werden: Ob man ein Make up für richtig hält, wie es mit dem Flirt bestellt ist, oder wie man Kleiderprobleme am besten löst."

Seit Januar 1955 leitete Arie Goral, der bekannte Hamburger jüdische Künstler, im „Heim der offenen Tür" Bundesstraße eine Interessengruppe (bzw. ein „Studio") „Malen, zeichnen, formen"[177]. Am Ende des Jahrzehnts – im November 1960 – gab es im Heim 17 Interessengruppen mit rund 230 TeilnehmerInnen[178].

Im Diskussionskreis wurden zu Beginn der 50er Jahre Themen behandelt wie: „Ist ein Mädel, das allein zum Tanzen geht, schlecht?", „Kriegsdienstverweigerung", „Ist moderne Kunst überhaupt Kunst?"[179]. Allerdings gehörte der Diskussionskreis zu den Interessengruppen mit nur relativ geringer TeilnehmerInnenzahl; sehr viel beliebter waren die Sport-Gruppen, insbesondere Tischtennis, und an der Spitze der Beliebtheitsskala stand mit weitem Abstand der Tanzkursus. Herr G., der seit seinem 14. Lebensjahr zu den regelmäßigen Besuchern des Heims gehörte, erzählt, daß er mit 16, 17 Jahren sechs Tage in der Woche abends zum Tanzen ins „Heim der offenen Tür" in der Bundesstraße gegangen sei – gemeinsam mit den Freunden aus seiner Straße. Höhepunkt der Woche war dabei der samstägliche „gemeinsame Tanzabend mit 100 bis 125 Teilnehmern"[180].

Tanzkurse und Abtanzbälle waren gute Gelegenheiten, Kontakte zum „anderen Geschlecht" zu knüpfen. Die Leitung des Heimes Bundesstraße klagte 1952: „Erschwerend für die Arbeit in den Interessengruppen ist ... die Tatsache, daß das elementare Bestreben der Älteren, mit dem anderen Geschlecht in Verbindung zu kommen, alle anderen Wünsche überschattet" und daher das Tanzen absoluten Vorrang bei den HeimbesucherInnen habe[181].

Wegen der Möglichkeit zum Tanzen waren auch die Feste im Heim sehr beliebt. Regelmäßig wurden von den Jugendlichen Kostümfeste, Sommerfeste, Herbstbälle, Weihnachtsfeiern organisiert. Bei den Vorbereitungen waren die Jugendlichen stets mit Feuer und Flamme dabei, und die Feste waren immer sehr gut besucht. Ein Behördenvertreter berichtete von einem Kostümfest am 5. März 1950: „Alle Räume waren festlich geschmückt, man sah, daß man darauf viel Mühe verwandt hatte ... Die Jungen und Mädel hatten sich zum Teil sehr nett und originell angezogen ... Der Tanz, der vielleicht nicht immer unserem Geschmack entsprach (Es lag z.T. an den vorhandenen Schallplatten) war absolut Ausdruck der Freude nach dem Motto 'je wilder desto besser' ... die Atmosphäre (war) eine saubere und eindeutige"[182]. Selbst die Weihnachtsfeiern wurden offensichtlich zu Tanzvergnügen „umfunktioniert". So heißt es jedenfalls über die Weihnachtsfeier am 20.12.1952: „Außer in der ersten Stunde hatte der Abend keinen stark weihnachtlichen Charakter" – dann wurde nämlich wild getanzt[183].

Neben den Festen und Tanzveranstaltungen waren Filmvorführungen und die Aufführungen der Laienspielgruppe herausragende Ereignisse im Heim, die stets sehr

Vor und im „Heim der offenen Tür"

viele ZuschauerInnen anzogen. Am 24.November 1951 kam erstmals ein Stück der Laienspielgruppe zur Aufführung: „12 Jugendliche hatten unter eigener Regie ein Wild-West-Stück eingeübt 'Wo der Colt regiert'. Mit viel Mühe und Hingabe war alles vorbereitet und ausgeführt. Als Ausgleich für die Geistlosigkeit des Stückes entstanden prächtige Kulissen und Requisiten. Das nächste Stück soll mehr 'Geist und Inhalt' haben, wie die Jugendlichen sich selbst ausdrückten. 90 Teilnehmer"[184].

Die „Stammgäste" identifizierten sich stark mit dem Heim und wurden zumindest ansatzweise mitbestimmend in die Heimverwaltung einbezogen. So gab es regelmäßig eine Vollversammlung, in der über gemeinsame Vorhaben und auftretende Probleme diskutiert wurde, und einen „Heimausschuß", der als Selbstverwaltungsorgan „einzelne Gebiete innerhalb des Heimes völlig selbständig (übernahm), bei anderen Gebieten, wie Programmplanung, Fahrten usw. (war er) Helfer und Berater der Heimleitung"[185]. Frau M. sagt über die damalige Praxis allerdings, daß Mitbestimmung „keine besondere Rolle gespielt" habe. Jedoch hätten sich „ein paar Jugendliche für die Belange des Hauses sehr interessiert, die haben geholfen, mal gemeckert, haben auch mitgesprochen."

Frau M. wertet das Heim als „für viele Jugendliche sehr wichtig". Allerdings räumt sie auch ein, daß das Ziel, „die" Jugendlichen von der Straße zu holen, nur in sehr eingeschränktem Maße erreicht werden konnte; dafür waren die Aufnahmekapazitäten des Heims schlicht viel zu gering; sie spricht in diesem Zusammenhang auch von einer „Alibi-Funktion" des Heimes. Aber immerhin wurde das „Heim der offenen Tür" in der Bundesstraße von seiten der Jugendbehörde als so erfolgreich eingeschätzt, daß in Hamburg bald weitere solcher Heime eingerichtet wurden, zunächst auf der Veddel und in Wilhelmsburg. 1953 dann gab es in Hamburg bereits acht Heime der offenen Tür[186]. Bei dieser Zahl stagnierte das Angebot während der 50er Jahre, und erst seit Ende der 50er wurde es erweitert[187]. Diese wenigen Heime konnten selbstverständlich „nur einen Bruchteil der Jugendlichen erreichen – wohl nicht viel mehr als jeden hundertsten – obwohl der Bedarf augenscheinlich größer war"[188]. Daran zeigt sich, daß „Jugendpflege" in der praktischen Politik der 50er Jahre – trotz anderslautender verbaler Beteuerungen – wahrlich keine Priorität hatte. Und so haben sicher auch die Defizite staatlicher Jugendpolitik ihren Anteil daran gehabt, daß sich seit Mitte der 50er Jahre zusehends eine Jugendkulturindustrie durchsetzen konnte, daß „die Jugend" mithin schließlich doch dem „Sog der Vergnügungsindustrie" erlag. Leidtragende dieser Entwicklung waren vor allem die Jugendverbände.

DIE JUGENDVERBÄNDE

"Wir hingen noch der Romantik der Wandervogelbewegung an"

Das Heim in der Bundesstraße 101 bot unorganisierten wie organisierten Jugendlichen gleichermaßen Raum, um erstere über Aktivitäten im Heim an eine Mitgliedschaft in einem Jugendverband heranzuführen. Das Heim sollte gewissermaßen lediglich als „Durchlaufstation" dienen. Doch in der Praxis erwies sich diese Konzeption als nicht tragfähig. Die meisten unorganisierten Jugendlichen dachten gar nicht daran, sich einem Verband anzuschließen. Das Verhältnis zwischen Jugendorganisationen und „Unorganisierten" im „Heim der offenen Tür" war weitgehend von wechselseitigem Mißtrauen, Desinteresse, wenn nicht gar Abneigung geprägt.

Jugendverbände und „Heim der offenen Tür"

Von vornherein standen die Jugendverbände der Idee der Heime der offenen Tür skeptisch bis ablehnend gegenüber, nicht zuletzt, weil sie in den Heimen eine Konkurrenz witterten. Sie warfen der Jugendbehörde vor, sich staatlicherseits auf einem Gebiet einzumischen, das den freien Verbänden vorbehalten sein sollte[189]. Die Behörde argumentierte demgegenüber defensiv: Man erkenne das Vorrecht der Jugendverbände an, wolle die Heime der offenen Tür nur als Durchgangsstation zu den Verbänden verstanden wissen und diesen keinesfalls Konkurrenz machen. Gleichzeitig konnte man behördlicherseits aber auch darauf verweisen, daß die Verbände eben nicht in der Lage waren, alle Jugendlichen zu erfassen und daß daher objektiv eine Nachfrage nach staatlicher Jugendarbeit in Gestalt der Heime der offenen Tür vorhanden war[190]. Schließlich kam es zu einer Art „friedlicher Koexistenz", die zwar offiziell schöngeredet wurde – so war von „gutem Einvernehmen" die Rede[191] –, die in der alltäglichen Praxis jedoch weiterhin eher unersprießlich war.

Die Jugendorganisationen versuchten anfangs, dem Heim das Leben schwer zu machen. So stellte die Jugendbehörde im Februar 1950 fest, „daß einzelne Jugendorganisationen – bestimmt aber die Falken – in dem Heim der offenen Tür ständig Beobachter haben, die lediglich Tag für Tag kommen, um alle ihnen vorkommenden Auffälligkeiten zu notieren. Sie machen kein Hehl daraus, daß sie beauftragt sind, alles aufzuschreiben und der Falkenleitung zu melden. Es besteht also eine Art Überwachungsdienst"[192]. Kolportiert wurde unter anderem, daß das Rauchen und „Saufereien" im

Heim an der Tagesordnung seien, daß es „mehr ein Treffpunkt für Banden und Liebespaare als ein Jugendheim zu sein" scheine[193]. Diese Vorwürfe vergifteten das Klima und sorgten dafür, daß das Heim in der Öffentlichkeit und bei den Eltern der Jugendlichen zeitweise in einen schlechten Ruf geriet. So mußte die Heimleitung z.B. im Frühjahr 1952 konstatieren: „Einige Eltern haben starke Bedenken, ihre Kinder zu uns zu schicken. Der Ruf des Heimes ist schlechter als von uns erwartet"[194]. Doch gelang es den MitarbeiterInnen des Heimes offensichtlich immer wieder, den „Ruf" wiederherzustellen, so daß es im allgemeinen als „ordentlich" (Frau M.) galt und es „keine Beschwerden von Nachbarn" gab.

Nicht zu leugnen ist sicherlich, daß es im Heim Probleme mit den Angehörigen von „halbstarken" Jugendbanden gab, doch war das nicht der alleinige Grund für die Ablehnung des Heims durch die Verbände: Ihnen paßte vielmehr die ganze Richtung nicht.

Daß die Jugendverbände dem Konzept der Heime der offenen Tür ablehnend gegenüberstanden, war dem Stil der Jugendarbeit geschuldet, der dort praktiziert wurde. Ihnen ging es in den Heimen ganz allgemein viel zu locker zu, sie befürchteten, daß bei den Jugendlichen eine passive Konsumenten-Haltung und eine generelle Verlotterung Einzug halten würde. Sie beschwerten sich immer wieder über das „undisziplinierte Verhalten" der HeimbesucherInnen[195], durch welches sie sich „abgestoßen" fühlten[196]. Ihre Kritik an der „wilden" Tanzerei im Heim, am Rauchen, an der Kleidung und Haltung der jugendlichen Heimbesucher macht deutlich, daß hier zwei sehr unterschiedliche Welten aufeinandertrafen. Deswegen war das Verhältnis zwischen Jugendverbänden und BesucherInnen des „Heims der offenen Tür" in der Bundesstraße auch nicht spannungsfrei; anfangs kam es sogar zu tätlichen Auseinandersetzungen, später bedachte man sich des öfteren wechselseitig mit Häme und Spott, und schließlich ging man sich weitgehend aus dem Weg. Es entwickelte sich mit der Zeit eine mehr oder minder „wohlwollende Duldung"[197]; Versuche, gemeinsam etwas zu unternehmen, blieben die Ausnahme. Im späteren Verlauf des Jahrzehnts lebte man weitgehend nebeneinander her, die erhoffte Wechselwirkung zwischen Besuchern des „Heims der offenen Tür" und Mitgliedern von Jugendgruppen blieb aus. ZeitzeugInnen, die bei den „Falken" oder anderen Verbänden aktiv waren, berichten zwar darüber, daß sie Gruppenabende im Heim in der Bundesstraße gehabt hätten, daß sie aber mit den übrigen Jugendlichen im „Heim der offenen Tür" nicht in Berührung gekommen seien. Das blieb bis zum Ende des Jahrzehnts so, so daß in einem Bericht vom März 1959 zu lesen ist, daß es in der Bundesstraße 101 eine strikte Trennung zwischen „Heim der offenen Tür" und „Jugendheim" (= von den Verbänden genutzte Räume) gebe, wobei das Jugendheim „voll ausgelastet (ist) durch Jugendgruppen der Falken, des Bundes deutscher Pfadfinder, Jungenschaft Nord, Mädchenpfadfinderbund und neuerdings der Hamburger Schülerzeitung ... ein echtes Zusammenleben besteht auch in diesem Heim nicht"[198].

Unter dem gemeinsamen Dach tobten sich einerseits die unorganisierten Jugendlichen beim Tischtennis und bei modernen Tänzen aus, während andererseits die Mädel des Wandervogels „fleissig beim Volkstanz" übten und eine Gruppe des Jungenbundes „ausgehend von einer Tiergeschichte Hermann Löns, sich mit dem biologischen Leben unseres Rehwildes beschäftigte"[199].

Die Haltungen von nichtorganisierten Jugendlichen zu den Verbänden beleuchtet die Wiedergabe eines Gesprächs, das ein Behördenvertreter mit Jungen im Heim im März 1950 führte. Er berichtet, die Jungen hätten ihm erzählt, daß sie das Kostümfest des „Heims der offenen Tür" sehr viel besser als jenes der „Falken" gefunden hätten (weil sehr viel lockerer); ein Junge, der beim „Falken"-Fest war, sei dort gleich „gefragt worden, ob er nicht den Falken beitreten wolle. Dabei war ihm sofort die Höhe des Mitgliedsbeitrages genannt worden"; er meinte, „daß lediglich 'Fanatiker, die die ungebundene Art des Heimes der offenen Tür beneiden, wenn nicht sogar hassen, sich in der Zwangsjacke einer Organisation wohlfühlen'. Etwas bitter klangen die Worte eines anderen Jugendlichen, der meinte, 'die wollen uns ja auch garnicht; wir sehen nicht ein, ihnen hinterherzulaufen'"[200].

Auch Frau M. berichtet aufgrund ihrer Beobachtungen als Mitarbeiterin im Heim von einer großen Distanz zwischen den unorganisierten Jugendlichen und den Jugendverbänden. Sie führt das darauf zurück, daß die Jugendverbände eine „alte Form der Jugendarbeit" boten. Das lag ihrer Meinung nach nicht zuletzt daran, daß die Leiter der Verbände selbst schon recht alt waren, oft noch aus der Jugendbewegung der Weimarer Republik kamen. Diese alten Jugendleiter wurden – wie Frau M. erzählt – von den Jugendlichen im Heim „Turnschuh-Heinis" genannt: „Also der eine Falken-Führer zum Beispiel kam immer in Turnschuhen. Heute ist das ja 'in'. Aber damals war das also ziemlich merkwürdig ... Dann sagten die (Jugendlichen – d. Verf.): Hören Sie mal, dieser Referent, der kommt da mit Turnschuhen an, was ist das denn für ein Heini? ... Na ja, und dann hat er auch genau das gesagt, wie sie es erwartet haben, na ja, da war das denn ja aus. Da hieß es dann: Höhö, da kommt schon wieder einer mit Turnschuhen!". Die „Turnschuh-Heinis" fielen insbesondere deswegen auf, weil sich die jugendlichen HeimbesucherInnen für das Heim extra nach der Arbeit umzogen, sich für den Heimbesuch „chic" machten. Frau M. sagt auch: „Manchmal amüsierten sich unsere Jugendlichen über die Heimabende" der Verbände im Heim. Bisweilen seien die Verbände zu den Diskussionsabenden im Heim eingeladen worden. Von einem solchen Abend erzählt Frau M.: Einmal „hatten wir einen Abend angesetzt mit einem Vertreter einer Jugendorganisation. Das sollte so eine politische Diskussion werden ... Und da hat er (=ein besonders angesehener, „charmanter" Heimbesucher – d. Verf.) ... alle Jugendlichen beschwatzt, mit ihm zum Kaifu zu gehen. Es war Winter, und da war Eis und sie wollten denn also lieber Schlittschuh laufen ... Als der Vortragende kam, waren sie alle weg ... Jedenfalls kamen sie nachher alle hohnlachend wieder an, aber da war ja nun mein Vortragsredner längst entschwunden, übrigens ziemlich böse."

Jugendverbände **129**

Die „Falken"

Neben den jugendlichen BesucherInnen des „Heimes der offenen Tür" in der Bundesstraße, die sich nicht für die Jugendverbände interessierten oder sich über deren Arbeit lustigmachten, gab es in Eimsbüttel aber auch eine ganze Reihe von Jugendlichen, die in eben diese Verbände hineingingen und dort sehr viel Spaß und Freude hatten. Insbesondere in der Nachkriegszeit und zu Beginn der 50er Jahre hatten die Jugendorganisationen einen starken Zulauf zu verzeichnen. Das lag sicher zum einen daran, daß hier nach dem Zwangsdienst in der Hitlerjugend eine neue freiwillige Organisationsform angeboten wurde, in der die alten Ideale der Jugendbewegung der Vor-Nazi-Zeit wieder auflebten und eine an den Grundwerten von Freiheit, Demokratie und Solidarität orientierte Jugendarbeit praktiziert wurde. Und das lag sicher auch daran, daß in Zeiten materieller Not die Jugendverbände handfeste Angebote machen konnten, die Jugendliche sonst nirgends fanden.

Besonders stark waren seinerzeit in Eimsbüttel die „Falken", die der SPD nahestehende sozialistische Jugendorganisation[201], in der sich vor allem Arbeiterjugendliche aus sozialdemokratischen Elternhäusern zusammenfanden. Herr Ä., der schon in der Weimarer Republik in der sozialistischen Jugendbewegung aktiv gewesen war, gehörte zu den Älteren, die die „Falken" nach dem Krieg mit aufbauten; er war in den 50ern in leitender Position bei den „Falken" in Eimsbüttel dabei. Frau Ö. aus der Matthesonstraße und Herr D. aus der Lutterothstraße waren beide als Jugendliche schon bald nach der Gründung zu den „Falken" gestoßen und blieben bis Mitte der 50er Jahre dabei. Sie haben die Entwicklung der „Falken" in Eimsbüttel in dieser Zeit hautnah miterlebt. „Wir haben uns als politische Jugendorganisation verstanden" – so Herr D. über die „Falken". Und Herr Ä. sagt, Absicht sei es gewesen, „im Sinne der alten Arbeiterjugend tätig sein" zu wollen – mit „demokratisch-sozialistischer Tendenz". Zielgruppe waren – so Herr Ä. – „aufgeschlossene junge Menschen ab vierzehn, da war der normale Schulschluß. Mit vierzehn konnten sie politische Themen verkraften".

Frau Ö., Herr D. und Herr Ä. erzählen von dem alltäglichen Verbandsleben, politischen Aktionen, Festen und Fahrten, Erfolgen und Schwierigkeiten. Rückgrat der Arbeit waren die wöchentlichen Heimabende der jeweiligen, im Schnitt etwa 20 Mitglieder umfassenden „Falken"-Gruppen, in den Räumen des Heimes in der Bundesstraße oder in Eimsbütteler Schulen (Telemannstraße, Schwenckestraße). Auf ihnen wurden politische und historische Themen besprochen, gemeinsame Unternehmungen und Fahrten geplant und die organisatorischen Notwendigkeiten des Vereinslebens geklärt. Es wurde auch vorgelesen und gesungen. Herr D. erinnert sich, daß sie auf den Heimabenden seiner Gruppe, der „Wandergesellen", über „Literatur, Erdkunde, Geschichte des Sozialismus und der sozialen Kämpfe" gesprochen haben. Herr Ä. hat es sich mit seiner Gruppe immer „gemütlich gemacht": Tische und Stühle wurden im Kreis aufgestellt, „um die Gemeinsamkeit zu betonen". Und dann wurden politische Themen diskutiert, oder es wurde vorgelesen (etwa Romane von Upton Sinclair oder „Pelle, der

Eimsbütteler „Falken" bei einem internationalen Jugendtreffen

Eroberer" von Martin Andersen Nexö). Frau Ö. bedauert, daß auf den Abenden ihrer Gruppe (zunächst: „Zugvögel", dann „Weltenbummler") oft „viel Organisatorisches" besprochen werden mußte. Auf den Heimabenden wurden aber auch gemeinsame Unternehmungen geplant. So ging man oft zusammen ins Theater. Herr D.: „Es war ein großes kulturelles Angebot da", vermittelt über den Kulturring der Jugend. Auch ins Kino ging man mit der Gruppe: sonntags vormittags zu Fuß ins „Urania" in der Fehlandstraße. Für Interessierte gab es zusätzlich zum Heimabend noch einmal in der Woche abends Volkstanz.

Politisch aktiv wurden die Gruppen vor allem in Wahlkampfzeiten. Dann wurde für die SPD Wahlkampfhilfe geleistet: Es wurden Plakate geklebt und in Eimsbüttel in den Mietshäusern treppauf, treppab Flugblätter verteilt. Herr Ä.: „Wir waren ja die sogenannten Treppenterrier, das heißt, wir waren die Läufer und Verteiler in erster Linie."

Höhepunkte des Jahres waren die Teilnahme an den 1.Mai-Demonstrationen und die großen Feiern, seien es die Maskeraden im Frühjahr oder die Sonnenwendfeiern. Bei den 1. Mai- und anderen Demonstrationen sind die „Falken" als geschlossene Gruppe in eigener „Kluft" aufgetreten. Herr Ä.:"Wir haben auch unsere eigenen herrlichen Jugenddemonstrationen gemacht ... Mit blauen Hemden, roten Schlipsen, mit kurzen Hosen, roten Fahnen, roten Wimpeln undsoweiter ... Eine kurze Manchesterhose, blaues Hemd, rote Schlipse – gut kombinierte sichtbare Kluft." Über die Sonnenwendfeiern erzählt Herr Ä.: „Es wurde ein Holzstoß aufgeschichtet, drumherum saßen wir dann. Dann wurden auch Tänze so um den Stoß herum gemacht, bis er dann zuletzt so weit runtergebrannt war, daß wir rüberspringen konnten."

Am wichtigsten im Verbandsleben aber waren die Tagestouren und Wochenendfahrten in die nähere Umgebung Hamburgs und insbesondere natürlich die Ferienfahrten und die Fahrten ins Ausland zu den internationalen Jugendtreffen.

Frau Ö., Herr D.und Herr Ä. berichten einhellig, daß es mit der „Falken"-Arbeit im besonderen und den Jugendverbänden allgemein seit Mitte der 50er Jahre deutlich bergab ging. In Frau Ö.s Gruppe blieb der „harte Kern" zwischen 1947 und 1956 immer derselbe, es kamen keine neuen Leute dazu, und schließlich ging die Gruppe mit den ersten Liebschaften und Heiraten langsam auseinander. Und Herr D., der 1956 aus beruflichen Gründen (er fing an, zur See zu fahren) aus der „Falken"-Arbeit ausschied, stellt fest: „Was wir nicht in ausreichendem Maße geschafft haben, war, Kindergruppen neu zu gründen, Nachwuchs heranzuziehen." Er erklärt das folgendermaßen: „Nun ist die Zeit ja auch anders geworden damals ... Die Kinder hatten kein Stehvermögen, die hatten andere Interessen. Die Eltern wurden mobiler, und damit fiel das gemeinsame Erlebnis der Fahrten dann auch weg ... Es war nicht mehr der Zusammenhalt so da ... Es fing dann allmählich an mit Camping." In dieselbe Richtung geht auch Herrn Ä.s Erklärung für den Niedergang der Jugendverbandsarbeit seit Mitte der 50er: „So nach und nach wuchs mehr eine Wohlstandsjugend heran ... Wir als Arbeiterkinder haben die Not kennengelernt, haben gedarbt", nun aber konnten die Eltern ihren Kindern alles ermöglichen – wegen des „Wirtschaftswunders"; das sei der Grund gewesen, warum „alles mehr oder weniger abgeflacht" sei und die Jugendverbände schließlich „im eigenen Saft schmort" hätten.

In der Tat haben die Verbände bei einer neuen Generation von Jugendlichen, die im relativen materiellen Wohlstand der zweiten Hälfte der 50er Jahre heranwuchs, an Attraktivität verloren. Zum einen konnten sie mit neuen Angeboten und Möglichkeiten nicht mithalten (Camping statt Fahrten!). Zum zweiten löste sich das besondere sozialdemokratische Milieu, in dem auch die organisierte Arbeiterjugendbewegung heimisch gewesen war, in den 50ern nahezu vollends auf. Und drittens wollten die Verbände offensichtlich trotzdem von den „alten Formen der Jugendarbeit" nicht lassen, was sie in den Augen vieler Jugendlicher „altmodisch" erscheinen ließ. Das lag sicher nicht zuletzt an jenen – mittlerweile ja schon recht alten – Funktionären aus den Zeiten der Jugendbewegung der Weimarer Republik, die die freien Jugendverbände nach dem Krieg in maßgeblichen Positionen wieder aufgebaut hatten. Für die einen waren sie zwar „immer Autoritäten" (Herr D.), deren Rat und Unterstützung geschätzt wurde, für die anderen aber waren sie – „Turnschuh-Heinis". Wenn Herr Ä. sagt: „Ich selber war für klassische Musik ... Volkslieder, Volkstänze ... alles das war nachher nicht mehr so gefragt. Da verflachte manches" so wird daran der Graben, der zwischen älteren Jugendverbandsfunktionären und jugendlichen BesucherInnen des „Heims der offenen Tür" bestand, deutlich. Und wenn Herr D. erzählt: „Wir hatten bei uns ein striktes Rauchverbot", kann man sich ebenfalls vorstellen, daß viele Jugendliche von solcher Striktheit eher abgestoßen wurden, zumal seitdem ihnen mit der staatlichen Jugendpflege – etwa in Gestalt der Heime der offenen Tür – und der sich entwicklenden Freizeit- und Vergnügungsindustrie Alternativen geboten wurden[202].

Kleinere Verbände

Auf das Problem der „alten Formen der Jugendarbeit" in den Verbänden machen auch Herr und Frau Ü. aufmerksam. Sie waren Mitglied der Guttempler-Jugend[203]. Sie erzählen noch heute begeistert vom Gruppenleben: von den Heimabenden, den Kostümfesten, den Sonnenwendfeiern in den Holmer Sandbergen oder am Falkensteiner Ufer, den Fahrten, den politischen Versammlungen und Aktionen sowie allgemein vom Zusammenhalt und dem Gemeinschaftserlebnis in der Jugendgruppe. Doch auch sie merken an, daß seit Mitte der 50er Jahre ein deutlicher Niedergang der Verbandsarbeit zu verzeichnen war. Dafür führen sie zum einen ähnliche Gründe an wie die „Falken" Herr D. oder Herr Ä.: „Vielleicht hat es auch daran gelegen: Wir kamen ja aus der Nazi-Zeit und hatten dieses Bedürfnis nach Freiheit und nach einem anderen Gruppenleben. Aber die, die danach kamen, die zehn Jahre jünger waren, die hatten dieses Gefühl ja nicht mehr. Da war schon dieser Aufbau und dieses Streben nach allem möglichen Konsum dabei. Die sind anders aufgewachsen." Zum anderen schlagen sie aber auch durchaus selbstkritische Töne an: „Wir hingen noch 'n bißchen sehr der Romantik der Wandervogelbewegung an ... Da waren wir schon etwas eng, was also Rauchen und Trinken und so auch den Gesellschaftstanz anging, da waren wir auch ziemlich, bißchen verbohrt waren wir schon" (Frau Ü.). Die Folge: „Es kam nur ganz wenig nach" (Herr Ü.). Ihre Guttempler-Jugendgruppe löste sich 1954 praktisch auf, weil „wir untereinander geheiratet hatten" (Herr Ü.) und nun „andere Interessen" bestanden. Allerdings haben die Ü.s noch heute Kontakt zu Mitgliedern ihrer ehemaligen Gruppe. „Wenn man denn heute zusammenkommt: eine Vertrautheit ist da ... Man hat sich noch was zu sagen ... Diese Art von Gemeinschaft hat die jungen Leute für ihr ganzes Leben geprägt" (Herr Ü.).

Über Herrn Ü., der Redakteur bei der kommunistischen Hamburger Volkszeitung war, bestanden auch Kontakte der Guttempler-Jugend zum Jugendverband der KPD, der Freien Deutschen Jugend (FDJ)[204]. So kamen manchmal Referenten der FDJ zu Vorträgen und Diskussionen in die Guttempler-Gruppe. Die FDJ war in Eimsbüttel in der Nachkriegszeit und zu Beginn der 50er Jahre relativ stark, war Eimsbüttel doch ein Arbeiterviertel, in dem der Einfluß der KPD zu Zeiten der Weimarer Republik recht groß gewesen war. In Eimsbüttel bildete sich bereits 1946 eine FDJ-Gruppe, die „Sturmvögel"[205].

Das Verbandsleben in der FDJ unterschied sich nicht sehr von dem in anderen Jugendverbänden. Trotz des „revolutionären" und „fortschrittlichen" Anspruchs der Organisation herrschten auch hier weitgehend „alte Formen der Jugendarbeit" aus Weimarer Zeiten vor (Heimabende, Versammlungen, Sonnenwendfeiern, ...). Insgesamt war man politisch sicher „aktivistischer" als die politische Konkurrenz, klebte noch eifriger Plakate, malte noch mehr Parolen[206], nahm noch häufiger an Demonstrationen teil und unterstützte die eigene Partei, die KPD, noch selbstloser (und unkritischer). Doch von der Struktur her sah die Arbeit in der FDJ nicht anders aus als bei den anderen Jugendverbänden[207]. Das änderte sich notgedrungen erst mit dem Verbot der FDJ am 26.6.1951; von nun an mußte sie illegal arbeiten. Schon vorher, nämlich im März 1950, war die Hamburger FDJ auf Antrag der Gewerkschaftsjugend aus dem Hamburger Jugendring[208] ausgeschlossen worden[209]. Im September 1950 hatte die Jugendbehörde daraufhin der FDJ die Förderungswürdigkeit aberkannt und ihr die Nutzung staatlicher Einrichtungen untersagt[210].

Trotz großer Anstrengungen waren der FDJ nach der Illegalisierung Erfolge nicht mehr beschieden, sie geriet in den Sog des allgemeinen Einflußverlustes ihrer Mutterpartei in der Bundesrepublik der 50er Jahre, der neben der staatlichen Verfolgung der Kommunisten (Höhepunkt: das KPD-Verbot vom 17.8.1956) und dem antikommunistischen Klima der Zeit sicher auch eigenen politischen Fehlern geschuldet war.

Am anderen Pol des politischen Spektrums fanden sich Organisationen aus dem Kontext der sog. bündischen Jugend, die gewiß in ihrer Gesamtheit keineswegs als politisch rechtsstehend betrachtet werden kann (zur Zeit des Nationalsozialismus hatten zahlreiche „bündische" Jugendliche zum Widerstand gehört), in deren Reihen sich aber durchaus einige „Bünde" fanden, in denen eine nationalistische und reaktionäre Ideologie vorherrschte. So heißt es etwa in der „Bundesordnung" der Deutschen Jungschar „DJ 53": „Ziel und Zweck der 'DJ 53' ist die Förderung des Nationalbewußtseins, der Vaterlandsliebe und Heimattreue sowie die Förderung einer internationalen Jugendfreundschaft zur Verwirklichung einer Europa-Union. Die Jugendlichen sollen zu einer deutschen Lebensform und Moral, zu einer deutschen Volks- und Schicksalsgemeinschaft und zur sozialen Gerechtigkeit, Selbstbewußtsein und Verantwortung gegenüber dem Staate erzogen werden ... Es wird nicht gewünscht, daß die Mädel lange Hosen tragen, weder im Sommer noch Winter. Auch nicht im Lager"[211].

Auch wenn die „Bünde" im allgemeinen zahlenmäßig klein waren und in Eimsbüttel keine große Rolle spielten, so waren sie doch im Stadtteil präsent. Der Stamm „Wikinger" der „DJ 53" etwa traf sich Mitte der 50er Jahre zu seinen Heimabenden im „Heim der offenen Tür" in der Bundesstraße[212]. Er wurde von einem Lehrer der Schule Hohe Weide 16 geleitet, seine Mitglieder waren vor allem SchülerInnen dieser Schule. Über den Stamm „Wikinger" und seine Heimabende berichteten Beobachter der Jugendbehörde: Im Stamm seien jeweils 15 Jungen und Mädchen ab dreizehn Jahren, die Jungen- und die Mädelgruppe hätten einmal wöchentlich getrennt Heimabend in der Bundesstraße, ein- oder zweimal im Monat gebe es einen gemeinsamen Stammabend, jeden Dienstag gehe man gemeinsam zum Schwimmen, einmal im Monat werde eine Wochenendfahrt unternommen. „Der Stammabend begann mit einem flotten Wanderlied, daß Herr K. mit der Klampfe begleitete ... Es herrschte ein guter Ton und eine frische Atmosphäre in dieser unbeschwerten Gemeinschaft", es wurden zwei Kapitel aus „Tom Sawyer" vorgelesen und das Lied „Flandrischer Totentanz" gesungen, Gesellschafts-, Geschicklichkeits- und Schreibspiele gespielt[213]. Von einem anderen Gruppenabend in der Bundesstraße heißt es: „Der Heimabend verlief in der für diese Organisation üblichen Form mit Singen, Spielen und Vorlesen ... Wenn auch zwar recht laut und wenig schön gesungen wird, geht doch eine frische Atmosphäre von dieser Gemeinschaft aus. Der Stamm hat in den Sommerferien bei Großenbrode ein eigenes Zeltlager durchgeführt, an dem sich 35 Mitglieder beteiligt haben. Die Jungen und Mädel waren begeistert von diesem Lager und die vielen Fotos zeigten nette Schnappschüsse aus dem Lagerleben ..."[214]. Die Fahrten waren auch für diese Organisation zentraler Bestandteil des Vereinslebens: „Das Fahrtleben der DJ 53 ist ganz besonders rege. Die Rudel sind an jedem Wochenende unterwegs, und über Pfingsten wurde eine mehrtägige Fahrt der gesamten DJ 53 mit über 40 Teilnehmern veranstaltet ..."[215]. 1955 richteten sich die „DJ 53" im Keller Grindelallee 134 ein „kleines nettes Heim ein"[216]. Ende der 50er Jahre soll es in Eimsbüttel fünf Gruppen der „DJ 53" gegeben haben, die sich im Stadtheim der Organisation in der Schäferstraße 9b, Keller links, trafen[217].

Die verschiedenen Jugendorganisationen waren keineswegs alle freundschaftlich verbunden. Zuweilen wurden Animositäten durchaus handgreiflich ausgetragen. So kam es am 27. September 1953 zu einer Massenschlägerei zwischen dem Eimsbütteler Stamm der Pfadfinder des Bundes Deutscher Pfadfinder[218] (Stamm „Wikinger", unterstützt vom Stamm „Junge Kameradschaft", Bergedorf) einerseits und Angehörigen der „autonomen Jungenschaft" sowie der Gruppe „Zugvögel" andererseits. Ort des Geschehens war das Gelände des Katholischen Heims Sottorf im Bezirk Harburg. Dort waren die Pfadfinder auf einer Wochenendfahrt einquartiert, die anderen Gruppen wollten auf dem Heim-Gelände zelten, was ihnen nicht erlaubt wurde. Daraufhin kam es zu wechselseitigen Provokationen, aus denen sich die Massenschlägerei entwickelte. Bemerkenswert bei diesem Ereignis ist besonders, daß es sich bei der Gruppe „Zugvögel", die ca. 40 bis 50 Mitglieder hatte, ausschließlich um Söhne ehemaliger SS-Angehöriger handelte[219]. Die „autonome Jungenschaft", die zeitweise auch in Eimsbüttel bzw. dem Schanzenviertel aktiv gewesen sein soll, wurde ebenfalls rechtsextremistischer Tendenzen verdächtigt[220].

Gewerkschafts- und kirchliche Jugend

Nicht nur politische Jugendverbände wie die „Falken" oder kleine Jugendorganisationen wie die Guttempler waren vom Niedergang der Verbandsarbeit betroffen, sondern auch die kirchliche Jugend und die Gewerkschaftsjugend.

Die Jugendarbeit der Kirchen geriet in den 50er Jahren in eine Krise. 1954 wurde in der Zeitschrift der Evangelischen Jugend über die Jugendlichen geklagt: „Sie lassen sich nicht organisieren"[221]. Das lag sicher nicht zuletzt an Form und Inhalt der Jugendgruppenarbeit jener Zeit. Der Jungmännerbund der Apostelkirche in Eimsbüttel, der sich jeden Freitagabend traf, hatte sich z.B. „im November 1951 folgendes Programm vorgenommen: 2.11.: Leseabend aus einem Buch von Ina Seidel; 9.11.: Bibelabend – Die Reisen des Apostel Paulus; 16.11.: Frageabend – Angriffe auf meinen Glauben; 23.11.: Gemeinschaftsabend – Stadtgeländespiel; 30.11.: Diskussionsabend – Wir diskutieren mit Katholiken. Zusätzliche Tischtennis-Termine gab es an anderen Wochentagen und auch ein Treffen mit den 'Jungmädchen', die ihr eigenes Gruppenleben entfalteten"[222]. Erst Ende des Jahrzehnts stellte sich die evangelische Jugend allmählich auf die neuen Bedürfnisse der Jugendlichen ein, nunmehr wurde „auch von der Evangelischen Jugend öfter zum 'Beisammensein in Form eines Coca-Cola-Balles' eingeladen oder zu einem 'Jazz-Konzert mit den Jailhouse-Jazzmen' gerufen"[223].

Herr V. und Herr P., die in kirchlichen Jugendgruppen waren, erlebten diese Zeit schon nicht mehr als Jugendliche. Herr P. war zu Beginn der 50er in der Jungschar der Paulus-Gemeinde in Altona. Dort spielte er „so ein-, zweimal die Woche" Tischtennis – „sonst gab es ja nichts". Er erinnert sich gern an die Fahrradausflüge und Zeltlager, die sie – „Jungens aus dem Stadtteil" – mit der Jungschar unternommen haben. Allerdings gefielen ihm bestimmte Aspekte des Lagerlebens nicht. Daß sie abends bei „Gesängen mit der Klampfe" um ein Lagerfeuer saßen, fand er nett, daß sie aber ums Lagerfeuer strammstehen mußten, gefiel ihm gar nicht: „Da haben wir das erste Mal protestiert. Da brach für die Betreuer 'ne Welt zusammen. Die fanden das selbstverständlich, daß wir da so stehen müssen." Später hat Herr P. sich von der Kirche gelöst. Er ist 1957 aus der Kirche ausgetreten. Herr V. war bei der Jugend der Stephanus-Gemeinde aktiv. Er erinnert sich, wie sie sich dort einen Gruppenraum für ihre Jugendabende selbst hergerichtet haben: „Wir haben einige Wochen damit zugebracht, zusammen mit den Eltern die Räume im Souterrain Stephanuskirche für Treffen herzurichten."

Die Gewerkschaftsjugend hatte zu Beginn des Jahrzehnts zunächst einen starken Mitgliederzustrom zu verzeichnen, denn: „In den Jahren der 'Jugendnot' stieg nicht nur die Bereitschaft zum Gewerkschaftseintritt, sondern auch das Interesse an den Jugendgruppen, die mit attraktiven Freizeitangeboten und zusätzlichen beruflichen Ausbildungsmöglichkeiten warben"[224]. 1952 gab es bei den Hamburger DGB-Gewerkschaften mehr als 80 Jugendgruppen, deren Mitgliederbasis vor allem „männliche Lehrlinge im Alter zwischen 14 und 18 Jahren"[225] bildeten. Mitte der 50er Jahre war die Zahl der Jugendgruppen auf rund die Hälfte zurückgegangen. Die Gruppenabende waren sowohl gewerkschaftlichen Fragen und gewerkschaftlicher Schulung als auch allgemeinbildenden und berufsbildenden Themen sowie der erholsamen Freizeitgestaltung gewidmet. Dabei waren Literatur- und Liederabende sowie sog. „Bunte Abende" weitaus beliebter als gewerkschaftliche oder gar allgemein politische Themen, die „kaum das Interesse der Gruppenmitglieder fanden"[226]. Besonders beliebt waren auch bei der Gewerkschaftsjugend Feiern und Feste, z.B. 1. Mai-Feiern oder (bis Mitte der 50er) Sonnenwendfeiern, sowie insbesondere die Wochenendfahrten, Zeltlager und Urlaubsreisen. Da auch in der gewerkschaftlichen Jugendarbeit die „alten Formen" weitgehend beibehalten wurden und man eine Annäherung an die moderne jugendliche Freizeitkultur nur zaghaft und zögerlich vollzog, mußten auch die Gewerkschaften Ende der fünfziger Jahre „ein deutlich nachlassendes Interesse an den Jugendgruppen"[227] hinnehmen.

Frau K. war Mitglied in der DAG-Jugend[228]. Sie trat dort mit Beginn ihrer Lehre 1952 ein. Über ihr Motiv, sich dieser Organisation anzuschließen, sagt sie: „Wir lungerten auf der Straße rum, hatten nichts vor, wußten nichts mit uns anzufangen – und bei der Gewerkschaftsjugend, da passierte was, die machten was. Deswegen ging man da hin." Sie war dann mehrere Jahre sehr aktiv, zeitweise auch als Gruppenleiterin. Sie war in der Gruppe „Wilde Gesellen" (andere Gruppen hatten Namen wie „Blinkfüer", „Waterkant", „Fleetenkieker"). Sie erzählt: „Wir waren mit den Wilden Gesellen vier oder fünf Jahre zusammen", sie seien zehn Leute gewesen, Jungen und Mädchen, „alles gemischt". Herausragende Ereignisse des Gruppenlebens waren die Teilnahme an den 1.Mai-Demonstrationen und anderen politischen Demonstrationen.

Frau K.: „Zum ersten Mai da sind wir schon marschiert. Eine zeitlang sind wir immer nach Planten un Blomen gegangen, dann wurde da auf der Festwiese gesprochen. Dann sind wir 'ne Zeit zum Gewerkschaftshaus gegangen ... Die größte Forderung war ja wohl damals: Sonnabends gehört Vati uns. Kürzere Arbeitszeit, mehr Geld." Am wichtigsten waren für die Jugendlichen aber auch bei der DAG-Jugend ebenso wie bei den anderen Jugendverbänden die gemeinsamen Fahrten und Reisen. Frau K. war in der Gewerkschaftsjugend aktiv, bis ihr erstes Kind kam, „dann haben wir aufgehört" (ihr Mann war auch in der DAG-Jugend gewesen).

Frau K. gehörte mit ihrem aktiven Engagement in einer Organisation zu einer Minderheit der Jugendlichen in den 50er Jahren, ebenso wie Herr D., Frau Ö. oder Herr und Frau Ü.. Doch während es sich in der ersten Hälfte der 50er Jahre bei diesen „Organisierten" noch um eine recht starke und einflußreiche Minderheit handelte, verlor sie in der zweiten Hälfte deutlich an prägender Kraft. Die „Unorganisierten" bestimmten das Bild der Jugend nunmehr weit stärker als die „Organisierten". Auch wenn die Mitgliederzahlen von Jugendverbänden in Hamburg 1960 nominell höher waren als zu Anfang der 50er[229], so hatten die Verbände doch beständig an Ausstrahlungskraft und realem Einfluß in den jugendlichen Lebenswelten verloren.

HALBSTARKE

„... sich selbst beweisen, was für ein unheimlicher Typ man ist"

In den Jahren 1956 bis 1958 wurde die Öffentlichkeit in der ganzen Bundesrepublik aufgeschreckt durch ein Phänomen, das erhebliche Unruhe in die Behaglichkeit und Arbeitsamkeit des „motorisierten Biedermeier" der Wirtschaftswunderzeit brachte: Die Halbstarken bzw. die sog. Halbstarken-Krawalle. Jugendliche rotteten sich zusammen, randalierten und lieferten sich Auseinandersetzungen mit der Polizei. Im Zeitraum 1956-1958 wurden in der Bundesrepublik und Berlin ca. 100 „Großkrawalle" (mindestens 50 Teilnehmer) in 25 Städten gezählt[230]. Die (Boulevard-)Presse bauschte diese Ereignisse mächtig auf, so daß das „Halbstarken-Problem" bald in aller Munde war. Politiker, Pädagogen, Journalisten, Sozialarbeiter, Jugendverbandsvertreter – alle sorgten sich plötzlich um die „außer Rand und Band"[231] geratene Jugend. Dabei war das „Phänomen" keineswegs neu; Halbstarke hatte es auch schon vorher in den 50er Jahren gegeben. Mehr noch: Der Begriff war schon um die Jahrhundertwende gängig – und zwar in Hamburg.

Halbstarke anno 1912

Die erste Abhandlung über die Halbstarken wurde 1912 von Clemens Schultz, seinerzeit Pfarrer in St. Pauli, veröffentlicht[232]. Schultz beschreibt darin einen bestimmten Typ männlicher Arbeiterjugendlicher, mit dem er in seiner alltäglichen Jugendarbeit auf St. Pauli zu tun hatte. Er schreibt: „Der 'Halbstarke' soll der junge Mann im Alter von 15-22 Jahren sein, der zur verkommenen Großstadtjugend gehört ... Er steht am liebsten müßig am Markte, und ... er ist der geschworene Feind der Ordnung, er hat eine leidenschaftliche Abneigung gegen die Ordnung; darum haßt er die Regelmäßigkeit, ebenso alles Schöne und ganz besonders die Arbeit, zumal die geordnete, regelmäßige Pflichterfüllung ... Der großstädtische Junge ist mit 17 Jahren männlich und völlig körperlich reif geworden. Der Erziehung des Elternhauses ist er auch in geordneten Verhältnissen entwachsen; er ist frei und kann sich leicht jeder Kontrolle ... entziehen. Meistens verdient er, zumal wenn er intelligent ist, ziemlich viel Geld, verhältnismäßig mehr, als nach zehn Jahren, wenn er eine Familie zu versorgen hat"[233].

Der Halbstarke verdient sich – so Schultz – sein Geld als ungelernter und unsteter Arbeiter und zeichnet sich durch Ruhelosigkeit, Bummelei und ungehöriges Verhalten aus: „Da steht er an der Straßenecke, auf dem Kopf möglichst keck und frech eine verbogene Mütze, manchmal darunter hervorlugend eine widerlich kokette Haarlocke, um den Hals ein schlechtes Tuch gebunden ... im Munde die unvermeidliche kurze Pfeife, in unserer Gegend 'Brösel' genannt. Er ist selten allein und hat meistens von seinesgleichen bei sich, mit denen er sich oft in albernster, kindischer Weise herumbalgt. Die Unterhaltung, die sie führen, ist durchsetzt mit den greulichsten Schimpfwörtern. Er hat eine bewundernswerte Kunstfertigkeit im Spucken. Seine Freude ist es, die Vorübergehenden zu belästigen ..."[234].

Hier sind eigentlich alle Attribute bereits angesprochen, die auch späterhin den „Halbstarken" zugesprochen wurden: Eine besondere Art, sich zu kleiden und zu geben (ein eigener „Stil" oder „Habitus"), ein spezieller „schnodderiger" Jargon, Betonung von Körperlichkeit und physischer Stärke, rüpelhaftes Verhalten, Auftreten in der Gruppe, Belästigung von „ordentlichen" Mitbürgern[235]. Arbeiterjugendliche mit einem derartigen spezifischen Verhaltensstil gab es durchgängig zu Zeiten des Kaiserreichs und der Weimarer Republik in den Arbeiterquartieren der (großen) Städte[236] – auch in Eimsbüttel. So erinnerte sich der bekannte Jugendforscher Hans Heinrich Muchow, der in der zweiten Hälfte der 50er über „Psychologie und Pädagogik der Halbstarken" räsonierte, an die „Halbstarken" seiner Kindheit in Eimsbüttel: „Ich entsinne mich jedenfalls aus meiner Kinderzeit, daß meine Mutter mir oftmals verbot, in bestimmte Gegenden unseres Stadtteils (Eimsbüttel) oder der Stadt (St. Pauli, Hammerbrook, Rothenburgsort, Barmbek) zu gehen, weil 'da die Halbstarken herumlungern'. Aber auch wir Jungen selber schrieben unsere Niederlagen in den Straßenschlachten der 'Eimsbüttler' gegen die 'Langenfelder' (die Jugend eines damals preußischen Grenzdorfes) der Teilnahme von 'Halbstarken' auf der Seite der 'Langenfelder' zu. Sie versahen die Stöcke und Latten, mit denen wir unter lautem Gejohle gegeneinander zu Felde zogen, mit Nägeln und machten somit aus den 'Imponiergeräten' gefährliche Schlagwerkzeuge ... Allemal handelte es sich jedenfalls um herumlungernde, in Scharen auftretende (das Wort kommt eigentlich nur im Plural vor!), radaulustige und nicht ganz ungefährliche Jugendliche aus sozialen Randschichten"[237].

„Grindelmeute" und „Weiherbande"

In der Nachkriegszeit erregten „halbstarke" Cliquen von Jugendlichen wenig Aufmerksamkeit. Im allgemeinen Chaos, in dem ohnehin viele Regeln von Wohlanständigkeit und Ordnung außer Kraft gesetzt waren, fiel „normalerweise" auffälliges, weil von den allgemein akzeptierten Regeln abweichendes, Verhalten nicht mehr auf. Doch gab es eine Reihe jugendlicher Cliquen und Banden. Gerade zu jener Zeit waren sie weitgehend sich selbst überlassen, weil die Erwachsenen mit der Organisierung des Überlebens so sehr beschäftigt waren, daß sie sich kaum um die Kinder kümmern konnten[238]. Und auch nach einer gewissen Normalisierung der Verhältnisse Ende der 40er/Anfang der 50er Jahre behielten viele Kinder und Jugendliche, die weiterhin keiner wirksamen Kontrolle durch die Erwachsenen unterlagen, die eingeübten Verhaltensweisen bei. So wurde im November 1948 vom für Eimsbüttel zuständigen Kreisjugendamt geklagt: „Die Mütter müssen eine Beschäftigung annehmen und überlassen die Kinder sich selbst oder der meistens unzureichenden Aufsicht der Nachbarn, d.h. sie sind den verderblichen Einflüssen der Straße ausgeliefert. Die Straßen sind bereits sehr belebt von Knaben, die verwildert und verwahrlost aussehen"[239]. Diese „verwilderten" Jungen schlossen sich zu Banden zusammen, die sich auf ein sehr zeitspezifisches Metier verlegten: das Metallsuchen in den Trümmern, das dann und wann auch durch Altmetalldiebstähle ergänzt wurde. Für Eimsbüttel wird aus den Jahren 1949 und 1950 berichtet: „Eine große Gefahr für die Schuljugend bedeutet das Metallbergen in den Trümmern. Es ist auch wiederholt vorgekommen, daß Kinder sich damit nicht mehr begnügten und dazu übergingen, bei Metall verarbeitenden Handwerkern sich Weichmetalle 'zu beschaffen'"[240]. Im Frühjahr 1950 nahmen in Eimsbüttel „die Polizeimeldungen über Metalldiebstähle" zu. „Diese Metalldiebstähle wurden größtenteils in Häuserruinen und Kellern ausgeführt. In einem Falle wurde ein Blitzableiter in der Apostelkirche entfernt"[241]. Diese Aktivitäten wurden in Verbindung mit der verbreiteten Jugendarbeitslosigkeit gebracht.

Auffällig wurde solcherart abweichendes Verhalten von Jugendlichen erst wieder, nachdem mit Währungsreform und Stabilisierung der wirtschaftlichen und sozialen Verhältnisse „Ruhe und Ordnung" in den Alltag der meisten Menschen eingekehrt waren. Nun wurden jene Jugendlichen, die sich dem nicht anpaßten, wieder zu „Halbstarken". Anfang der 50er Jahre machte z.B. die sog. „Grindelbande" oder „Grindelmeute" (von anderen ZeitzeugInnen „Eimsbüttel-Bande" genannt) Eimsbüttel unsicher. Sie sorgten auch für Unruhe im „Heim der offenen Tür" in der Bundesstraße. Frau M. erinnert sich: „Dann hatten wir eine Reihe von Jugendlichen, vielleicht acht oder zehn, die gehörten zur Eimsbütteler Bande. Die begannen damals Autos umzukippen und so etwas zu machen. Da haben wir denn auch einmal die Polizei im Haus gehabt. Aber die (Bandenmitglieder – d. Verf.) wurden von den anderen Jugendlichen ... geschnitten. Man fand das nicht so gut, daß die da auftauchten." Zum sozialen Hintergrund der Bandenmitglieder führt sie aus: „Ich stellte fest, daß die wirklich aus sehr desolaten Familien kamen und auch arbeitslos waren und auch abgebrochene Lehren und so etwas hatten." Das Bild einer kriminellen, festgefügten Vereinigung träfe auf diese Gruppe allerdings nicht zu: „Es war eher 'ne Clique, die keine Bandenstruktur hatte. Weder mit 'nem richtigen Leiter noch so was ... Die waren nicht kriminell, sondern das war mehr das, was auf der Straße so war" – nämlich „ungehöriges" Benehmen gegenüber Erwachsenen, „Anmache" von Mädchen und Provokation anderer Jugendlicher. Und im Heim „wurden die denn zum Teil auch so'n bißchen ausfallend und frech ... Und dann haben sie sich auch mal 'ne Schlägerei geliefert. Da hatten wir auch mal die Polizei. Da ist dann auch mal 'ne Scheibe vorne noch zu Bruch gegangen."

Der Vorfall, auf den Frau M. hier anspielt und bei dem die Polizei eingeschaltet werden mußte, ereignete sich am 4. Februar 1950: Die Angehörigen der Bande hatten jene Jugendlichen besonders auf dem „Kieker", die in den Jugendgruppen waren, die im Heim ihre Gruppenabende abhielten. Denn was die dort machten – Volkstanz, Volkslieder usw. – erschien den Bandenmitgliedern albern und reizte sie zur Provokation. Und so traten sie den Mitgliedern der Jugendverbände gegenüber besonders „ausfallend und frech" auf. Am 4. Februar 1950 nun störten sie einen Gruppenabend des „Jungenbundes" im Heim, lauerten dem Leiter des Gruppenabends auf dem Nachhauseweg auf und schlugen ihn nieder[242]. Daraufhin rief der Leiter des Jungenbundes die Polizei. In der Folge wurde einem 18jährigen Jugendlichen der Prozeß gemacht, bei dem es sich um den Anführer der Bande gehandelt haben soll. In der Verhandlung kam folgendes heraus: Am besagten Abend hatte der Gruppenführer des Heimabends des „Jungenbundes" den Angeklagten und weitere Mitglieder der Bande des Raumes verwiesen, weil sie den Heimabend störten. Daraufhin hat der Angeklagte dann diesem Gruppenführer auf dem Nachhauseweg einen Schlag auf den Mund verpaßt. Interessant ist die Rechtfertigung des Angeklagten für sein Tun: Er „vertrat die Auffassung, in einem 'Heim der offenen Tür' könne man sich, sogar ohne anzuklopfen und ohne den Hut abzunehmen, in allen Räumen bewegen"; daher habe er den Rausschmiß als ungerecht empfunden und vom Gruppenführer eine Entschuldigung wegen „gekränkter Ehre" verlangt. Als ihm diese Entschuldigung verweigert wurde, habe er zugeschlagen[243].

Die Bande bekam nach diesem Vorfall Hausverbot im „Heim der offenen Tür", was die Lage zunächst allerdings nicht entspannte: „Die 'Grindelbande' terrorisiert nach wie vor die das Heim besuchenden und verlassenden Jugendlichen und die Helfer des Heimes"[244]. Die Heimleitung klagte, daß als Reaktion auf den Heimverweis „die Belästigungen durch die 'Meute' so überhand genommen (haben), daß sie für uns und unsere Jugendlichen zum ernsten Problem werden"[245]. Die Bande lauere den Jugendlichen auf dem Nachhausewege auf, die Jugendlichen hätten Angst. Erst nachdem die Polizei eingeschaltet wurde, beruhigte sich die Lage.

Auch in den folgenden Jahren gab es immer einmal wieder Probleme mit „Halbstarken" bzw. „halbstarkem" Verhalten im „Heim der offenen Tür"[246], doch derart gravierende Probleme wie mit der „Grindelbande" bzw. „Eimsbütteler Bande" 1950 gab es erst wieder seit 1956, als die sog. „Weiherbande" Eimsbüttel unsicher machte und auch im „Heim der offenen Tür" störend auffiel. Auch die Aktivitäten der Weiherbande wurden letztlich durch polizeiliches Einschreiten beendet, so daß im September 1958 vermeldet werden konnte: „Die Atmosphäre im Heim ist durch das Ausbleiben der 'Weierbande' (sic!), die zur Abbüßung der Strafe verurteilt worden ist, recht erfreulich"[247]. Verurteilt worden waren die Mitglieder der Weiher-Bande wegen Landfriedensbruchs und gefährlicher Körperverletzung. Bei der Bande handelte es sich um knapp zwei Dutzend 15-18jährige Jugendliche, die ihren Treffpunkt in einem „Spielkasino in der Osterstraße"(Bild, 20.3.1957) und im Park Am Weiher hatten. Dort veranstalteten sie zunächst „nur Radau, dann folgten Anrempeleien, und schließlich machten sie genaue Pläne, um irgend jemand brutal zusammenzuschlagen. Nebenbei wurde noch allerlei demoliert"[248]. Zum Hergang dieser Aktionen schreibt das Hamburger Echo (21.3.1957): „Einzelne Passanten wurden dann angerempelt und zum Kampf aufgefordert, wobei das Gros der Bande sofort einen 'Ring' bildete, damit der Herausgeforderte nicht entweichen konnte und sich 'ordnungsmäßig' von dem dafür ausersehenen Bandenmitglied niederschlagen lassen mußte." Nach einem Überfall auf einen 21jährigen Jugendlichen aus Eimsbüttel am 14.10.1956 griff die Polizei zu, im März 1957 wurde 21 Angehörigen der Bande der Prozeß gemacht[249]. Dabei handelte es sich um den „größte(n) Hamburger Jugendprozeß der Nachkriegszeit" (Hamburger Echo, 20.3.1957). Die Bild-Zeitung triumphierte nach der Urteilsverkündung: „Der Terror von Eimsbüttel ist gebrochen"(Bild, 20.3.1957).

Die Rede vom „Terror" ist zwar maßlos übertrieben. Doch muß festgehalten werden, daß „normale" Jugendliche oft von den Banden schikaniert wurden. Allerdings wußten sich die „Normalen" auch zu wehren. Frau L. erzählt z.B. über eine Begegnung mit den Halbstarken aus dem „Heim der offenen Tür" Bundesstraße: „Wenn wir in der ETV-Halle turnten, kamen oft Jungens rüber in die Turnhalle und: Öööhh und so, ne, die wollten so'n bißchen Randale machen. Aber das ist dann ganz schnell abgeblockt worden ... Da haben sie mal 'n paar geschnappt, am Kragen genommen und draußen über das Straßengitter gehängt, ne. Die sind nicht wiedergekommen dann." Und Herr H. berichtet von einem Erlebnis mit Halbstarken: „Ich bin mit meiner Freundin damals durch den Sternschanzenpark gegangen, da kamen mal so sieben oder acht Halbstarke auf uns zu und die wollten irgendwie, ja, was sie wollten, weiß ich auch nicht. Jedenfalls habe ich mich bedroht gefühlt, und ich habe mir einen geschnappt und habe ihn zu Boden geschlagen, und als ich den zweiten zu fassen hatte, sind die anderen weggelaufen. Ich habe nie erfahren, was sie wirklich von uns wollten. Ich war so wütend, ich habe intensiv Sport getrieben, ich war sportlich fit, und ich bin im Grunde meiner Seele aggressiv"[250].

Eine typische Halbstarken-Clique

Von den Erwachsenen wurde die Weiher-Bande als Beispiel für die „Wohlstandsverwahrlosung" der Jugend angesehen. So sagte der Staatsanwalt im Prozeß gegen die Bande: „Dieser Prozeß ist ein Symptom dafür, wieweit die Vernachlässigung der Jugend auch in ordentlichen Elternhäusern schon gediehen ist. Die Jungen waren sich selbst überlassen und verbrachten ihre Abende in Spielhöllen oder im Kino. Die Jugend ist geistig schon so verwahrlost, daß sie nur noch diese armselige Unterhaltung kennt"[251]. Und auch der Vorsitzende des Gerichts betonte, „daß bei diesen jungen Menschen die ungünstige Wirkung des Spielhallenbesuchs ganz offenbar geworden sei. Bei heißer Musik und Spiel hätten sie sich zu reinen 'Asphaltmenschen' entwikkelt"[252]. Dafür machte er die Elternhäuser mitverantwortlich: „Es genügt nicht, daß die Eltern ihre Kinder mit Nahrung und Kleidung versehen. Es ist ihre Aufgabe, den Kindern ihre freie Zeit sinnvoll ausfüllen zu helfen. Es ist erschütternd, wie diese Asphaltjugend ihre schönsten Jahre vertrödelt"[253]. Das sahen die „Asphaltmenschen" allerdings ganz anders.

Herr N. jedenfalls, ein Vertreter dieser „Asphaltjugend", meint „'ne schöne Zeit, 'ne richtig bombige Zeit" als Halbstarker gehabt zu haben.

Seine Kindheit und Jugend ist in gewisser Weise typisch für jene Jungen, die damals „Halbstarke" wurden. Er erzählt: „Meine Mutter hat uns alleine erzogen", denn der Vater war schon „weg", als er zwei Jahre alt war. Die Mutter mußte für die drei Kinder alleine sorgen, das heißt sie war berufstätig (zunächst „als Reinmachefrau beim Engländer in Blankenese"), und deswegen „waren wir überwiegend alleine" tagsüber, „so daß wir alle Schlüssel hatten, und meine älteste Schwester, die Ellen, die hat dann so'n bißchen doch schon mal hingekuckt", d.h., sie mußte auf die jüngeren Geschwister (Herrn N. und seine zwei Jahre jüngere Schwester) aufpassen.

Schon als „lütter Steppke" hat er sich in einer Clique von Jungen „aus denselben Straßen um den Fischmarkt herum" (wo die Familie während seiner Kindheit wohnte) bewegt. Das war noch in der schlechten Zeit der Nachkriegsjahre. Die Jungen haben damals Kohlen von den Schuten, die auf der Elbe lagen, besorgt – ein ziemlich gefährliches Unternehmen: „Als lütte Steppke haben wir die Schuten leergekratzt und denn den Kram nach Hause. Und da gab's zu Hause unheimlich Senge, weil die Mutter immer ganz schön gezittert hat, weil wir ja immer von Schute zu Schute gesprungen sind." Prügel waren alltägliches Erziehungsmittel der Mutter: „Schön mit 'nem nassen Handtuch oder richtig mit 'nem Stock". Herr N. erklärt das damit, daß er seiner Mutter „unheimlich viel Sorge bereitet" habe und daß sie durch die berufliche Belastung überfordert gewesen sei.

1953 ist die Familie in die Kieler Straße/Ecke Armbruststraße gezogen. Nachdem Herr N. mit 14 Jahren aus der Schule gekommen war und eine Lehre bald abgebrochen hatte (als Beifahrer „gab's mehr Geld als in der Lehre"), schloß er sich mit zwei Freunden zu einer Clique zusammen, die gemeinsam durch dick und dünn ging und sich durch typisch „halbstarkes" Verhalten auszeichnete.

Zunächst waren sie nur zu zweit: „Willi und ich – wir beide waren praktisch unzertrennlich. Da haben die damals schon immer gesagt: 'Dick und Doof' geht da, weil er ja auch so bis zum Gürtel bei mir nur ging." Der Dritte im Bunde – Manfred – „kam erst dazu, nachdem wir uns gebolzt hatten". Herr N. schildert diesen Beginn einer wunderbaren Freundschaft folgendermaßen: „Der kam mit seiner Freundin und wollte ins Kino gehen, ins Reichs-Kino in Eimsbüttel. Und denn haben wir beide – Willi und ich – vorne, wir hatten uns dann vorne (vor dem Kinoeingang – d. Verf.) provozierend haben wir uns dann hingestellt so. 'Ja', sagt er, 'ich weiß, was ihr wollt. Aber ich

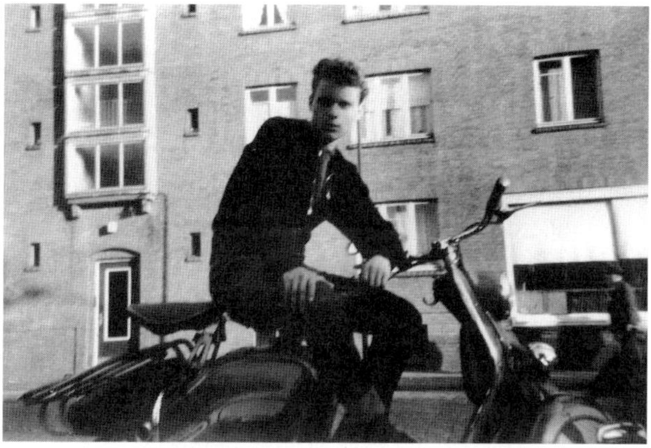

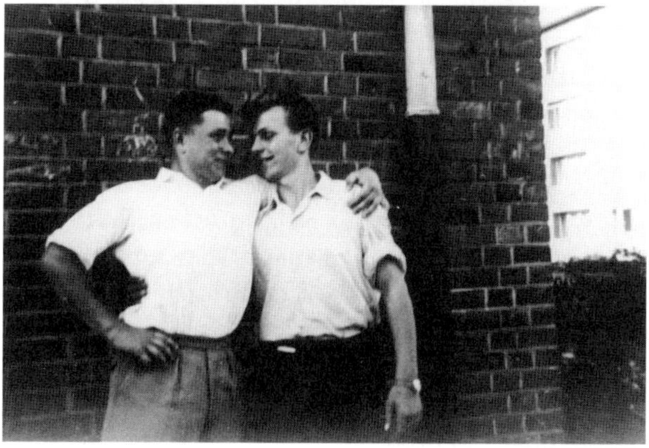

will mit meiner Freundin ins Kino, aber in zwei Stunden, können wir abmachen, dann treffen wir uns irgendwo' ... Dann hat er seine Freundin weggebracht, und er ist auch wiedergekommen: hat er sich gestellt. 'So', sagt er, 'wer zuerst?' Und dann ging das da denn los die Bolzerei. Nachher haben wir gesagt, ich weiß nicht mehr, wer das war: 'Komm, laß uns noch zu Tante Hertha gehen, da trinken wir 'n schönes Bierchen.' So. Und da haben wir uns richtig vertragen, und seitdem (das war im Sommer 1956 – d. Verf.) waren wir die besten Kumpels, die es gegeben hat. Und alles, was da später war, das haben wir drei immer alles gleich klar gemacht ... Das war wirklich wunderbar."

„Tante Hertha" wurde die Stammkneipe der drei. Von dort aus oder vom Vorplatz der Apostelkirche aus, der ihr Treffpunkt war, machten sie ihre Streifzüge: „Wir waren viel unterwegs, bis zur Osterstraße hoch und so weiter, bis zum Delta-Kino, Frascati-Platz. Wir haben Streifzüge gemacht ... Wir waren richtig darauf aus, Kloppereien irgendwie anzuzetteln." Ihr eigenes „Revier" haben sie handgreiflich gegen „Eindringlinge" verteidigt. „Gekloppt haben wir uns mit Leuten, die kamen von hinter unserer Grenze, wenn ich das so sagen soll. Hinter der Osterstraße und so. Das war dann auch meist zur Kinozeit." Für diese Schlägereien hatten die drei eine richtige Masche entwickelt: „Wir waren immer zu dritt ... Klein-Willi konnte gut schauspielern, der hat denn immer solche Dinger angezettelt ... Und denn kam unser (der zwei anderen – d. Verf.) Auftritt. Er (Willi – d. Verf.) hat denn da am Boden gelegen und hat gejammert, und wir denn da hin ... Und dann gab's erstmal Senge."

Ärger mit der Polizei konnte nicht ausbleiben. An eine Episode erinnert sich Herr N. noch sehr genau: „Einmal, da hatten wir auch jemanden verprügelt, und da haben uns die Eltern angezeigt, und da war die Polizei hinter uns her. Die kamen so von der Faberstraße, bogen in die Armbruststraße rein, die waren zu Fuß ...Wir konnten nichts anderes machen, da haben wir uns in der Armbruststraße 'n Haus ausgesucht, sind da bis aufs Dach rauf. Da war oben eine Luke auf, da war ein toter Raum, da sind wir reingesprungen, wir haben erstmal gar nichts gesehen. Polizei auch oben auf dem Dach. Wir Luke zugemacht, keine Luft gekriegt. Ganz spät wieder raus" – die Polizei war abgezogen, aber die Jungen wären fast erstickt. „Später haben die Eltern die Anzeige wieder zurückgezogen."

Eine Spezialität der drei war es, im Kino „Kloppereien" anzuzetteln. Dafür hatten sie sich eine besondere Masche ausgedacht: „Wenn wir ins Kino gegangen sind, da gab's ja noch Platzkarten, da stand die Reihe und die Nummer drauf. Und wir haben immer eine Karte genommen, die grundsätzlich immer außen war. Und da saß dann Lütt-Willi. Und wir (die beiden anderen – d. Verf.) hatten denn Karten für vier Plätze weiter da. So. Und wenn denn einige so im Dunkeln noch reingekommen sind, denn hat sich der Willi so ordentlich hingelegt da und dann mußten die über seine Füße, und denn:hey und so (weil die Ankommenden angeblich Willi auf die Füße getreten waren und ihn angerempelt hatten – d. Verf.). Und wir denn gleich los da: Batsch, batsch" – und die schönste Prügelei war im Gange. Die Folge: „Polizei war denn da auch schon öfters, und denn wurde da erstmal Licht angemacht: So, raus hier, raus hier"; die Kinovorstellung war „gesprengt", und die drei hatten ihren Spaß gehabt.

Im Nachhinein kommentiert Herr N. ihr damaliges Verhalten: „Alles so'n Quatsch und so'n Blödsinn da. Na ja, man hat sich stark gefühlt. Man wollte sich wohl selbst beweisen, was für 'n unheimlicher Typ man ist". Das bezog sich auch auf die Mädchen. Zu diesem Thema sagt Herr N.: „Die Mädchen sind zu uns gekommen ..., weil wir ja die unheimlichen Machos waren, die Alleskönner ... Na ja, nachher hatten wir dann auch unsere festen Freundinnen." In ihrer Clique und deren Unternehmungen spielten allerdings Mädchen keine Rolle[254].

Gegenüber den Mädchen „unheimlicher Macho", auf der Straße und im Kino der „größte Klopper" – aber zu Hause unterwarf sich Herr N. auch als „Halbstarker" weiterhin dem strengen Regiment seiner Mutter und ließ sich wie schon als Kind von ihr schlagen. „Meine Mutter hat auch nicht lange gefackelt, die hat gleich: Klatsch, und dann war die Sache erledigt." Einmal ist er von zu Hause fortgelaufen, nachdem er Prügel bezogen hatte. Da hat er sich vier Tage im Trockenraum eines Kellers im Nachbarblock versteckt. Die Kumpel Willi und Manfred „haben mich versorgt mit Essen, Trinken und Schlafgelegenheit. Die haben nicht verraten, wo ich bin." Nach vier Tagen ging er dann wieder nach Hause, wo er von seiner Mutter „mit offenen Armen" aufgenommen wurde.

Während er sich seiner Mutter unterordnete, ließ er sich von seinem Stiefvater nichts sagen. Im Gegenteil: „Meine Mutter hat später wieder geheiratet, das war mein Stiefvater. Der saß viel bei Lehmitz (eine Kneipe in der Faberstraße – d. Verf.), hat dort am Daddel-Automaten gespielt. Der wollte meine Mutter schlagen, da habe ich mir den mal zur Brust genommen ... Und da hat meine Mutter ihn rausgeschmissen."

„Ruhiger" wurden die drei Freunde erst, als sie ihre „festen Freundinnen" hatten, und für Herrn N. war das Halbstarken-Dasein vorbei, als seine Freundin 1961 ein Kind bekam und er heiratete. Auch Willi und Manfred heirateten, und sie verloren den Kontakt zueinander. In der Rückschau sagt Herr N.: „Es war 'ne schöne Zeit, 'ne richtig bombige Zeit. Wir drei – das war ein richtig kerniges Team." Dieser Zusammenhalt in der Clique scheint für die Halbstarken generell eine sehr große Bedeutung gehabt zu haben. In der Clique fühlte man sich zum einen stark und zum anderen geborgen (für Herrn N. scheint sie so etwas wie Familienersatz gewesen zu sein). Nach außen grenzten sich die Cliquen territorial ab: sie hatten ihre je eigenen „Reviere" in der Umgebung ihres Wohnorts mit ganz bestimmten Treffpunkten[255]. Aber auch durch ihr Äußeres hoben sich die Halbstarken-Cliquen ab[256]: Sie kleideten sich außergewöhnlich – erinnert sei an Herrn N.s „rote Lederjacke" und Manfreds „Anzüge in schrillen Farben" – und sie trugen ihr Haar auf besondere Weise – erinnert sei an Herrn N.s Elvis-Tolle „mit 'nem Pfund Pomade da drin".

Und schließlich grenzten sie sich durch ihr Benehmen ab: Sie waren laut und rüpelhaft, provozierten Erwachsene und andere Jugendliche und suchten die körperliche Auseinandersetzung. Insofern war Herrn N.s Clique eine typische Halbstarken-Gruppe dieser Zeit[257] (und Herr N. ein typischer Halbstarker[258]). Das trifft auch im Hinblick auf ihren Musik-Geschmack und ihre Idole zu: Rock 'n' Roll war angesagt, „Elvis und Bill Haley, das waren so die Stars" (Herr N.). Allerdings: „Tanzen war nie so das Ding von uns dreien." Auch Mopeds – ein den Halbstarken-Cliquen allgemein zugeschriebenes Attribut – hatten die drei nicht, was allerdings so ungewöhnlich nicht war: Viele Halbstarke konnten sich einfach ein Moped (noch) gar nicht leisten. Ungewöhnlich ist schon eher, daß Herrn N.s Clique sehr klein war und daß sie sich an den „großen" Auseinandersetzungen, die das Bild der Halbstarken in der Öffentlichkeit stark bestimmten, nicht beteiligten. In der Regel waren die Halbstarken-Gruppen zahlenmäßig stärker (erwähnt wurden bereits die „Grindelmeute" mit gut einem Dutzend Mitgliedern und die „Weiherbande" mit rund zwei Dutzend Anhängern), und zu besonderen Anlässen rotteten sich Halbstarke auch zu mehreren Dutzend oder gar mehreren Hundert zusammen.

Massenschlägereien

Solche Anlässe waren insbesondere die Massenschlägereien, in denen die Halbstarken verschiedener Stadtteile aufeinander losgingen. In Eimsbüttel scheint die sog. Arriba-Bande ein recht großer, aber auch recht lockerer Zusammenschluß von Halbstarken gewesen zu sein, der für das Zustandekommen solcher Massenschlägereien verantwortlich war, wie Herr D. berichtet. Herr D. stand als aktiver „Falke" den Halbstarken ablehnend gegenüber.

Er erzählt aus der Perspektive des Beobachters über die Arriba-Bande und die Massenschlägereien: „Wir hatten hier in Eimsbüttel ja ein Banden-Unwesen. Es gab eine große Bande hier mit Zentralpunkt im Hellkamp. Die Gruppe Arriba ... Und diese großen Banden, die hatten sogar Stadtteil-Kloppe. Da war eine Gruppe aus St. Pauli und eben hier diese Gruppe Arriba in Eimsbüttel ... Es war eigentlich keine richtige Gruppe in dem Sinn. Aber es war ein Zusammenhalt da: Wir sind Eimsbütteler. Und wir lassen uns von den St. Paulianern nicht die Butter vom Brot nehmen ... Und diese Banden wurden dann zusammengerufen nach dem Schneeballsystem, und es war kein Problem zur damaligen Zeit, innerhalb von zwei Stunden vierhundert Jugendliche auf die Straße zu bringen ... Jeder hatte bis zu sechs Leute zu benachrichtigen. Und dann hieß es zum Beispiel: Heute um vierzehn Uhr am Wehbers Park und so ... Und dann kam man da zusammen und traf auf die andere Gruppe. Und wir waren von unserer Gruppe (der „Falken" – d. Verf.) in diesem Schneeballsystem mit drin. Wir hatten uns da so mit reinbringen lassen durch andere, die man kannte von der Straße. Aber wir haben vor allem die Polizei immer benachrichtigt. Und dadurch kam das dann manchmal, daß die Polizei schon da stand, wenn die Gruppen auftauchten." Gleichwohl kam es zu mehreren solcher Schlägereien. „Am Wehbers Park ist eine schwere Klopperei gewesen, eine der schwersten Kloppen." Anlaß war, daß „Jungen aus St. Pauli mit Mädchen aus Eimsbüttel auf der Osterstraße auftauchten". Eine weitere Massenschlägerei wurde kurzfristig zum Heiligengeistfeld verlegt, weil die Polizei schon am ursprünglich geplanten Austragungsort war. Aber auch auf dem Heiligengeistfeld „war die Polizei denn schon da und hat auch einige Leute festgenommen ... und hat damit wohl den Kern der Gruppen getroffen. Danach flaute das denn ab."

Zum „Kern" der Arriba-Bande sagt Herr D.: „Arriba waren nur Jungens. (Die) wohnten in den Terrassenwohnungen zwischen Clasingstraße und Stellinger Weg vom Hellkamp aus. Da ist eine Terrasse so rein ... Das war der Kern ... Sie kamen alle aus dem Arbeitermilieu." Bei Arriba seien auch Leute „deutlich über zwanzig" Jahren dabei gewesen. Herrn D.s Erklärung für die Massenschlägereien: „Das war irgendwie überschüssige Kraft."

Auch andere ZeitzeugInnen erinnern sich an die Massenschlägereien jener Zeit. Herr S., der mit einer Clique von Jungen aus seiner Straße zusammen seine Freizeit verbrachte, erzählt: „Ich hab Lutterothstraße gewohnt, und dann haben wir Straßenschlachten so gegen den Luruper Weg gehabt und so. Das gab es schon mal ... Es wurde nachher sehr ausfallend auch. Dann kamen auch schon die Machtkämpfe Eimsbüttel gegen St. Pauli ... Wir hatten ja früher hier am Hellkamp 'ne Luftschaukel. Heute ist das ja alles bebaut, und damals waren das noch Trümmergelände. Und dann rückten die denn mit 20, 30 jungen Leuten an, und dann wurde da richtig gekloppt. Mit Stöcken ... Also das war schon nicht mehr schön. Ich selber bin dann immer rechtzeitig von dannen gezogen. Da habe ich nie mitgemacht ... Unsere Clique überhaupt nicht."

Herr G. sagt, es habe in Eimsbüttel damals „'ne ganze, ganze Menge" Halbstarke gegeben, und er berichtet über deren Schlägereien: „Also, da gab's so Gruppen, die manchmal auch wirklich Schlägereien veranstaltet haben. Da hat denn sich Eimsbüttel gegen Barmbek geschlagen oder Barmbek gegen St. Pauli geschlagen oder dann Pauli gegen Eimsbüttel geschlagen. Also so was habe ich auch mal erlebt, daß die zu Hunderten sich in Parks getroffen haben und haben sich da verprügelt. Das war der Park, wo heute das Hamburg-Haus steht, in dem Park ... Da kamen dann die ganzen Halbstarken zusammen von Eimsbüttel und St. Pauli und haben sich also da alle die Rübe breitgeschlagen ... Ich habe da zugekuckt. Bei uns im Hause war einer, der war ungefähr zehn Jahre älter. Sagt er: 'Also heute abend, da geht's aber los! Da wollen wir die mal ordentlich verprügeln!' Und da bin ich mal hingegangen, habe aber nur durch den Zaun gekuckt ... Das gab so richtige Schlachten, ja ... Da haben die sich eben geprügelt, und das war's dann."

Herr Z. schließlich berichtet: „Ich entsinne mich noch an 'ne ganz fürchterliche Keilerei. Da ging das mal gegen einen Stadtteil, ich weiß nicht ob das jetzt Hoheluft war oder Eppendorf oder so. Jedenfalls war das in der Höhe bei Kyriazi (der Tabakfabrik Ecke Hoheluftchaussee/Breitenfelder- und Gärtnerstraße – d. Verf.). Das waren ja wohl bestimmt an die hundert Jugendliche oder so. Das war denn so schlimm, daß auch die Polizei auftauchte." Er selbst hat einmal „ganz fürchterlich Hiebe bezogen, als die mich ganz alleine erwischt haben", nämlich Leute „von anderer Clique, vom anderen Ortsteil". Er war in einer Gruppe von Motorrad-Fahrern. Er sagt dazu: „Ein Motorrad haben, das war natürlich was Besonderes. Bei den Mädchen ja auch, klar, ne. Es gab ja noch nicht so viele Motorräder." Als „halbstark" will er sich und seine Clique allerdings nicht bezeichnen – ebensowenig wie Herr S. oder Herr G..

Tatsächlich ist es schwierig, zu bestimmen, wer oder was „Halbstarke" waren. Die Übergänge zwischen „Halbstarken" und „normalen" Jugendlichen waren fließend, und nur die wenigsten Jugendlichen bezeichneten sich selbst als „Halbstarke". Zumeist war das eine Zuweisung der Erwachsenen, die häufig jeden Jugendlichen, der irgendwie anders aussah und sich nicht „gesittet" verhielt, als „Halbstarken" bezeichneten. Auch Herrn G.s Definition eines „Halbstarken" ist so weit gefaßt, daß darunter viele damalige Jugendliche fallen würden: „Ein Halbstarker ist im Prinzip das gewesen, wo man heute sagt: 'Punker', 'Skin' oder so was. Man sah durch die Mode eben halt ..., wurde er abqualifiziert: also Bluejeans, Pullover und Haarschnitt, entweder eben so einen kurzen Mecki-Haarschnitt oder eben mit viel Pomade alles nach hinten. Das war typisch, sag ich mal, wie der Halbstarke abqualifiziert wurde früher ... Es war einfach 'ne Modeerscheinung." Nach dieser Definition wäre Herr G. seinerzeit selbst auch „Halbstarker" gewesen; er sieht sich selber, wie gesagt, aber nicht als solchen. Und in der Tat war sicher nicht jeder Jugendliche, der ein Motorrad oder Moped fuhr oder eine Elvis-Tolle hatte und für Bill Haley schwärmte, deswegen schon ein „Halbstarker".

Halbstarkenkrawalle

Viele Jugendliche kamen mit Halbstarken selbst nicht in Berührung. Schließlich handelte es sich beim „harten Kern" der Halbstarken um eine kleine Minderheit der Jugendlichen[259]. Viele Jugendliche standen den Halbstarken ebenso ablehnend gegenüber wie die Masse der Erwachsenen und begründeten ihre Ablehnung auch ebenso wie diese. So ist z.B. im Bildungsbericht eines Abiturienten des Kaifu aus dem Jahre 1952 zu lesen: „Wenn ich heute Jugendliche sehe, die Hände immer in den Taschen, in krummer Haltung, mit wahren 'Mähnen' auf dem Kopf, die unvermeidliche Zigarette im Mundwinkel, diese sogenannten Halbstarken, dann wünsche ich ihnen immer, daß sie einmal für längere Zeit in einem K.L.V.-Lager (= Kinderlandverschickung der Nazis – d. Verf.) lebten, damit sie erst einmal Haltung, innere wie äußere, lernen"[260].

Von einem „Halbstarken-Problem" erfuhren die meisten Jugendlichen ebenso wie die meisten anderen Bürger erst aus den Zeitungen, als das Thema während der „Halbstarken-Krawalle" 1956 – 1958 hochgespielt wurde. Seinerzeit kam es im Anschluß an Rock 'n' Roll-Konzerte oder im Zusammenhang mit der Aufführung von Rock 'n' Roll-Filmen (der erste – „Außer Rand und Band"/„Rock around the clock" mit Bill Haley kam Ende 1956 in die deutschen Kinos) zu spontanen Zusammenrottungen von großen „Halbstarken"-Gruppen, die lautstark und die Straßenverkehrsordnung mißachtend durch die Innenstädte zogen, was die Polizei zum Einschreiten veranlaßte – und das wiederum führte zur „krawall"artigen Eskalation der Situation. Hatte sich die Kunde von einem „Krawall" verbreitet, kam es in den darauffolgenden Tagen oft ohne unmittelbaren äußeren Anlaß zu weiteren Krawallen. Schließlich wurden in einer Art Schneeballeffekt fast alle deutschen Großstädte und auch zahlreiche andere Ortschaften von den „Halbstarken-Krawallen" erfaßt, sei es in der Form des Veranstaltungs-, des Folge- oder des sog. reinen Krawalls[261]. In Hamburg kam es zu drei großen Krawallen: Der erste entwickelte sich im Zusammenhang mit einem Konzert von Louis Armstrong am 17. Oktober 1955 in der Ernst-Merck-Halle. Die jugendlichen ZuhörerInnen demolierten das Gestühl der Halle, im Anschluß an das Konzert kam es zu Straßenschlachten mit der Polizei in der Umgebung von Planten un Blomen. Der zweite und dritte fanden am 5. November 1956 bzw. am 27. Oktober 1958 anläßlich von Bill Haley-Konzerten in der Ernst-Merck-Halle statt.

Die Halbstarken„bewegung" – Revolte ohne Grund?

Ende der 50er Jahre war das „Halbstarken-Phänomen" dann wieder aus den Schlagzeilen verschwunden. Das Problem hatte sich weitgehend erledigt. Das hatte mehrere Gründe. Erstens Repression und Kriminalisierung: „Rädelsführer" und Mitglieder des „harten Kerns" der Halbstarken-Banden waren polizeilich verfolgt und zum Teil mit empfindlichen Strafen belegt worden[262]. Zweitens Integration: Es wurden den „gefährdeten" Jugendlichen zunehmend Angebote zu „sinnvoller" Freizeitgestaltung gemacht, um sie „von der Straße" zu holen. So wurden in Hamburg z.B. nach Jahren des Stillstands seit 1958 endlich wieder neue Heime der offenen Tür eröffnet[263]. Und drittens Abnutzung und „Abschleifung" bzw. Kommerzialisierung: Irgendwann hatte sich der „wilde" Impetus der Halbstarken totgelaufen, und die kommerzielle Jugendfreizeit- und Vergnügungsindustrie tat das ihre dazu, die „Ecken und Kanten" der Halbstarken-"Bewegung" abzuschleifen und sie in Bahnen zu lenken, die sie akzeptabler für die Erwachsenen machten. Dies war umso eher möglich, als ja auch bereits die ersten, die „echten" Halbstarken der 50er Jahre, sich bei der Ausprägung ihres spezifischen Stils stark der Angebote dieser Industrie bedient hatten[264]. Und später wurden die jungen Leute von dieser Industrie als kaufkräftige Konsumenten „entdeckt" und gezielt mit jugendspezifischen Konsumgütern versorgt – und das kam den Bedürfnissen der Jugendlichen offensichtlich durchaus entgegen. So löste der harmlos-nette „Teenager" zu Ende des Jahrzehnts den ungebärdigen „Halbstarken" als den das Bild „der" Jugend prägenden Typ ab[265]. Das Konzept des Teenagers war als Gegenbild zu den Halbstarken entwickelt worden; es sollte die Jugendlichen wieder in „gesittetere", also für die Erwachsenen akzeptablere und kontrollierbarere, Bahnen zurückführen. In der Realität gab es den Gegensatz zwischen „bravem" Teenager und „wildem" Halbstarken allerdings nicht. Vielmehr kann der Teenager-Stil gedeutet werden als „die Verallgemeinerung wesentlicher Züge des 'amerikanisierten' Halbstarken-Modells, insbesondere seiner Praxis, das Jungsein auszukosten"[266]. Es trat neben die „halbstarke" Rock 'n' Roll – Kultur der männlichen Arbeiterjugendlichen „die weiblich geprägte Teenagerkultur, die zudem vor allem auf Verhaltensstandards im Angestellten- und Mittelschichtmilieu bezogen war"[267].

Daß es zu diesem Wandel in dem das Bild der Jugendlichen prägenden Stil kommen konnte, lag nicht zuletzt an einem Generationswechsel bei den Jugendlichen: Die Halbstarken-Gruppen waren wesentlich von Jugendlichen gebildet worden, die ihre Kindheit – wie Herr N. – im „Kontroll-Loch" der Nachkriegszeit verlebt hatten[268]. Sie hatten in dieser Zeit einen kräftigen Hauch von „Freiheit und Abenteuer" mitbekommen: Weitgehend unkontrolliert von den anderweitig schwer beschäftigten Erwachsenen hatten sie zwischen Trümmern spielen können, waren in Horden zum Kohlenklauen und Altmetallsammeln losgezogen, hatten sich auf dem Schwarzmarkt betätigt. Zugleich mußten sie umfassend mithelfen bei der Sicherstellung des Überlebens der Familie – durch Kohlenklauen, Hamstern usw.; das wiederum führte zu einer Stärkung von Eigenverantwortlichkeit und Selbstbewußtsein[269]. Als nun in der Wirtschaftswunderzeit die Zügel in den Familien und in der Öffentlichkeit wieder angezogen wurden und die nunmehr herangewachsenen Jugendlichen „spuren" sollten, ließen sie sich das nicht so ohne weiteres auf allen Lebensgebieten gefallen. Zwar „spurten" sie zu Hause und am Arbeitsplatz (schließlich wollten sie ja Geld verdienen, um sich all' die neuen Konsumgüter leisten zu können – deswegen blieb „halbstarker Widerstand ... auf den Feierabend beschränkt"[270]), aber in der Öffentlichkeit, auf der Straße, gerieten sie bisweilen „außer Rand und Band", schlugen über die Stränge, um all' den Frust und die Erniedrigungen, die sie zu Hause und auf der Arbeit erdulden mußten, einmal rauszulassen und loszuwerden[271]. Wenn ihr Aufbegehren also auch weithin „ziellos" und schon gar nicht in irgendeiner Weise politisch-ideologisch motiviert war[272], so richtete es sich faktisch doch gegen den Muff, die Verklemmtheit, Obrigkeitshörigkeit und gegen den gesellschaftlichen Stillstand jener Zeit. Gegenstand der Kritik waren „das Ruhe und Ordnung verheißende gesellschaftliche Regelsystem (vor allem die Verkehrsregeln) und die hohlen Geltungsansprüche von Autoritäten, von Eltern, Lehrern und Polizeibeamten, die sich nach langen Lebensjahren der Unsicherheit und Entbehrung in die mühselig zusammengeflickte heile Welt der Adenauer-Ära einwattierten. Wer von den Halbstarkenkrawallen spricht, darf von der Nierentischkultur nicht schweigen"[273].

Ende der 50er nun wuchsen Jugendliche nach, die die Nachkriegszeit lediglich als Kleinkinder erlebt hatten und daher nicht die Erfahrungen ihrer älteren Geschwister hatten machen können. Sie schienen prädestiniert dafür, als Jugendliche „disziplinierter" und „braver" zu sein, waren sie doch vollauf ins Wirtschaftswunder und ins „motorisierte Biedermeier" hineinsozialisiert worden[274]. Erst die „Rocker" der 60er Jahre beunruhigten die Gemüter dann wieder ähnlich wie die „Halbstarken" der 50er.

AUSFLÜGE, FAHRTEN, REISEN

"Um weg zu sein von zu Hause, von der Enge"

Wie wir bereits gesehen haben, versuchten die Jugendlichen selbst in den Zeiten der materiellen Not in der unmittelbaren Nachkriegsperiode, immer wieder durch Ausflüge, Wochenendfahrten oder gar bescheidene Reisen aus der Stadt herauszukommen. Dieser Trend hielt auch in den 50er Jahren an. Man kann feststellen: Eimsbütteler Jugendliche der 50er Jahre waren sehr reiselustig. Zunächst blieben Form und Ziele der Reisen den allgemeinen materiellen Umständen der frühen 50er Jahre entsprechend noch bescheiden und beschränkt. Doch mit zunehmender Verbesserung der wirtschaftlichen und sozialen Lage wurde auch das Reiseverhalten anspruchsvoller, und man setzte sich immer weitere Reiseziele.

Besonders auffällig im allgemeinen Trend des Reiseverhaltens ist der Wandel von den organisierten Jugendgruppenreisen zu den Einzel- bzw. Familienreisen. Zunächst gingen noch sehr viele Jugendliche in organisierten Gruppen „auf Fahrt". Die Attraktivität der Jugendverbände zu Anfang der 50er Jahre hatte ihren Grund nicht zuletzt darin, daß sie derartige Fahrten anbieten konnten. Fast gewinnt man den Eindruck, daß die Jugendverbände für zahlreiche Jugendliche vor allem billige Reiseveranstalter waren[275].

Frau K. war sehr viel mit ihrer DAG-Jugendgruppe unterwegs. Regelmäßig machten sie Wochenendfahrten ins Hamburger Umland. „Wir hatten ja kein Geld. Waren mit den Zelten unterwegs, haben an der Lühe oder an der Este gezeltet oder Buxtehude. Von Samstag auf Sonntag. Mit Dampfer und Fahrrädern, mit Zelten hintendrauf ... Im Winter haben wir auch Fahrten gemacht, dann in die Jugendherbergen. Um weg zu sein von zu Hause, von der Enge." Aber auch weitere Urlaubsreisen hat Frau K. mit ihrer Jugendgruppe gemacht: An das Steinhuder Meer, an den Schliersee im Schwarzwald oder 1956 ins Dachsteingebirge. Dann wurde mit dem Zug gefahren. „In den Ferienzeiten gab es Jugendsonderzüge. Die waren besonders preiswert. Aber die wurden manchmal auch acht Stunden aufs Abstellgleis geschoben. Nach München haben wir 17 Stunden gebraucht, das kann man sich gar nicht mehr vorstellen heutzutage."

Herr P. und Herr S. waren mit den Jugendgruppen ihrer Kirchengemeinden auf Fahrt. Herrn S.'s Gruppen bei der Stephanus- bzw. Apostelkirche machten diese Zeltfahrten „fast alle mit dem Fahrrad. Da war ich siebzehn, da bin ich als Begleiter mitgefahren."

Besonders reisefreudig waren die „Falken". Herr D. erzählt von „Falken"-Zeltlagern an der Ostsee (Hohwachter Bucht), Herr Ä. von Ferienfahrten in die Lüneburger Heide, in die Holsteinische Schweiz oder in die Göhrde, von Badefahrten an die Seen in den Vierlanden, von Wochenendfahrten sommers wie winters (auch über Weihnachten ! - „da haben die Mütter manchmal geweint"). Es wurde gezeltet oder man ging in Jugendherbergen; man fuhr mit der Bahn oder mit dem Fahrrad. Mit den Fahrrädern ging es Anfang der 50er Jahre häufig an die Oberalster nach Trillup bei Ohlstedt, wo die „Falken"-Gruppen „dort wirklich von Grund auf das Heim (= das „Falken"-Freizeitheim Trillup - d. Verf.) erbaut haben" bzw. 1950 grundlegend um- und ausbauten.

Auch Frau Ö. kam in den 50er Jahren mit den „Falken" sehr viel herum. Wenn sie von ihrem Leben als Jugendliche in den 50er Jahren erzählt, nehmen die Fahrten mit den „Falken" einen breiten Raum ein. Dabei kann sie nicht nur von Fahrten in die nähere Umgebung Hamburgs berichten, sondern auch von großen Reisen: Sie war bereits 1947 auf dem ersten internationalen Jugendtreffen der sozialistischen Jugend in Stuttgart, dann 1950 auf dem internationalen Jugendtreffen in Stockholm, 1951 in Fredericia (Dänemark), 1952 in Wien, 1953 in Jugoslawien, 1954 in Lüttich und von dort auch nach Frankreich bis an die französische Riviera, 1956 schließlich in Tampere (Finnland)[276]. Sie sagt, daß sie im Ausland immer große Freundlichkeit erlebt habe und zahlreiche Bekanntschaften habe machen können. Das habe dann auch dazu geführt, daß man sich gegenseitig privat, auf eigene Faust, besuchte. So sei sie z.B. 1951 nach Schweden zu Leuten gereist, die sie im Jahr zuvor auf dem Jugendtreffen kennengelernt hatte, und sie selbst wiederum sei in Hamburg besucht worden. Sie betont sehr stark den Aspekt der Völkerverständigung, der mit diesen Auslandsreisen und internationalen Treffen angestrebt und ihrer Meinung nach auch erreicht worden sei.

Das Ehepaar Ü., das sich mit ihrer Guttempler-Gruppe ebenfalls um internationale Kontakte bemühte, erinnert sich demgegenüber daran, daß es dabei Probleme gab. Herr Ü.: „Man mußte sehr mühsam diese Kontakte knüpfen. Wenn man sie hatte, war man sehr glücklich ... Am ersten waren die Kontakte zu den Schweden. Die waren am ehesten bereit, sich zu öffnen ... Das war alles sehr auf Distanz, kann man ja auch verstehen" - wegen der bitteren Erfahrungen, die das europäische Ausland erst wenige Jahre zuvor im Krieg mit den Deutschen machen mußte.

Auch vom „Heim der offenen Tür" in der Bundesstraße aus wurden Ferienfahrten, vor allem in den Sommerferien, organisiert. Ebenso wie an die Jugendverbände verlieh die Jugendbehörde zu diesem Zweck auch an das Heim Zelte, und unter den Heimjugendlichen bildete sich dann eine Gruppe, die die Fahrten vorbereitete. Frau M. erinnert sich an Fahrten an den Ratzeburger See und in die Lüneburger Heide[277]. Da die Jugendlichen aus dem „Heim der offenen Tür" in der Regel weniger diszipliniert waren als die Mitglieder der Jugendverbände, gab es auf solchen Fahrten schon hin und wieder Probleme[278]; Frau M. meint, die Jungen und Mädchen auf diesen Fahrten zu beaufsichtigen „das war wie einen Sack Flöhe hüten ... Das war kein einfacher Job,

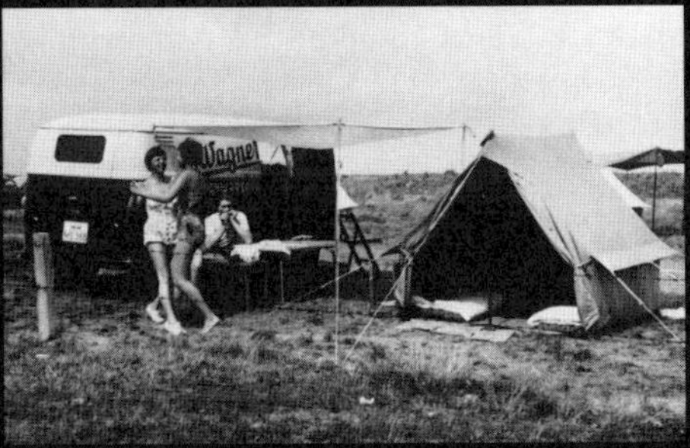
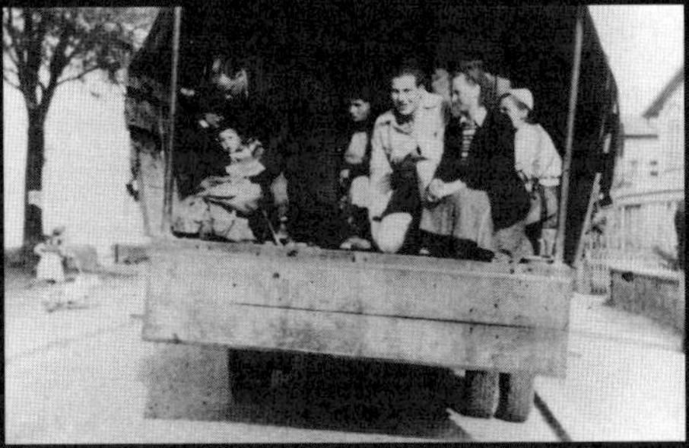
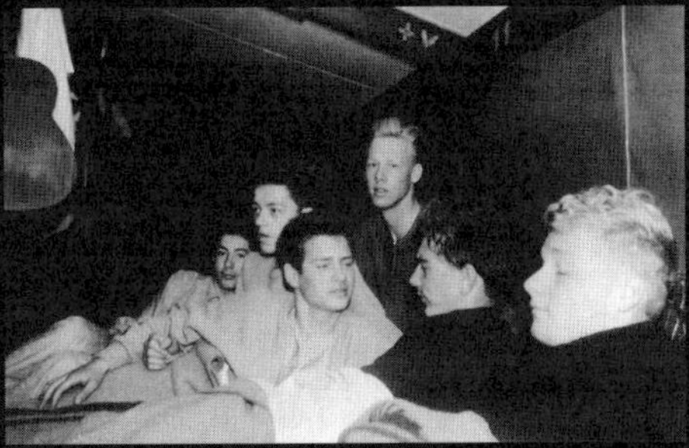
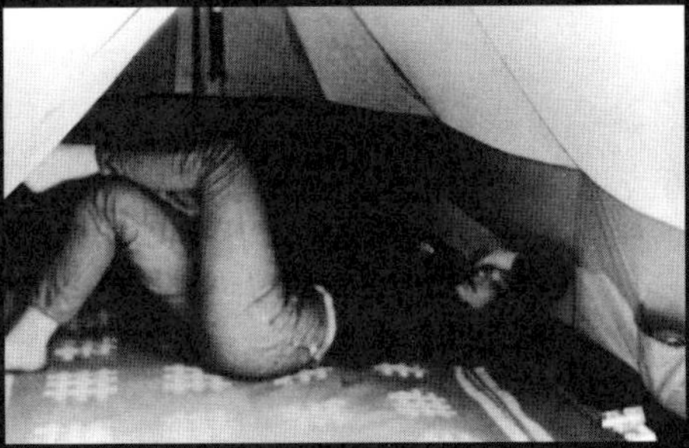

aber mir hat das viel Spaß gemacht." Zuweilen organisierten Gruppen aus dem Heim auch eigenständige Wochenend-Zeltfahrten.

Ausflüge und Fahrten im Kreise der eigenen Clique waren sehr beliebt. Herr Z. fuhr mit den Jungen seiner Clique mit dem Motorrad sonntags an die Ostsee. Herr T. war am Wochenende mit seiner Clique zum Zelten an der Elbe in Blankenese. Und Herr G. erzählt: „Wir sind jeden Sommer jedes Wochenende weggefahren. Entweder nach Leezen oder zum Großensee ... Da haben wir gezeltet. Nachher Ende der fünfziger Jahre waren wir auf einem Zeltplatz in Poppenbüttel, wo wir auch abends noch rausgefahren sind. Ich bin mit 'nem Fahrrad von Eimsbüttel nach Poppenbüttel gefahren. Denn bin ich morgens um halb fünf aufgestanden, bin von Poppenbüttel nach Eimsbüttel gefahren, habe (zu Hause – d. Verf.) meine Milchsuppe gegessen, und von da aus bin ich dann nach Waltershof (zur Arbeit – d. Verf.) gefahren mit 'nem Fahrrad. Und abends die gleiche Tour wieder zurück."

Über das Leben auf dem Zeltplatz in Poppenbüttel sagt er: Dort gab es „ein Stück Freiheit. Wir haben es einfach genossen, das zu tun, was wir wollten. Und es konnte abends keiner sagen: 'So, du gehst jetzt um zehn ins Bett', oder 'Du machst jetzt dies!' Es gab ja auch noch kein Fernsehen zu der Zeit, wir hatten auch noch kein Radio, so ein tragbares Radio, gab es zu der Zeit alles noch nicht. Das war einfach – in der Natur zu sein, ins Bett zu gehen, wann man Lust hatte – obwohl man dann viel früher ins Bett ging, als wenn man zu Hause war ... Wir hatten zwei Leute dabei, die spielten Klampfe, und wir saßen abends sehr lange dort. War auch 'ne sehr gute Gruppe. Es waren auf dem Zeltplatz nicht nur Jugendliche, sondern es waren auch Erwachsene da .... Es gab keine großen Feste oder keine großen Feten. Es war abends absolute Ruhe dort. Also das gab's nicht, daß da also Radau, Remmidemmi bis zum Gehtnichtmehr war. Kannten wir nicht." Gleichwohl war den Erwachsenen-Institutionen dieses selbstorganisierte Zelten von Jugendlichen ein Dorn im Auge – von wegen der „sittlichen Gefährdungen" ... „So heißt es im Protokoll einer Besprechung der verantwortlichen Jugendpfleger (1959 – d. Verf.): 'Schulleiter und Lehrer berichten von Jugendlichen im Alter von 15 bis 16 Jahren, die am Wochenende mit ihren Freundinnen zum Camping fahren und erst montags zum Schulbeginn zurückkehren(...) Es erscheinen zukünftig handfeste polizeiliche Maßnahmen notwendig, um die Jugendlichen von den 'wilden' Zeltplätzen zu entfernen'"[279].

Zusehends machten sich Jugendliche individuell auf den Weg. Herr H. praktizierte eine eher ungewöhnliche Form des Reisens. Angeregt durch seine Schule, das Kaifu, an der Rudersport groß geschrieben wurde, kaufte er sich 1953 ein eigenes Boot und hat sich dann in den Sommerferien zusammen mit Klassenkameraden die deutschen Flüsse erwandert: „Main, Rhein, Fulda, Weser. Flüsse-Wandern war so ungewöhnlich, daß die Leute sehr hilfsbereit waren." Andere Jugendliche waren im Urlaub mit dem Fahrrad unterwegs. So machte Herr W. mit Klassenkameraden Radtouren von Jugendherberge zu Jugendherberge durch Schleswig-Holstein. Herr T. ist im Urlaub mit Freunden mit dem Rad und Zelten ins Weserbergland gefahren, Ingeborg O. ins Sauerland, Herr P. an die Mosel und nach Schweden.

Herr V. war in den Ferien zunächst mit einer Jugendgruppe der evangelischen Jugend unterwegs: „Ein wesentlicher Teil meiner Freizeit war eigentlich Mitgliedschaft in der evangelischen Jugend in der Stephanuskirche, wo ich auch meinen Urlaub verbracht habe mit Leuten im Zeltlager und dergleichen ... Ich war zweimal in Dahme an der Ostsee, das war mit Jugendlichen aus ganz Hamburg. Das war das erste Mal, daß ich ohne Eltern unterwegs war" (1951 und 1952). Später dann ist auch er sehr viel auf eigene Faust gereist: „Mein Vater war Bundesbahner, und man hatte als Bundesbahnerkind zwei Freifahrten in Deutschland pro Jahr und im Ausland den halben Fahrpreis. Das habe ich weidlich ausgenutzt." So war er zum Beispiel 1958 in Jugoslawien, zunächst „zu einer Familie nach Zagreb und anschließend im Urlaub nach Zadar". Schon 1956 war er als 16jähriger in England gewesen, und zwar vermittelt über seine Schule als Austausch-Schüler. Das „war damals was Besonderes". 1959 dann ist er mit einem Klassenkameraden durch England getrampt. Das war zu jener Zeit dann „schon ganz normal. England war sehr tramp-freundlich. Meine Eltern wußten das nicht, das haben sie hinterher erst erfahren. Wir haben so viele Leute getroffen dort, das war einmalig schön." Auch Herr C. war 1960 zwei Monate in England, als Gast bei einer Familie und dann unterwegs per Anhalter. Schon 1954 war er das erste Mal per Anhalter auf Fahrt gewesen, nach Rotterdam in Holland, wo er ebenfalls drei Wochen in einer Familie gelebt hatte.

Trampen war bei den Jugendlichen in den 50er Jahren überhaupt sehr beliebt. Frau Ü. ist – neben den Gruppenfahrten mit den Guttemplern – bereits zu Beginn der 50er Jahre zusammen mit einer Freundin getrampt: „Ich war auf Fahrt mit meiner Freundin, wir sind per Anhalter; was heißt per Anhalter – eher über so eine Art Mitfahrerzentrale hinterm Hauptbahnhof. Meine Mutter war eher mißtrauisch und furchtbar vorsichtig, und ich wundere mich eigentlich heute noch, daß sie uns hat ziehen lassen. Aber das war vielleicht die Reaktion auf diese erzwungene Ghetto-Bildung bei den Nazis. Daß die Eltern gesagt haben: Die Kinder brauchen das – laß sie man." Die meisten Erwachsenen waren allerdings nicht so tolerant wie Frau Ü.s Mutter; insbesondere, als zu Ende des Jahrzehnts die Jugendlichen in Scharen auf Tramp-Fahrt gingen, wurde von seiten der Erwachsenen und ihrer Institutionen massiv gegen das „Anhalter-Unwesen" Front gemacht[280]. Doch alle Warnungen und Appelle fruchteten nicht; Ende der 50er Jahre war das Trampen eine massenhaft von Jugendlichen praktizierte Form des Reisens.

Zu einem Freizeitvergnügen großer Massen wurde im Verlaufe der 50er Jahre auch das Camping[281] bzw. der Urlaub und das Wochenende im eigenen kleinen Bungalow an der See. Diese familiäre Form des Reisens und Urlaubens trat auch für zahlreiche Eimsbütteler Jugendliche zusehends an die Stelle der von den Jugendverbänden und anderen Institutionen organisierten Fahrten und Zeltlager. Herrn Q.s Familie gehörte in dieser Hinsicht zu den Trendsettern: „Meine Eltern kauften sich ein Auto Sommer '53 – Adler Triumph Junior Cabriolet. Und es wurde eine kleine Bude gekauft, und die wurde am Strand zwischen Timmendorf und Scharbeutz aufgestellt, und wir fuhren wochenends denn da hin." Auch die Familie der Geschwister O. gehörte zu den Pionieren des Camping. Der Bruder Klaus erzählt: „Wir waren als eine der wenigen glücklichen Familien in der Lage, 'nen Auto zu besitzen. Das war ja schon was ... Das war kein eigenes Auto, sondern wo Vater gearbeitet hat in der Firma: Sein Chef hat für das Wochenende das Auto (zur Verfügung gestellt – d. Verf.). So konnten wir unsere Wochenendfahrten machen schon damals." Mit einem umgebauten VW-Transporter sind sie an die Ostsee gefahren. Dort haben sie seit 1957 am Schönberger Strand gezeltet, und die Kinder durften über das Wochenende oder in den Ferien stets auch Freundinnen und Freunde mitnehmen.

Auch Frau Sch. erklärt, daß die Verfügung über ein Auto neue Ausflugs- und Reisemöglichkeiten eröffnete: „Ende der fünfziger fing das schon an, daß einer schon 'nen Auto hatte. Dann sind wir (die Clique – d. Verf.) an die Ostsee gefahren und so." Herr Z. schaffte sich 1958 einen gebrauchten VW an und fuhr erstmals ins Ausland, nach Italien. Dort verliebte er sich in eine Italienerin, und so hatte er dann „'ne Freundin in Mailand. Und da bin ich dann so das nächste halbe Jahr die Wochenenden hingefahren ... Wochenende hin und zurück. Mit 'nem VW mußte man da richtig knüppeln". Herr G. ist 1959 mit einem Freund mit VW und Zelt „quer durch Europa gefahren. Das war schon was Tolles".

Daneben gab es aber auch nach wie vor Eimsbütteler Jugendliche, die kaum oder überhaupt nicht zum Urlaub oder auf Fahrt aus der Stadt herauskamen, die auch von der „Reisewelle" der späten 50er Jahre nicht erfaßt wurden. Für Herrn N. und seine Freunde zum Beispiel war es schon etwas ganz Besonderes, an einem Wochenende einmal mit der AKN zum Zelten an den Elsensee (bei Quickborn) zu fahren. Und Herr S. konstatiert: „Verreisen – das gab es ja damals alles gar nicht. Nur im Sommer zum Baden nach Krupunder" – mit der Straßenbahnlinie 3 bis Eidelstedt und von da zu Fuß oder per Anhalter mit einem LKW zum Krupunder See[282].

POLITIK

"Da habe ich mich immer rausgehalten"

Auf die Frage nach politischem Interesse und politischem Engagement antwortete die Mehrzahl unserer ZeitzeugInnen ähnlich wie Herr Q.: „Ich war unpolitisch." Damit sind sie repräsentativ für die Masse der Jugendlichen der 50er Jahre[283], ja, für die Deutschen jener Zeit überhaupt. Die Beteiligung am politischen Geschehen beschränkte sich bei vielen auf den Gang zu den Wahlurnen. Und im Wahlverhalten unterschieden sich die Jugendlichen (soweit wahlberechtigt, also ab 21 Jahren) nicht von den Erwachsenen: Sie machten ihr Kreuz bundesweit mehrheitlich bei Adenauer und der CDU. Politisches Engagement war durch die NS-Zeit gründlich diskreditiert; die meisten Menschen zogen sich auf ihr Privatleben, die Familie und das persönliche Vorwärtskommen zurück. Politik wurde weitgehend „denen da oben" überlassen; die von den Besatzungsmächten verordnete Demokratie wurde zwar von der großen Masse der Bevölkerung und auch der Jugendlichen brav akzeptiert[284], doch blieb das Demokratieverständnis jener Zeit sehr formal und oberflächlich.[285] Unter der dünnen demokratischen Decke lebten autoritäre, obrigkeitsstaatliche und auch nationalsozialistische Strukturen, Verhaltensweisen und Einstellungen in vielen gesellschaftlichen Bereichen fort. Daher rührt nicht zuletzt auch die große Aufregung in der Erwachsenenwelt über Formen jugendlichen Verhaltens, die die autoritären und obrigkeitsstaatlichen Orientierungen der Adenauer-Ära herausforderten – über Rock 'n' Roll-Begeisterung und Halbstarkenverhalten etwa. Und auch wenn diese Formen „unpolitisch" waren und von den Rock 'n' Roll-begeisterten oder „halbstarken" Jugendlichen damit in keiner Weise politische Absichten oder Ziele verbunden waren, so hatten sie doch politische Wirkungen: die versteinerten gesellschaftlichen Verhältnisse jener Zeit wurden zumindest teilweise zum Tanzen gebracht. Insofern kann man diese jugendlichen Formen des Aufbegehrens als Vorläufer der dezidiert politischen Jugendbewegung des Endes der 60er Jahre betrachten, die erst die Bundesrepublik endgültig aus der autoritären Erstarrung befreite und ein substantielleres Verständnis von Demokratie und politischer Partizipation durchsetzte. Deswegen mag es zwar richtig sein, wenn eine „Protest-Chronik" der 50er Jahre[286] aufzeigt, daß es auch in den politisch so starren und lahmen 50ern eine ganze Fülle von politischen Protesten gegeben hat. Doch muß dabei stets bedacht werden, daß diese sich in einem insgesamt autoritär erstarrten Umfeld und einem allgemein „unpolitischen" Klima vollzogen, und daß dieses Umfeld und dieses Klima durch dergleichen Proteste nicht aufgebrochen wurden. Das wurde erst von der sog. 68er-Bewegung erreicht, und dazu hatte letztlich der Rock 'n' Roll mehr beigetragen als traditionelle, am Muster der 20er Jahre angelehnte politische Demonstrationen.

Gleichwohl gab es in den 50er Jahren selbstverständlich auch politisch (im engeren Sinne) engagierte Jugendliche. Sie standen zumeist in der Tradition des politischen Engagements der aus der Weimarer Republik überkommenen politischen Parteien und Verbände, die nach 1945 wieder an die Zeit vor 1933 anzuknüpfen versuchten. Sie machten also keine spezifische Jugend(bewegungs)politik, sondern orientierten sich an „erwachsenen" Institutionen, insbesondere den politischen Parteien (z.B. die FDJ an der KPD, die „Falken" an der SPD). In den dezidiert politischen Jugendverbänden engagierte sich nur eine Minderheit der Jugendlichen. Daneben gab es eine noch weit kleinere Minderheit von Jugendlichen, die versuchte, neue und eigene Wege politischen Engagements zu gehen.

Die große Mehrheit jedoch interessierte sich nicht für Politik, erhielt dafür auch aus der Erwachsenenwelt keinerlei Anregungen. Im Gegenteil: In vielen Familien, in der Schule oder im Betrieb galt „Politik" als anrüchig, wollte man damit nichts zu tun haben und sie „draußen" halten. Herrn H.s Erfahrung kann in dieser Hinsicht als typisch gelten: „In unserer Familie wurde über Politik ... überhaupt nicht gesprochen. Arbeit und wirtschaftlicher Erfolg standen im Mittelpunkt allen Betrachtens meiner Großeltern. Es war schwer genug, immer genug zum Leben und Anziehen zu haben." Ähnlich begründet Frau F. das vorherrschende politische Desinteresse: „Ruhe und Sicherheit" seien vorrangige Ziele gewesen: „Es war wichtig, daß nichts mehr passierte", Politik hätte nur Unruhe und Unsicherheit gebracht. Die Folge dieser Ausgrenzung von Politik sei politische Naivität gewesen. Das bestätigt Herrn J.s Aussage, Politik sei „ein Buch mit sieben Siegeln" gewesen. Und Herr S. sagt zum Thema Politik: „Da habe ich mich immer rausgehalten, ich kannte das noch von meinem Vater. Der war früher bei der NSDAP und ist ja dann auch noch 1945 im Januar zum Volkssturm gekommen."

In den Schulen sah es nicht besser aus als in den Familien. Auch dort war es zumeist nicht erwünscht, über Politik zu sprechen oder gar sich politisch zu engagieren. Herr B.: „Politik war auch bei uns zu Hause kein beliebtes Thema. Und in der Schule wurde das keineswegs gefördert ... Zumindest ich war sehr wenig politisch. Und meine Klassenkameraden waren auch sehr wenig politisch." So verwundert es nicht, wenn Herr V. meint: „Ich war wohl als einziger in der Klasse über das politische Leben informiert." Erst gegen Ende der 50er Jahre änderte sich das zaghaft. Herr U., der seit 1956 an der Schülerzeitung des Kaifu mitarbeitete und seit 1958 im Vorstand der „Jungen Presse" Hamburg war, sagt, daß zu jener Zeit vor allem das „Amerika-Haus sehr viel Angebote für die Schülerzeitungen hatte" und daß man hierüber „schon mit der Politik in Verbindung" gekommen sei. Doch beschränkte sich das weitgehend darauf, sich über Politik zu informieren. Selber politisch aktiv wurden dadurch nur wenige.

In diesem „unpolitischen" Klima hielten sich hartnäckig (durchaus politische) Einstellungen, Wertungen und Vorurteile, die aus der NS-Zeit überkommen waren und die von den Erwachsenen, Eltern und Lehrern, an die Jugendlichen weitergegeben wurden. So finden sich etwa in den Abschlußarbeiten der 10. Klassen der Schule Telemannstraße aus den 50er Jahren in Fächern wie Deutsch, Geschichte, Erdkunde oder Biologie zuhauf rassistische, revanchistische, chauvinistische und selbstverständlich antikommunistische Argumentationen, die von den Lehrern mit guten Noten belohnt wurden[287].

So wird in Erdkunde-Klausuren zum Thema China lang und breit über die „Rassemerkmale" „des" Nordchinesen und „des" Südchinesen geschrieben und das „große Geschrei, der abscheuliche Schmutz und Gestank" in den chinesischen Städten moniert (Note: 1). In Klausuren zur „Bedeutung der unter polnischer und russischer Verwaltung stehenden Ostgebiete Deutschlands für Deutschland" wird beklagt, „daß mit dem Verlust der Ostgebiete uns die Unabhängigkeit von anderen Ländern genommen ist" (Note: 2/3). Und unter dem Klausurthema „Was kann der Einzelne zur Völkerverständigung beitragen?" wird hauptsächlich dem Zusammenschluß „Europas" (gemeint ist dabei stets Westeuropa) gegen eine Welt von Feinden (insbesondere gegen „Asien", den „Osten") das Wort geredet; in dieser Perspektive wird dann über die beiden Weltkriege gesagt: „Sie waren wohl die größten Dummheiten Europas, denn sie beschleunigten den Untergang des Abendlandes ... Die Menschen dürften sich nicht nur als Engländer oder Deutsche, sondern genauso stark müßten sie sich als Europäer fühlen. Wenn alle Menschen die Gefahr erkennen würden, die Europa droht, würde es vielleicht zu einer Verständigung kommen" (Note 2/3). Die Europa drohende Gefahr war selbstverständlich die „rote" bzw. die „gelbe" Gefahr (= die UdSSR und die VR China).

Wenn also die Jugendlichen der 50er Jahre auch großenteils politisch desinteressiert und passiv waren, so kolportierten sie doch die damals gängigen politischen Auffassungen der Erwachsenenwelt, die sich in der seinerzeit herrschenden Kalten-Kriegs-Atmosphäre zuallererst in einem dumpfen Antikommunismus bündelten[288].

Gegen Remilitarisierung und Atombewaffnung

Wie schwierig es war, zu Beginn der 50er Jahre Jugendliche, die nicht ohnehin schon in einem politischen Jugendverband aktiv waren, an Politik und politisches Engagement heranzuführen, berichtet Frau M. aus ihren Erfahrungen im „Heim der offenen Tür" Bundesstraße. Dort seien den Jugendlichen zwar regelmäßig Angebote politischer Veranstaltungen und politischer Diskussionsrunden gemacht worden, doch seien dies in der Regel die am schlechtesten besuchten Veranstaltungen gewesen. In der Tat kann bezweifelt werden, daß ein Vortrag des Kultur-Referenten des US-Generalkonsulats über das amerikanische Wahlsystem[289] allzuviele Jugendliche begeistert hat. Die politischen Diskussionsgruppen im Heim mußten immer wieder neu initiiert werden, weil sie nach einiger Zeit regelmäßig einschliefen. Nur ausnahmsweise wurde Politik für größere Kreise von Heimbesuchern interessant, so etwa als Vertreter der dann im Oktober 1952 verbotenen rechtsextremistischen SRP (Sozialistische Reichspartei) im Heim auftauchten und dort Aufkleber mit politischen Parolen klebten[290] oder als es um die Wiederbewaffnung ging.

Das Thema Wiederbewaffnung sorgte seit dem Bekanntwerden entsprechender Pläne der Adenauer-Regierung im August 1950 für hitzige politische Debatten, auch unter der Jugend, deren männlicher Teil von der Aufstellung einer bundesdeutschen Wehrpflicht-Armee ja unmittelbar betroffen war. Im Sommer 1950 war spontan eine „Ohne mich"-Basisbewegung als Reaktion auf die Wiederaufrüstungspläne entstanden. 1951/52 war die Remilitarisierung ein zentrales öffentliches Thema. Auch im „Heim der offenen Tür" Bundesstraße wurde darüber diskutiert. Über eine Veranstaltung im Heim vom Februar 1952 heißt es: „Die große Wehrdebatte im Bundestag regte eine offene Diskussion vor einem größeren Kreis von Jugendlichen an. Dazu hatten wir Vertreter der Jungdemokraten und der Internationale der Kriegsdienstgegner eingeladen. Jede Partei durfte 10 Minuten lang ihren Standpunkt darlegen, danach nahmen unsere Jugendlichen zu den Ausführungen Stellung. Wenn ich vorher aufgrund der Äußerungen unserer Jugendlichen einen unbedingten 'Ohne-mich'-Standpunkt vermutet hatte, so wurde ich im Laufe des Abends durch eine weitgehende Bereitschaft zum Wehrdienst überrascht. Allerdings muß dabei berücksichtigt werden, daß die Jungdemokraten als Befürworter des Wehrbeitrags rethorisch (sic!) bei weitem überlegen waren und sich überdies geschickt auf die Mentalität der Jugendlichen einzustellen wußten. Dem hatte der einzige Vertreter der Internationale nichts entgegenzustellen. Er war ein völliger Versager ..."[291].

Die Jugendverbände auf der Linken des politischen Spektrums engagierten sich sehr im Kampf gegen die Wiederbewaffnung. So erzählen Herr Ä.und Herr D., daß die Hamburger „Falken" bei den Demonstrationen gegen die Wiederbewaffnung dabei gewesen seien und eigene Veranstaltungen gegen diese Remilitarisierung organisiert hätten. Auch Frau K. machte mit ihrer DAG-Jugendgruppe bei den Aktionen gegen die Remilitarisierung mit: „Wir haben Fackelumzüge gegen die Wiederbewaffnung gemacht, aber was soll's? ... Das war 52/53. Rothenbaum, Rutschbahn. Das wurde vom Hamburger Jugendring organisiert"[292].

Eine besonders spektakuläre Aktion im Rahmen der Kampagne gegen die Remilitarisierung war die Besetzung Helgolands durch eine Gruppe von 15 Jugendlichen aus elf Jugendorganisationen vom 1. bis 3. April 1951. Helgoland wurde damals von den Briten noch als Bombenabwurfziel genutzt. Frau Ü. gehörte als Vertreterin der Guttempler zur Besetzer-Gruppe. Sie sagt dazu: „Das hat uns natürlich begeistert: Endlich mal was, was man dagegen tun kann. Also handeln kann, wirklich aktiv sein kann. Nicht nur Versammlungen machen." Die Gruppe verbarrikadierte sich im ehemaligen Flakturm. Nach zwei Tagen gelang es der Polizei, die „Stahltür des Turms in stundenlanger Arbeit aufzuschweißen, die Jugendlichen festzunehmen und auf das Festland zurückzutransportieren"[293]. Zum gerichtlichen Nachspiel sagt Frau Ü.: „Wir sind nachher vom High Court verurteilt worden, nicht von einem deutschen Gericht" – wegen unbefugten Betretens der Insel Helgoland. Sie wurden zu zwei Monaten und zwei Wochen Gefängnis verurteilt; „die Jungen mußten das absitzen, die Mädchen nicht. Da waren wir (Mädchen – d. Verf.) so empört, daß der Rechtsanwalt große Mühe hatte, uns aus dem Gerichtssaal wieder 'rauszubringen und zu sagen: Ihr könnt draussen mehr tun als wenn ihr nun aus Solidarität auch die Strafe absitzen wollt." Und in der Tat berichtete Frau Ü. dann auch auf Versammlungen, u.a. in Eimsbüttel im früheren Guttempler-Haus in der Sommerhuder Straße, von der Aktion.

Die Kampagne gegen die Remilitarisierung endete mit einer Niederlage. Trotz der anfänglich in weiten Kreisen der Bevölkerung und namentlich der Jugend verbreiteten ablehnenden Haltung zur Aufstellung deutscher Streitkräfte[294] wurden im Herbst 1954 der Beitritt der BRD zur NATO und die Aufstellung der Bundeswehr beschlossen. Daraufhin kam es im Frühjahr 1955 anläßlich der Bundestagsdebatten über diese Beschlüsse noch einmal zu einem Höhepunkt der Aktivitäten gegen die Wiederbewaffnung, doch nachdem der Bundestag die entsprechenden Verträge gebilligt hatte, zerfiel die Bewegung rasch. 1956 wurden die allgemeine Wehrpflicht eingeführt und die ersten jungen Rekruten zur neuen deutschen Armee eingezogen.

Eine neue friedenspolitische Massenbewegung war dann die Kampf-dem-Atomtod-Bewegung der Jahre 1957-1959. Auch hier waren die Eimsbütteler „Falken" nach Aussage von Herrn D. und Herrn Ä. wieder sehr aktiv dabei, ebenso die DAG-Jugendgruppe von Frau K.

Herr P., obgleich nicht in einem der großen politischen Jugendverbände aktiv, engagierte sich in den 50ern ebenfalls gegen Remilitarisierung und Atombewaffnung. Er nahm an den entsprechenden Demonstrationen teil – die „waren recht harmlos." Doch er tat noch mehr: Als überzeugter Pazifist war er 1954 dem Verband der Kriegsdienstgegner (VK) beigetreten. Er erzählt: „Bevor die Wehrpflicht kam – ich war nachher weißer Jahrgang, ich war sechs Wochen zu alt, das war mein Glück – aber bevor ich das wußte, daß ich weißer Jahrgang war, war ich schon als siebzehnjähriger im Verband der Kriegsdienstverweigerer drin." Dort haben sie sich auf die KDV-Prüfung vorbereitet, gegen die Wiederaufrüstung und später eben gegen die Atombewaffnung gearbeitet. Unter anderem hat er Aufkleber des VK gegen die Atombewaffnung verteilt: „Das weiß ich noch, da habe ich so als 19jähriger, als 20jähriger, das war denn so 1957, '58 – da bin ich denn schon längs gegangen an den Autos und habe was überall hinter die Scheibenwischer hintergesteckt. VK-Aufkleber."

Auch die Kampagne „Kampf dem Atomtod" gegen die Stationierung von Atomraketen auf deutschem Boden und die atomare Bewaffnung der Bundeswehr war nicht erfolgreich. Zwar handelte es sich um eine echte Massenbewegung[295], und gerade in Hamburg kam es im Frühjahr 1958 zu zahlreichen Demonstrationen und Warnstreiks

Hamburger Jugendliche im ehemaligen KZ Bergen-Belsen, März 1957

1. Mai-Demonstration 1957

gegen die Atombewaffnung[296], die am 17. April 1958 in einer Kundgebung von mehr als 100 000 Menschen auf dem Rathausmarkt gipfelten. Doch die Stationierung von Atomraketen in der Bundesrepublik und die Ausstattung der Bundeswehr mit Trägersystemen für Atomwaffen konnte nicht verhindert werden. Die Bewegung flaute seit dem Herbst 1958 merklich ab. Erst mit den Ostermärschen seit Beginn der 60er Jahre bekam die Friedensbewegung in der Bundesrepublik wieder einen gewissen Auftrieb.

Keine Auseinandersetzung mit dem Nationalsozialismus

Das weitgehende Verdrängen der NS-Zeit in den 50er Jahren hat sicher wesentlich mit dazu beigetragen, auch aktuelles politisches Engagement zu diskreditieren. „Politik" hatte zum Nationalsozialismus geführt, die „Politik" der Nazis wiederum in die Katastrophe der Kriegsniederlage und in das Nachkriegselend – mit „Politik" wollte man demgemäß nichts zu tun haben. Politisches Engagement hätte vorausgesetzt, daß man sich mit der NS-Vergangenheit und mit der eigenen Verantwortung für Diktatur, Völkermord und Krieg hätte auseinandersetzen müssen. Aber genau das wollte die große Mehrheit der Deutschen nicht. Sie stürzte sich in den Wiederaufbau und erschuftete das „Wirtschaftswunder" – auch, um sich der eigenen Vergangenheit nicht stellen zu müssen.

Das Beschweigen der Vergangenheit wurde auch den Jugendlichen gegenüber praktiziert. Die Jugend der 50er Jahre wurde von den Institutionen der Erwachsenenwelt kaum mit dem Nationalsozialismus konfrontiert und über seine Verbrechen aufgeklärt. Viele ZeitzeugInnen berichten, daß der Nationalsozialismus damals kein Thema gewesen sei, weder zu Hause noch in der Schule noch in der Öffentlichkeit. Frau K. sagt: „Wir haben auch unsere Eltern genug gefragt (nach der NS-Vergangenheit – d. Verf.). Die haben geantwortet: Wir wollten auch leben." Und Herr P. erläutert: „Die Eltern waren geachtete Personen, so daß man das irgendwie nicht geschafft hat (mit ihnen die Auseinandersetzung über den Nationalsozialismus zu führen – d. Verf.). Jedenfalls hat das nicht stattgefunden." Herr J. spricht von einem „Aussparen" der NS-Vergangenheit. Es habe keine Aufarbeitung dieser Vergangenheit gegeben, über Täter und Opfer sei nicht geredet worden, und „es wurde überhaupt nicht getrauert, das habe ich schon empfunden". In der Rückschau wertet er es als eine „billige Erklärung, daß die Leute nur an Wiederaufbau dachten". Herrn G.s Erinnerung, „in den fünfziger Jahren war nichts" mit Vergangenheits-Aufarbeitung, das sei erst zaghaft Ende der 50er/Anfang der 60er Jahre losgegangen, trügt sicher nicht. Seitdem wurde im Schulunterricht auch intensiver auf die Vernichtung der Juden eingegangen. In der Schule Telemannstraße etwa war ein Prüfungsthema in Geschichte für die Abschlußarbeiten der 10. Klasse 1960: „Wir luden eine große Schuld auf uns. – Was weißt du von der Judenverfolgung?"[297]. An diesen Arbeiten erkennt man zum einen das ernsthafte Bemühen, sich mit dem Holocaust und der deutschen Schuld auseinanderzusetzen. So gingen die Schüler etwa sehr hart mit den in den 50er Jahren gängigen Argumenten der Erwachsenen „Wir haben nichts gewußt" und „Wir konnten doch nichts ändern" ins Gericht. Doch zum anderen finden sich in den Klausuren auch eine ganze Reihe seinerzeit gängiger Klischees und Entschuldigungen, die die Begrenztheit dieser Auseinandersetzung aufzeigen. So wurde oft die Verantwortung einzelnen „Schurken" zugeschrieben („Verantwortlich für diese Untaten (= die Ermordung der Juden in den KZs – d. Verf.) sind Himmler und Eichmann"), und es wurde eine „Abfindungszahlung" für „die Juden" als Problemlösung angeboten.

Bemühungen, den Holocaust zu thematisieren, waren in den 50er Jahren sporadisch und punktuell geblieben. 1953 etwa bot die Gesellschaft für christlich-jüdische Zusammenarbeit den Film „Lang ist der Weg", der das „Problem des Antisemitismus" behandelte, mit der Anregung an, „daß die Jugendbehörde diesen Film vor jungen Menschen zur Aufführung bringt" – was offensichtlich nicht geschah[298].

Einige Jahre später hatte die Gesellschaft mit einem anderen Vorstoß mehr Erfolg. Sie forderte im März 1957 Jugendverbände und Schulen auf, zum Beginn der „Woche der Brüderlichkeit" einige Vertreter an das Mahnmal des KZ Bergen-Belsen zu entsenden. Dem Aufruf folgten schließlich mehr als 2.000 Hamburger Jugendliche, die sich mit Autobussen und PKWs nach Bergen-Belsen aufmachten. Diese große Resonanz war vor allem darauf zurückzuführen, daß 1955 das „Tagebuch der Anne Frank" erschienen war, dessen Lektüre in den folgenden Monaten und Jahren Zehntausende von Jugendlichen aufwühlte. Auch Frau K. war mit ihrer DAG-Gruppe bei der Fahrt nach Bergen-Belsen dabei, sie war von diesem Ereignis ebenso tief beeindruckt wie die anderen Jugendlichen, die an dieser Kundgebung teilgenommen hatten[299].

DAS VERHÄLTNIS ELTERN-JUGENDLICHE

„Man hat auch gekuscht, auf deutsch gesagt"

Bereits mehrfach ist im Voraufgegangenen angeklungen, daß die Familie in den schweren Zeiten der Nachkriegsjahre und der frühen 50er Jahre ein ganz entscheidender Faktor für das (Über-)Leben der Menschen war. Im allgemeinen Chaos der Nachkriegszeit gaben die Familienstrukturen Halt, und beim Wiederaufbau waren es die Familienmitglieder, die sich gegenseitig stützten und sich gemeinsam wieder aus der Not herausarbeiteten. Den Kindern und Jugendlichen kamen dabei elementare Aufgaben zu. Sie mußten einerseits kräftig mit anpacken, um Überleben und erneutes Vorwärtskommen zu sichern, und sie hatten auch eine wichtige psycho-soziale Funktion, indem sie entscheidend zur Stabilisierung des Familienzusammenhalts beitrugen. Denn die Familien dieser Zeit waren in der Regel keineswegs „heil und ganz". Vielmehr hatten Krieg und Nachkriegszeit den Familien tiefe Wunden geschlagen. Viele Väter waren gefallen oder in Kriegsgefangenschaft, zahlreiche Familien waren durch Ausbombung und Evakuierung auf das Land oder durch Flucht auseinandergerissen. So manche Kinder und Jugendliche mußten ohne ihren Vater aufwachsen, und in anderen Familien hatten die Mädchen und Jungen überhaupt keine Erinnerung an den fremden Mann, der nach Jahren Krieg und Gefangenschaft nach Hause kam und ihr Vater sein sollte. Auch das Verhältnis zwischen den Frauen und den heimkehrenden Ehemännern war oft nicht unproblematisch; häufig waren sie sich fremd geworden, die Frau hatte in der Nachkriegszeit allein ihren „Mann gestanden" und dabei ein gutes Stück Selbständigkeit und Selbstvertrauen errungen. Jetzt sollte die alte Rollenverteilung zwischen dem Mann als Ernährer und Oberhaupt der Familie und der sich unterordnenden Frau wiederhergestellt werden[300]. Und auch die Söhne und Töchter, die in der Kriegs- und Nachkriegszeit oftmals sehr viel Verantwortung übernommen und die Vertrauten ihrer Mütter geworden waren, wurden von den zurückgekehrten Vätern „in einen Kinderstatus zurückversetzt, den sie längst verlassen hatten"[301].

Das alles beschwerte das Familienleben mit enormen Belastungen. Oft gab es Streit zwischen Mann und Frau, viele Ehen scheiterten. Dabei wünschten sich die Eltern sehnlichst eine heile, ordentliche Familie, um die Unordnung der Kriegs- und Nachkriegsjahre möglichst rasch zu vergessen bzw. zu überwinden. „Ehe und Familie waren Anfang der 50er Jahre eindeutiges Bezugszentrum aller Wünsche nach emotionaler Aufgehobenheit"[302]. Diesen Wünschen sollten sich die Kinder und Jugendlichen anpassen, das hieß vor allem, sie sollten den die Ehepartner verbindenden „Kitt" bilden. Zudem sollten sie sich den traditionellen Familienvorstellungen unterordnen – und die gingen aus von einem „strengen" Vater als absoluter Autorität, der bedingungslos zu gehorchen war, und von einer treusorgenden Mutter, die sich zu Hause um das Wohl und die Erziehung der Kinder kümmerte. Konflikte sollte es zwischen Eltern und Kindern nicht geben, die störten nur ein „harmonisches" Familienleben.

Diese Vorstellungen von einer „heilen und ganzen" Familie brachen sich allerdings nur zu oft an den Realitäten. Oft fehlte der Vater, und die Mutter oder die Großeltern mußten für die Kinder sorgen. Das bedeutete unter anderem, daß die Mütter berufstätig sein mußten. Herr Z. wuchs ohne Vater auf. Er lebte als Einzelkind zusammen mit seiner Mutter: „Ich hatte ja nie 'n Vater. Daher mußte meine Mutter ja immer arbeiten." Hieraus ergaben sich für Herrn Z. überdurchschnittlich große Freiheiten; er nahm sich eigener Einschätzung nach mehr heraus, als gleichaltrigen Jugendlichen aus Familien mit Vater seinerzeit möglich war. So konnte er sich z.B. beim damals zwischen Jugendlichen und Eltern heißumkämpften Thema, wann die Sprößlinge abends wieder zu Hause sein mußten, anstandslos durchsetzen.

In den „ganzen" Familien war der Vater die Autoritätsperson. Viele Jugendliche berichten, daß dem Vater nicht widersprochen werden durfte, ja, daß man überhaupt nicht auf die Idee gekommen sei, das zu tun, so selbstverständlich sei dieses Autoritätsverhältnis gewesen. Und wenn man einmal ungehorsam gewesen sei, dann habe es wie selbstverständlich Strafen – von Hausarrest bis zu Prügeln – gegeben, die ebenfalls wie selbstverständlich hingenommen worden seien. Die Geschwister O. erzählen von ihrem Vater zum Beispiel: „Vater war richtig noch einer von der alten Garde." Er sei sehr streng gewesen, nach seinen Ge- und Verboten habe sich die ganze Familie richten müssen. Weil er gegen das Rauchen und das Schminken war, durften seine Kinder das nicht (bzw. nur dann, wenn er nicht da war, denn die Mutter drückte ein Auge zu). Wenn sich die Kinder ihm widersetzten, gab es Prügel. Einmal gab es beispielsweise Schläge, weil sich die Töchter ohne Erlaubnis einen Pony geschnitten hatten. „Vater wollte gefragt werden." Die Mutter habe demgegenüber „immer den Schlichter gespielt".

Trotz des strengen Regiments in den meisten Familien erklären die ZeitzeugInnen im Nachhinein, daß es daheim – sowie zwischen Jugendlichen und Erwachsenen generell – kaum Probleme und Konflikte gegeben habe. Herr Q.: „Wir hatten keine Probleme, weil nicht darüber geredet wurde. Die Eltern wollten aufbauen, hatten was anderes im Sinn als die Kinder. Die Eltern haben nicht daran gedacht, den Kindern etwas zu erklären."

Und Herr H. formuliert die Abwesenheit von Konflikten ganz extrem: „Ich erinnere auch nicht, daß ich mit Erwachsenen Konflikte gehabt hätte ... Nicht mit Lehrern, nicht mit Nachbarn. Es gab gar keine Konflikte." Gleichzeitig betont er aber auch: „Ich bin von meinem Großvater zu völliger Selbständigkeit und zu Selbstbewußtsein erzo-

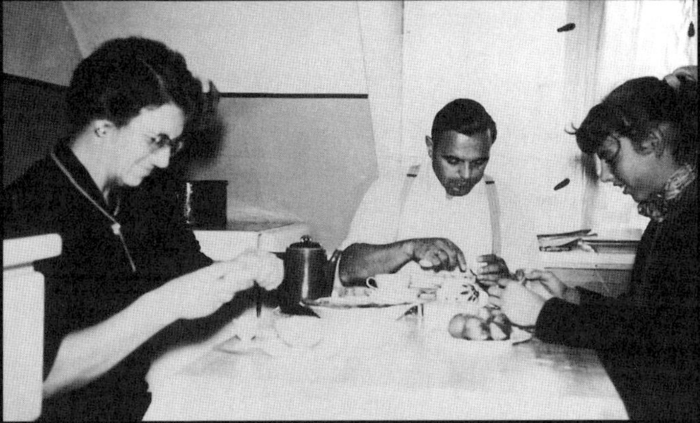

gen worden. Genau das forderten auch meine Lehrer, die ehemaligen Offiziere: Selbstbewußtsein"[303].

Daß viele ZeitzeugInnen sagen, sie könnten sich an keine oder nur sehr seltene Konflikte mit den Eltern erinnern, liegt wohl zum einen an einem zeitbedingt außergewöhnlich hohen Maß an Übereinstimmung der Interessen und Auffassungen von Eltern und Kindern, zum anderen aber auch an der den Jugendlichen unangreifbar erscheinenden Autorität der Eltern.

Zum ersten: Es gab seinerzeit sicher einerseits ein hohes Maß an Übereinstimmung der Interessen zwischen Eltern und Jugendlichen, was das Gefühl der Gemeinsamkeit stärkte und tatsächlich konfliktvermeidend wirkte. Wenn Eltern und Kinder gemeinsam am materiellen Aufstieg interessiert waren, wenn es darum ging, überhaupt etwas anzuziehen zu haben, und nicht um unterschiedliche Meinungen in Modefragen, wenn Eltern und Jugendliche dieselben Radiosendungen bevorzugten und wenn sie denselben Musikgeschmack hatten – dann gab es wenig Reibungsflächen. Das änderte sich erst, als sich Interessen und Vorlieben von Erwachsenen und Jugendlichen auseinanderentwickelten, also zusehends in der zweiten Hälfte der 50er Jahre. Für diese Zeit häufen sich denn auch die Berichte von häuslichen Auseinandersetzungen über Haartracht, Kleidung, Musikgeschmack, Freizeitverhalten der Jugendlichen.

Zum zweiten: Die relative innerfamiliäre Konfliktarmut jener Zeit ist andererseits aber sicher auch darauf zurückzuführen, daß die autoritative Stellung der Eltern so unangefochten war, daß die Jugendlichen demgegenüber gar nicht konfliktfähig waren. „Man hat auch gekuscht, auf deutsch gesagt" (Frau K.). Statt Konflikte in der Familie auszutragen, wichen die Jugendlichen lieber aus: Sei es, daß sie ihren Frust auf der Straße ausagierten wie die Halbstarken, sei es, daß sie sich in andere soziale Zusammenhänge flüchteten wie die Mitglieder der Jugendverbände, oder sei es schließlich, daß sie klammheimlich die Eltern beschummelten. Diese Ausweichstrategien waren recht erfolgreich, da die Eltern zwar den Anspruch absoluter Kontrolle und Reglementierung erhoben, jedoch oft mit dem Wiederaufbau, mit Arbeiten und Geldverdienen so sehr beschäftigt waren, daß sie diesen Kontrollanspruch in der Praxis nur äußerst unzureichend realisieren konnten. Herr B. erklärt das so: „Die Eltern haben fix und hart gearbeitet, und das ließ Freiräume für die Kinder ... Die Eltern hatten wenig Zeit, und das war nicht nur bei mir so, das war überall so. Ich hatte ja auch Klassenkameraden, da gab es nur noch eine Mutter, da war der Vater im Krieg geblieben. Die Eltern waren beschäftigt, und ja, die Kinder mußten sich alleine beschäftigen." Ähnlich beschreibt Herr G. seine häusliche Situation. Seine Eltern hätten oft bis elf Uhr abends gearbeitet, am Wochenende wollten sie ausschlafen, ihre Ruhe haben. Die Folge einerseits: „Im Grunde genommen habe ich wenig gehabt von den Eltern." Und andererseits: „Ich hatte an und für sich viele Freiheiten zu Hause." Oft waren die Väter, wenn sie abends fix und fertig von der Arbeit nach Hause kamen, viel zu erschöpft, um noch ihre Autorität gegenüber den Kindern zu exekutieren. Und in vielen Familien waren auch die Mütter erwerbstätig.

Herr W., dessen Mutter früh gestorben war und der daher von seinem Vater und seiner Großmutter aufgezogen wurde, sagt: „Einen Generationenkonflikt in dem Sinne gab es eigentlich nicht. Mein Vater war sehr freizügig und sehr großzügig. Ich hatte eigentlich alle Freiheiten, und meine Großmutter sagte mir sowieso nichts. Ich hatte Pflichten in dem Sinne, daß ich meinem Vater im Geschäft half." Auch Herr A. spricht von liberalen Eltern: „Ich habe eine ganz liberale Haltung meiner Eltern gehabt. Das liegt möglicherweise auch daran, daß ich 'ne zwei Jahre ältere Schwester habe, so daß ich keine so großen Probleme hatte, überhaupt wegzugehen ... Es hat keine grossen Auseinandersetzungen und Probleme gegeben."

Von toleranten Eltern berichtet auch Frau F.. Sie ist mit Mutter und Vater und einem sieben Jahre älteren Bruder aufgewachsen. Der Vater (Ingenieur) war bei Kriegsende schon zu Hause, die Mutter hat nicht gearbeitet. Sie sagt, für sie habe „die Geborgenheit des Elternhauses ... eine ganz große Rolle gespielt ... Es war ein sehr grosses Vertrauen da. Davon zehrt man sein Leben lang." Selbst bei seinerzeit zwischen Eltern und Jugendlichen in der Regel sehr kontroversen Punkten zeigten sich die Eltern verständnisvoll. Etwa beim Thema Rock 'n' Roll: „Meine Eltern waren eigentlich immer sehr aufgeschlossen ... haben vielleicht mal drüber gelacht, waren aber nicht dagegen." Und bei der Nach-Hause-Kommen-Uhrzeit waren die Eltern für damalige Verhältnisse äußerst großzügig: Frau F. mußte bis Mitternacht zu Hause sein. Selbst bei Jungenbekanntschaften waren die Eltern recht liberal: „Ich hatte einmal einen Freund, der hatte schon ein Auto. Da muß ich so 17 gewesen sein. Und den brachte ich dann abends nach Hause. Und da wurden sie so'n bißchen mißtrauisch. Da haben sie schon gefragt ... Sie haben aber keine direkten Verbote ausgesprochen." Allerdings hat Frau F. ihre Freunde auch immer daheim vorgestellt: „Die jungen Männer kannten sie auch alle." Insgesamt sagt sie über ihre Erziehung im Elternhaus: „Ich bin irgendwo sehr frei erzogen worden. Ich durfte auch allein handeln. Ich durfte auch an Reisen teilnehmen. Aber es war immer so: 'Du weißt schon, was richtig ist!' (sagten die Eltern – d. Verf.). Und das wußte ich auch immer irgendwo."

Von einer solcherart „freien Erziehung" können andere ZeitzeugInnen nicht berichten. Gerade die Mädchen wurden sehr stark kontrolliert. Bei den Berichten der ZeitzeugInnen wird in dieser Hinsicht eine deutliche Diskrepanz zwischen Mädchen und Jungen deutlich. Den Jungen wurde in der Regel sehr viel mehr erlaubt bzw. nachgesehen als den Mädchen. Im Vergleich zur Familie von Frau F. ging es in bezug auf Jungenbekanntschaften der Töchter in der Familie O. zum Beispiel sehr viel strenger zu. Katrin O. erzählt, daß sie sich nur zweimal in der Woche (mittwochs und samstags) mit ihren jeweiligen Freunden treffen durfte, „mehr war nicht erlaubt." Und ihre Schwester Renate erzählt zum Thema Freunde: „Mutti und Papa waren da sehr streng. Ich weiß noch, wie Ingeborg und ich mit zwei Jungens mit Fahrrädern unten gestanden haben und haben wirklich nur geklönt ... und da rief unsere Mutter oben aus dem Fenster: 'Wer ist das? Den kennen wir nicht. Kommt sofort nach oben!' Da durften wir uns nicht mit den Jungs unterhalten. Das war 'n Tabu für unsere Mutter. Das durften wir nicht. Da waren wir 17."

Viele ZeitzeugInnen berichten, daß – neben den Kämpfen um Frisuren und Kleidung – das Thema „spät nach Hause kommen" ein zentraler Streitpunkt mit den Eltern war. Herr V. und Frau L. hielten sich diesbezüglich an die Anweisungen ihrer Eltern. Herr V.: „Bis zum Abitur hatte ich Uhrzeit, elf Uhr. Meine Mutter war da toleranter, mein Vater war da sehr hart. Ich habe mich im wesentlichen auch dran gehalten." Frau L. ist häufig zu Tanzveranstaltungen gegangen, und dann „mußte man natürlich um zehn zu Hause sein. Das wurde schon ziemlich genau genommen. Wir blieben auch nicht länger. Das war kein großer Kampf. Höchstens, wenn mal was los war, Maskerade und so ... Aber das gab keinen Ärger." In anderen Familien gab es sehr wohl Ärger.

Bei Herrn T. zum Beispiel. Dort sagten seine Eltern, wenn er zum Tanzen ging: „Wenn Du bis um zwölf nicht zu Hause bist, dann kommst Du nicht mehr rein." Ihm wurde der Schlüssel abgenommen, und die Eltern machten ihm nicht mehr auf. Er schlief dann bei einem Freund in der Nachbarschaft ein Haus weiter. Herr C. mußte selbst als Student abends immer noch um zehn Uhr zu Hause sein. Deswegen gab es daheim häufig Ärger. Herrn C.s Lösung des Problems: „Ich bin nachts aus dem Fenster gestiegen."

Bei den O.s waren die Töchter besonders von den strengen Nach-Hause-Kommen-Regeln betroffen. Wenn sie zum Tanzen gingen, gab es regelmäßig Streit. Denn sie sollten um zehn Uhr bzw. um Mitternacht zu Hause sein. Diese Zeiten haben sie aber fast nie eingehalten. Die Folge: „Da flogen schon die Fetzen." Denn die Eltern konnten nicht schlafen, wenn die Töchter außer Haus waren. Diese bekamen aber auch keine Wohnungsschlüssel, so daß sie klingeln mußten, wenn sie nachts nach Hause kamen. Katrin O. beschreibt die harte Haltung ihrer Eltern so: „Wer nach zehn nach Hause kommt, der konnte ja schwanger werden, jedenfalls wir Mädchen." Ihr Bruder Klaus hatte es im Vergleich dazu sehr viel besser: „Ich hatte diese Probleme nicht. Ich hatte als erster einen Haustürschlüssel. Die Mädchen hatten nie 'nen Schlüssel. Die mußten immer klingeln. Das heißt also, deswegen mußten die immer pünktlich zu Hause sein." Erst zu ihrem 21. Geburtstag bekamen die Mädchen vom Vater einen eigenen Haustürschlüssel ausgehändigt. Katrin O.: „Das war eine förmliche Übergabe, als wir volljährig wurden." Vorher wußten sich die Mädchen allerdings dadurch zu behelfen, daß sie sich nachts mit ihrem Bruder vor der Haustür trafen, wenn sie von getrennten Unternehmungen nach Hause kamen, und er sie dann mit hinein ließ.

Ähnlich wie bei O.s ging es in der Familie von Frau K. zu. Auch hier durfte der Bruder mehr als seine Schwester – und die hat das schließlich für sich genutzt. Frau K. erzählt: Der Bruder „durfte abends um elf und ich mußte abends um neun zu Hause sein. Aber ich hatte nachher raus: Wenn er mit war, dann durfte ich auch länger, weil er dann ja aufpaßte ... Und dann haben wir uns vor der Haustür getroffen. Da haben wir uns 'ne Uhrzeit abgemacht, und er kam von der (einen) Seite und ich kam von der (anderen) Seite, und dann sind wir gemeinsam nach oben gegangen."

Auch bei anderen Anlässen hat Frau K. die Verbote ihrer Eltern mit einem Trick umgangen, beispielsweise, um in ein Zeltlager fahren zu können. Sie erzählt: „Ich durfte nicht zelten. Und da war was von der evangelischen Kirche, die hatten 'nen Zeltlager, das waren so Mannschaftszelte. Und ins Kinderheim durfte ich – aber nicht zum Zelten. Und da bin ich mit meiner Freundin eben ins 'Kinderheim' gefahren. Ja, wenn die Eltern belogen werden wollen, dann werden sie eben belogen. Das haben sie erst nachher rausbekommen. Habe natürlich nicht gesagt, daß das 'nen Zeltlager war und daß wir da praktisch Jungen und Mädchen geschlafen haben, was heißt, war ja harmlos – aber trotzdem."

Nach dem Motto: „Wenn die Eltern belogen werden wollen, dann werden sie eben belogen" haben viele Jugendliche agiert und so versucht, Konflikte zu vermeiden[304], wohl wissend, daß sie in der offenen Konfrontation den kürzeren gezogen hätten. In Einzelfällen führte das dazu, daß Jugendliche gezwungen waren, ein regelrechtes Doppelleben zu führen. Herr T. etwa, dessen Eltern sehr religiös waren, mußte vieles vor ihnen verheimlichen, weil sie es nicht erlaubt und gebilligt hätten. So ging er heimlich in die Tanzstunde, und als beim Abschlußball die Anwesenheit der Eltern erwünscht war, behauptete er, diese seien verreist. Gegenüber den Eltern erklärte er, einen Freund zu besuchen, wenn er in die Tanzstunde ging. Beim Schwimmen trug er eine knappe Dreiecks-Badehose, was seine Eltern nie und nimmer erlaubt hätten. Deswegen nahm er eine weitergeschnittene Badehose zusätzlich mit, machte sie naß und brachte sie zum Waschen nach Hause zurück. Seine richtige Badehose wusch die Mutter eines Freundes mit. Trotz all dieser Heimlichtuerei gab es zu Hause noch Konfliktstoff genug. Herr T. war das „schwarze Schaf" in der Familie (seine zwei Schwestern waren auf der Linie seiner Eltern), und es gab daher viel Streit, etwa, weil er sich gegen Morgengebet und sonntäglichen Kirchgang wehrte. Freunde brachte er seiner Erinnerung nach nur dreimal nach Hause mit, weil das nur zu Problemen mit seinen Eltern führte. Als er einmal einen Freund zu sich nach Hause eingeladen hatte und dieser hervorragend Jazz auf dem elterlichen Klavier spielte, durfte der nie wieder kommen, denn Herrn T.s Eltern waren strikte Jazz-Gegner. Herr T. distanzierte sich mehr und mehr von seinen Eltern. Doch diese vermochten seine Wünsche sogar noch zu durchkreuzen, als er bereits 21 Jahre alt war. Da bekam er das Angebot, auf einem Kreuzfahrtschiff als Bordfotograf zu arbeiten. Seine Eltern lehnten das ab. „Das war an sich das größte, was mir verboten wurde."

Zumindest teilweise offenen Konfliktaustrag praktizierte Herr P.. Zwar sagt auch er, daß bei ihm in der Familie der Generationenkonflikt „unter der Decke gehalten" und „unter den Tisch gekehrt" wurde, daß auch er „nicht ordentlich auf den Putz gehauen" habe, doch setzte er 1957 gegen den Willen und heftigen Widerstand der Familie seinen Austritt aus der Kirche durch. Die Folge: „Meine Großeltern haben mich auf der Straße nicht mehr gegrüßt."

Argumente gegen den Kontrollanspruch der Eltern hatten die Jugendlichen schon, gehörten sie doch zu jenen Jahrgängen, die als Kinder in der Nachkriegszeit von den Eltern zwangsläufig sehr stark sich selbst überlassen worden waren. Und so konnte den Eltern vorgehalten werden: „Als ich neun Jahre alt war, habt ihr euch nicht darum gekümmert, was ich mache. Wieso wollt ihr jetzt, wo ich fünfzehn bin, so genau wissen, was ich mache?"[305].

Während die Eltern daheim einen absoluten Kontrollanspruch vertraten, zeigten sie im öffentlichen Leben wenig Interesse und Engagement, wenn es um ihre Kinder ging. So berichtet Frau M., daß sich das „Heim der offenen Tür" in der Bundesstraße um die Einbeziehung der Eltern der jugendlichen Heimbesucher bemüht habe, daß die Resonanz in der Regel aber recht dürftig gewesen sei. An vom Heim veranstalteten Elternabenden beteiligten sich meist nur sehr wenige Eltern, und das waren bezeichnenderweise ganz überwiegend Mütter[306].

DAS VERHÄLTNIS MÄDCHEN–JUNGEN

„Geeumelt – die harmloseste Stufe von Liebkosungen"

Das Spannendste in der Jugend ist für viele Menschen die „erste Liebe", die Entwicklung von Beziehungen zu Partnern des anderen (oder auch: des eigenen) Geschlechts, die über die Freundschaften der Kinderzeit hinausgehen, die Entdeckung der Sexualität und erste sexuelle Erfahrungen. In dieser Hinsicht wurde den Jugendlichen das Leben in den 50er Jahren allerdings in der Regel sehr schwer gemacht. Die Erwachsenenwelt beäugte Versuche von Jugendlichen, mit dem anderen Geschlecht[307] in Kontakt zu kommen, äußerst argwöhnisch. Es wurde versucht, solche Kontakte möglichst einzuschränken, streng zu reglementieren und umfassend zu kontrollieren. Gemäß den Auffassungen der Erwachsenenwelt hatte Sexualität bis zur Eheschließung nicht stattzufinden. Sexualpolitik und -pädagogik der 50er Jahre waren äußerst repressiv, auf „lust- und körperfeindliche Indoktrination einer ganzen Generation"[308] ausgerichtet. In der Öffentlichkeit wurde das Thema Sexualität ohnehin stark tabuisiert, und das galt in ganz besonderem Maße im Hinblick auf jugendliche Sexualität. Alle Ausbruchsversuche aus den vorherrschenden verklemmten Vorstellungen über die Beziehungen der Geschlechter wurden sogleich als „Verwahrlosungserscheinungen" und „Verfall von Sitte und Moral" gegeißelt und verfolgt. Nicht zuletzt daher rührt auch die heftige Ablehnung, die moderne Tänze wie der Boogie-Woogie oder der Rock 'n' Roll sowie bestimmte Modeerscheinungen seitens der Erwachsenen erfuhren. Hinter der Ausgelassenheit der Tänze und in der Körperbetontheit der Mode witterte man die Gefahr sexueller Ausschweifungen[309]. Die Phantasie erwachsener Jugendschützer, die nicht müde wurden, die von „Schmutz und Schund", Rock 'n' Roll und Blue Jeans ausgehenden Gefahren für ein „sauberes" und „gesundes" Leben der Jugendlichen zu beschwören, schoß allerdings meist weit über die Realitäten hinaus.

In den vorhergehenden Kapiteln wurde bereits mehrfach angesprochen, wo und wann Gelegenheit für die Jugendlichen war, Kontakte zu knüpfen: Beim Bummel auf der Osterstraße, in der Tanzstunde, bei den Tanzabenden im „Heim der offenen Tür" in der Bundesstraße, im bzw. vor dem Kino, im Sportverein, in Tanzlokalen wie dem Frascati oder der Marina-Bar, auf dem Dom oder kleineren Jahrmärkten im Stadtteil, im Kaifu-Bad oder am Krupunder See, in der Gruppe eines Jugendverbandes. Viele Jugendliche gingen in diese Gruppen bzw. suchten diese Örtlichkeiten auf mit dem Ziel, dort Mädchen bzw. Jungen kennenzulernen und Freundschaften zu schließen. Doch auch wenn es diese verschiedenen Möglichkeiten gab, so berichten einige ZeitzeugInnen doch, daß es recht schwer gewesen sei, Kontakte zum anderen Geschlecht zu bekommen und zu pflegen.

Besonders benachteiligt in dieser Hinsicht scheinen die Oberschüler in der ersten Hälfte der 50er Jahre gewesen zu sein. Die höheren Schulen waren nach Geschlechtern getrennt, und zu den Nachbarskindern aus der eigenen Straße hatten die meisten Oberschüler den Kontakt verloren, weil die anderen schon arbeiten gingen und Geld verdienten. Außerdem waren die Oberschüler zu Hause und in der Schule stärkerer Kontrolle durch Lehrer und Eltern unterworfen und von diesen abhängiger als die jungen Lehrlinge und ArbeiterInnen. So erzählt Herr W. denn auch, er habe in seiner Jugend wenig Kontakte zu Mädchen gehabt, und es habe „praktisch keine Möglichkeit gegeben, mit der anderen Seite (= den Mädchen – d. Verf.) in Kontakt zu kommen". Er erklärt das unter anderem so: Es gab „überhaupt keine Kontakte zu Nachbarskindern aus der Müggenkampstraße ... Die waren aus einem anderen Bevölkerungskreis. Da kamen keine Kontakte zustande." Ähnlich äußert sich sein Klassenkamerad Herr E.: Mit Kontakten zu Mädchen habe es „ziemlich schlecht" gestanden, es habe „kaum Gelegenheit" dazu gegeben. Denn: „Ich war der einzige, der zu einer Oberschule ging" in der Hartwig-Hesse-Straße, „meine Nachbarn waren zu der Zeit ja schon mit der Schule fertig, waren im Beruf, lernten und kamen natürlich dann erst abends von ihrer Arbeit nach Hause."

Später behalfen sich die Oberschüler des Kaifu damit, zu Klassenfesten in der Schule Klassen von den Mädchenschulen aus der Nachbarschaft einzuladen – in der Hoffnung auf sich eventuell ergebende engere und dauerhaftere Beziehungen: „Da hatten wir ein Fest in der Schule, und da haben wir eine Nachbarschule eingeladen. Wir hatten da ja um uns herum zwei Mädchenschulen, Helene-Lange-Schule und Emilie-Wüstenfeld-Schule, und da war aus einer Schule eine Klasse eingeladen worden. Ging natürlich alles sehr steif zu unter Aufsicht der Lehrer. Aber trotzdem, man hat sich dann hinterher noch getroffen" (Herr V.). Auch Herr B. erzählt von gemeinsamen Festen mit der Helene-Lange-Schule. Er bestätigt, daß Oberschüler kaum Kontakte zu Mädchen hatten: „Seine erste Freundin hatte man vielleicht als Abiturient. Aber das war 'ne Ausnahme".

Ein wenig mehr kann Herr C. berichten. Zwar sagt auch er zunächst über Mädchenbekanntschaften: „Wir waren damals auch so schüchtern, wissen Sie, da hat nichts stattgefunden." Aber er erzählt dann doch, daß das Spannende am Konfirmanden-Unterricht war, daß dort Jungen und Mädchen zusammen waren. Da hat man dann schon einmal die „Mädchen beschnuppert". In der Tanzstunde hat er sich in ein Mädchen verliebt: „Man fuhr dann einmal in den Hafen, einmal durch den Elbtunnel gegangen, 'ne Hafenrundfahrt gemacht und dann wieder nach Hause ... Da war ich 15, 16". Auf einer Klassenreise haben sie Mädchen aus einer Mädchenklasse kennengelernt. Mit den Mädchen wurde schon mal „geeumelt". „Geeumelt – das war die harmloseste Stufe von Liebkosungen."

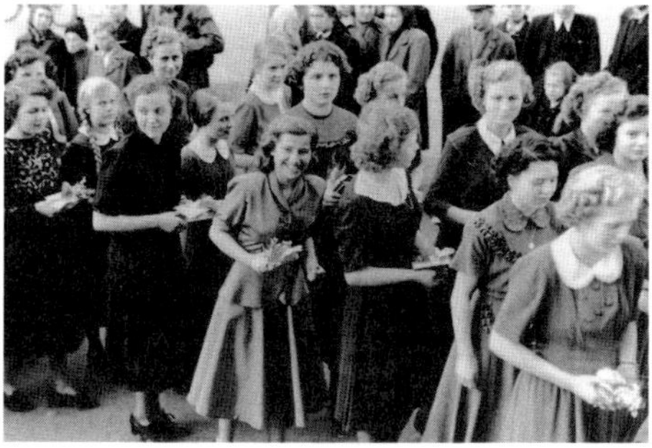

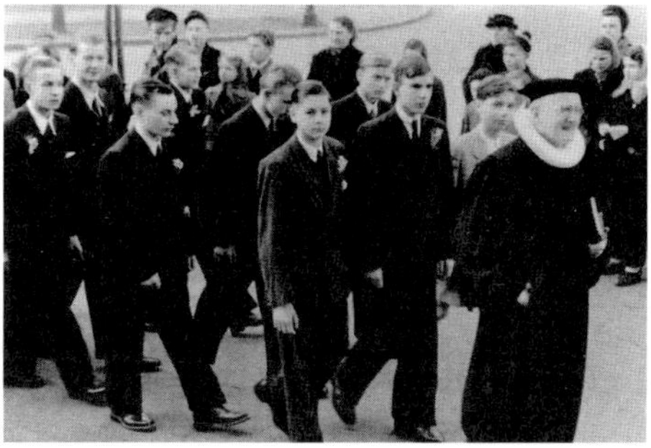

Eine Chance für Jungen und Mädchen, in Kontakt zu kommen, boten jene Jugendverbände, in denen männliche und weibliche Mitglieder zusammen in den Gruppen waren. Herr D. erzählt von den „Falken", daß Jungen und Mädchen immer zusammen gewesen seien. Deren Verhältnis in den Gruppen sei stets gut gewesen, explizit thematisiert wurde es jedoch nie: „Das war ein Üben von Zusammenleben. Aber es war nie ein Gesprächsthema." Besonders aufregend war das Zusammensein selbstverständlich auf den Wochenend- und Ferienfahrten. Dann schliefen Jungen und Mädchen bei den „Falken" auch zusammen in den Zelten – allerdings „Jungs- und Mädchenseite getrennt" (Herr D.). Das wurde bei den Guttemplern anders gehandhabt. Herr Ü. erzählt über die Schlafordnung auf Fahrt: „In der Nacht schlief man erstmal grundsätzlich in gemischter Reihe. Und dann wurden auch immer die Pärchen auseinander" plaziert; „es wurden auch Jungen und Mädchen zusammen in'n Schlafsack gesteckt. Aber immer die Paare, die also nicht zueinander gehörten." Zwar bildeten sich in ihrer Guttempler-Gruppe Paarbeziehungen, doch achtete die Gruppe stets streng darauf, daß sich diese Paare nicht absonderten. Ebenso wie bei den „Falken" gestalteten Mädchen und Jungen das Gruppenleben gemeinsam, ohne daß ihr Verhältnis Thema wurde. Herr Ü.: „Da gab es noch keine Diskussionen über Emanzipation. Aber es war selbstverständlich: Jungen und Mädchen waren gleichberechtigt ... Die Jungen haben mindestens so oft gekocht wie die Mädchen. Und beim Abwasch, da gab es einen Plan, jeder kam mal dran."

Auch außerhalb der Jugendverbände gab es Möglichkeiten, mit Jungen bzw. Mädchen in Kontakt zu kommen. Wichtig war hierfür nicht zuletzt die unmittelbare Nachbarschaft, die Straße. Die jungen Lehrlinge hatten es hier augenscheinlich leichter, Verbindung zu Mädchen aufzunehmen als die Oberschüler. Sie hielten auch während der Lehrzeit noch den Kontakt als Nachbarskinder untereinander. Herr U. etwa sagt, daß die Mädchen, mit denen man z.B. die Bunker-Parties feierte, auf denen man versuchte, „sich näher zu kommen", „aus der Straße selber (kamen). Die Straße hatte ja viele Kinder, da waren auch Nachbarsmädchen dabei." Herr P. hat „über die Strasse, vor der Tür" Kontakt zu den Mädchen bekommen. Auch Herr T. bestätigt, daß man Mädchen auf der Straße kennenlernte. Zwar sprachen die Eltern Verbote aus: „Mit dem Mädchen gehst du nicht!", doch Herr T. hielt sich daran nur „bis zur Ecke". Für Herrn G. fing es mit Mädchen „erst mit sechzehn an"; mit 17 hatte er seine erste „feste" Freundin. Die Mädchen seien dann auch mit zum Zelten gefahren, „da passierte nichts. Die Kameradschaft zu der Zeit war sehr groß" mit den Mädchen – „mehr", d.h. sexuelle Beziehungen, habe es aber nicht gegeben. Herr Z. und die Jungen aus seiner Clique haben sich auf einer kleinen Kirmes in der Osterstraße mit Mädchen getroffen – er selber hatte eine „feste" Freundin „seit dem dritten Lehrjahr".

Die Jungen mußten ihren Mädchenbekanntschaften etwas bieten. Damals war es üblich, daß der Junge das Mädchen einlud und für sie im Kino, im Tanzlokal usw. bezahlte. Die Jungen mußten sich also vorher überlegen, was sie sich leisten konnten.

Herr P.: „Das ging dann los, daß man sagte: Da können wir nicht hingehen, das ist zu teuer. Wir mußten ja immer mitbezahlen. Der Junge mußte fürs Mädchen mitbezahlen." Die Mädchen aus der Familie O. fanden das damals ganz selbstverständlich. Nur Ingeborg O. hat öfters auch für sich selber bezahlt, weil sie nicht eingeladen werden mochte. Nur in Ausnahmefällen zahlten auch einmal (ältere) Mädchen für den Jungen mit. Herr U. erzählt: „Wenn man dann eine Dame kennenlernte, die vielleicht zwei, drei Jahre älter war und die dann vielleicht sogar als Verkäuferin 'n bißchen 'was verdiente, dann hatte man ja den Himmel auf Erden. Die konnte einen dann ja auch mal mitnehmen, und dann gab's auch irgendwo mal im Restaurant 'was zu Essen, und das war dann schon 'ne Sache, das war dann schon 'ne Show".

Generell hatten Jungen mit Geld größere Chancen bei Mädchen. Wer sich ein Moped oder Motorrad oder später gar ein Auto leisten konnte, war im Vorteil. Katrin O. sagt über die Verhältnisse Ende der 50er: „Also, 'nen Jungen ohne Auto, den habe ich mir genau angekuckt, und wenn ich den nicht so gut fand, dann war er gleich außen vor. 'Nen Auto mußte einfach sein, ich fand das einfach toll." Und ihr Bruder Klaus bestätigt das aus Männer-Sicht: „Das habe ich selbst zu spüren bekommen. Ohne Auto bei den Frauen, da war ich ein Nichts."

Fast alle ZeitzeugInnen sagen, daß die Kontakte zwischen Mädchen und Jungen „harmlos" gewesen seien, daß „da nichts passierte" – gemeint ist damit, daß es keine sexuellen Kontakte gab. Allenfalls wurde „geeumelt" (Herr C.); Herr T. sagt, daß mehr als Küssen bis zum Alter von etwa 20 Jahren nicht gewesen sei (es sei denn, man heiratete bereits vorher). Das wird für die Mehrheit der Eimsbütteler Jugendlichen wohl stimmen. Ihnen war, wie den meisten Jugendlichen der 50er Jahre, letztlich sexuelle Abstinenz bis zur Ehe auferlegt. Doch gab es selbstverständlich auch Jungen und Mädchen, bei denen schon „mehr" „passierte". Frau M. erzählt aus ihrer Sicht als Betreuerin im „Heim der offenen Tür" Bundesstraße: „Wir hatten unter den Jugendlichen schon Paarbeziehungen und natürlich waren da auch schon sexuelle Kontakte." Auf den vom Heim organisierten Fahrten gab das Probleme: „Da hatten wir auch die Mädchen dabei. Die schliefen natürlich dann noch getrennt. Also, das war ja wie Flöhe hüten. Ich habe mit den Mädchen dann zusammen geschlafen. Das war eigentlich 'nen bißchen albern, weil man ja wußte, daß sie zum Teil ja schon sexuelle Verbindungen hatten." Aber von beiden Seiten wurde der Schein aufrechterhalten: Die Erwachsenen taten so, als wenn sie nicht wüßten, daß „etwas los" war, und die Jugendlichen taten so, als wenn „nichts los" sei. Insbesondere die Mädchen waren von Verboten und daraus zwangsläufig resultierender Heimlichtuerei betroffen und überdies stets der Gefahr einer ungewollten Schwangerschaft ausgesetzt[310]. Frau M.: Die Mädchen „hielten eher so den Schein aufrecht, daß sie da nun alle Jungfrauen waren, was kein Mensch glaubte. Und hinterher haben wir das dann auch noch stärker gemerkt ... Also, das war so doppelbödig. Die haben uns nicht eingeweiht im Grunde ... Das wurde stillschweigend toleriert, ohne aber daß man groß aufgeklärt hätte. Man kann also nicht von Aufklärung reden. Das hätten auch die Eltern nicht gewollt, und wahrscheinlich hätten die Kinder dann auch nicht mehr kommen dürfen."

Damit spricht Frau M. ein besonders trauriges Kapitel der 50er Jahre an: Den fast vollständigen Mangel an sexueller Aufklärung der Jugendlichen. Sie sagt: „Zu der Zeit war ja 'ne prüde Zeit", Sexualaufklärung sei im „Heim der offenen Tür" nur ganz zaghaft betrieben worden. Auch in Schule und Elternhaus war in dieser „prüden Zeit" das Thema sexuelle Aufklärung weitestgehend tabu. Herr G. dazu: „An und für sich nur auf der Straße." Herr C.: „Aufklärung hat überhaupt nicht stattgefunden. Man nahm sich ein Lexikon heimlich, hat dadrin nachgekuckt, was ist Geschlechtsverkehr – und das war's dann. Und in der Schule war das ja eigentlich im Biologie-Unterricht enthalten, aber das war auch also sehr, sehr aus der Ferne alles gesehen ... Das war ja alles so verklausuliert, das hatte mit dem Sexualleben gar nichts zu tun."

In den Jugendgruppen wurde anscheinend zumindest zum Teil versucht, Sexualaufklärung zu betreiben. Jedenfalls erzählt Herr Ä. von den „Falken": „Aufklärungsarbeit war bei uns sehr wichtig ... Wurde auf den Gruppenabenden gemacht ... Es wurde auch ganz offen mit den Eltern darüber gesprochen" – schon, weil „die Eltern erst nicht so zu haben waren für die Fahrten, weil sie meinten: Jungen und Mädchen – und dann mitunter auch über Nacht? Das waren die ja gar nicht gewohnt." Herr D., ebenfalls bei den „Falken", erinnert sich daran allerdings nicht. Er sagt vielmehr: „Wir haben keinen Sexualkundeunterricht gemacht oder sowas. Das war eigentlich nie Thema." Und wenn Sexualität doch einmal Thema war, scheint sie nicht besonders jugendgemäß behandelt worden zu sein. Jedenfalls erinnert sich Frau M. an den Auftritt eines „Falken"-Funktionärs im „Heim der offenen Tür" in der Bundesstraße folgendermaßen: „Ich weiß noch, wir haben da mal jemanden von den Falken eingeladen. Der sollte über das Verhältnis von Mädchen und Jungen reden. Die Art, die er dabei an den Tag legte – das war nicht der Stil der Jugendlichen. Dieser arme Mensch hat mir 'n bißchen leid getan. Aber es war zum Teil auch zu drollig, wie er das ganz anders darstellte, als die Jugendlichen es selber empfanden."

Die an Jugendliche gerichteten „Aufklärungs"bücher und -broschüren aus jener Zeit muten aus heutiger Sicht einerseits ebenfalls „zu drollig", andererseits aber auch bestürzend an[311]. In einer Schrift über das „Sexualwissen der Jugend" aus dem Jahre 1954 wurde postuliert: „Ein Sexualwissen der Jugend ist grundsätzlich unerwünscht, ja unnötig und nicht ungefährlich. Je weniger die Jugend vom Sexuellen im eigentlichen Sinne weiß, davon bewegt und umgetrieben wird, desto besser für sie und uns als Erzieher"[312]. Über das „Sexuelle im eigentlichen Sinne" war in den Aufklärungsschriften jener Zeit denn auch nichts zu erfahren. Da hieß es z.B.: „Wenn aus dem Jungen ein Mann geworden ist, ist auch der Samen in ihm reif geworden. Wenn er dann eine Frau gern hat und sie sich sehr nahe kommen, kann es sein, daß Same und Ei zueinanderkommen, und so ein neues Menschlein entsteht"[313]. Ansonsten war sehr viel von Bienen und Samenkörnern und Befruchtung die Rede, um das Thema menschlicher Sexualität

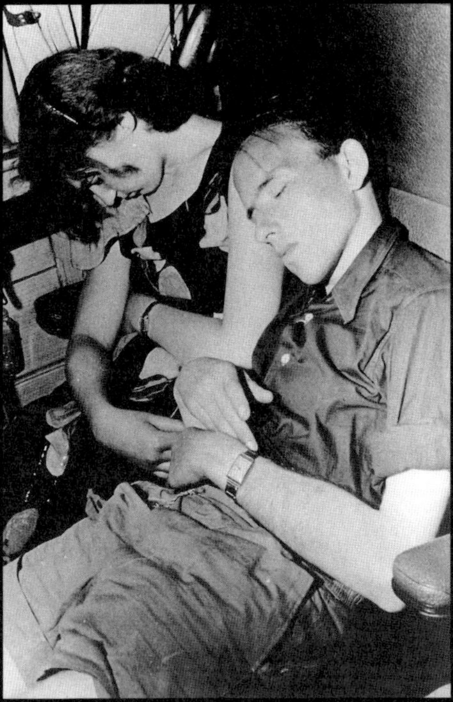

möglichst zu umgehen. Besonders heftig wurde gegen die Selbstbefriedigung polemisiert, die angeblich körperliche und seelische Schäden nach sich ziehe. Und es wurde empfohlen: „Lege die Hände nicht unter, sondern über die Decke. Überhaupt vermeide jede unnötige Berührung der Geschlechtsteile (...) Und wenn dies alles nicht genügen sollte, so führt eine rechtzeitige Waschung mit kaltem Wasser immer zum Ziel"[314]. In aller Breite wurden die Schrecken von Geschlechtskrankheiten ausgemalt. Empfohlen (oder eher: befohlen) wurde Enthaltsamkeit bis zur Ehe. Sexualität wurde ausschließlich als zur Fortpflanzung notwendig akzeptiert und dargestellt: „Und wenn die Wünsche sich noch so ungebärdig in dir regen: warte ab, wie die Kirschblüte oder die Haselnuß, bis du wirklich reif geworden bist – zur Liebe, zur Ehe, für das Samenkorn und deine wunderschöne Aufgabe, Kinder zu zeugen, Kinder zu empfangen und dich in einem neuen Geschlecht über das eigene Leben hinaus fortzupflanzen"[315].

Was in den Aufklärungsschriften jener Zeit betrieben wurde, war nicht Aufklärung, sondern vor allem Angstmache vor der Sexualität und dem anderen Geschlecht, wobei die Mädchen noch stärker eingeschüchtert und reglementiert wurden als die Jungen[316]. Im Gewande besonderer Fürsorge für die Mädchen kam diese Reglementierung und Kontrolle z.B. im führenden „Benimm"-Buch der 50er daher. Dort werden die Mütter aufgefordert: „Lehrt eure Töchter ohne falsche Scham die Gefahren des Lebens sehen, die den weiblichen Wesen nun einmal in höherem Maße drohen als den männlichen ... Haltet eure Töchter mit der starken Kraft des mütterlichen Herzens unter Kontrolle ... Und wenn ihr sie hinausgehen laßt zu Sport und Spiel, Tanz und vielleicht auch Flirt, dann tut es nicht, ohne ihnen eine Erkenntnis vermittelt zu haben: daß guter Ruf und die aus natürlicher Zurückhaltung geborene mangelnde Erfahrung mit Männern keineswegs ein Manko, sondern, heute wie einst, wertvollstes Kapital eines jungen Mädchens sind"[317].

Insgesamt muß man wohl konstatieren, daß es aufgrund der repressiven Sexualmoral jener Zeit für Jugendliche in den 50er Jahren „kaum Chancen gab, eine zärtlich-lustvolle Sexualität zu entwickeln. Gleich, wie sie reagierten, alle hatten ihren Preis zu bezahlen: Die Resigniert-Angepaßten verzichteten 'freiwillig' auf Sexualität, die, die trotzdem Sexualität auslebten, unterlagen der Gefahr der Diskriminierung und Kriminalisierung oder mußten doch zumindest mit harten Reaktionsweisen seitens ihrer Eltern rechnen, diejenigen, die es heimlich machten, mußten mit einem schlechten Gewissen und der Angst, entdeckt zu werden, leben"[318].

SCHLUSSBETRACHTUNG

Frühe Heiraten waren in den 50ern häufig[319]. 1957 war jede fünfte Braut minderjährig. Das hatte oft ganz praktische Gründe. Erinnert sei daran, daß es für unverheiratete Paare nahezu unmöglich war, eine eigene Wohnung zu bekommen. Wenn man also den oft ja äußerst beengten Wohnverhältnissen zu Hause und der elterlichen Kontrolle entrinnen wollte, dann war die Heirat ein probater Ausweg. Herr D. erzählt, daß er mit seiner Freundin als „Verlobte im Aufgebot" auf Wohnungssuche ging und ihnen dann bei der Genossenschaft, bei der sie um eine Wohnung nachsuchten, gesagt wurde: „Aber wenn ihr einzieht, dann müßt ihr verheiratet sein." Auch der Wunsch, endlich „legal" und gesellschaftlich akzeptiert, ohne Heimlichtuerei und ohne äußere Beschränkungen, die eigene Sexualität ausleben zu können, wird zu den frühen Eheschließungen beigetragen haben – ganz abgesehen davon, daß junge Paare häufig auch heiraten „mußten", weil ein Kind unterwegs war.

Frühe Heirat – frühes Ende der Jugend

Geheiratet wurde häufig untereinander in den Cliquen und Jugendgruppen. Erinnert sei daran, daß die Ü.s und Frau Ö. erzählen, daß sich ihre jeweiligen Jugendgruppen auflösten, weil deren männliche und weibliche Mitglieder einander heirateten. Auch Frau K. heiratete einen Jungen aus ihrer Gewerkschaftsgruppe, Herr D. ein Mädchen von den „Falken". Desgleichen heirateten ETV-Mitglieder untereinander (Frau L). Andere Jugendliche ehelichten ihre Tanz(stunden)bekanntschaften (Frau Sch., Herr H., Herr A.).

Die – oft recht frühe – Heirat beendete für die meisten unserer ZeitzeugInnen ihre Jugend. Nach der Heirat brach oft der Kontakt zu den anderen Mitgliedern der Jugendcliquen und -gruppen ab. Viele unserer ZeitzeugInnen haben als Jungverheiratete Eimsbüttel verlassen (müssen), weil sie eine Wohnung in anderen Stadtteilen bekamen. Typisch hierfür sind die Geschwister O., deren Clique aus Nachbarskindern mit der Zeit in alle Winde zerstreut wurde, so daß „alles abgebrochen" (Klaus O.) sei. Von den vier Geschwistern ist nur Katrin O. nach ihrer Heirat in Eimsbüttel geblieben.

Mit der Ehe begann für unsere ZeitzeugInnen ein völlig neuer Lebensabschnitt. Zumal oft sehr bald Kinder kamen, mußten sie relativ übergangslos die Rolle und die Verantwortung von Erwachsenen übernehmen. Eine durch Studium, Weiterbildung, späte Heirat usw. gewissermaßen „verlängerte" Jugend, wie sie später (etwa seit den 70er Jahren) weitgehend normal wurde, war seinerzeit noch nicht üblich. Die Jugend war in den 50ern eine recht kurze Lebensspanne. Die ZeitzeugInnen sagen zumeist, daß sie mit dem Übergang in einen neuen Lebensabschnitt gut zurechtgekommen seien, weil ihnen auch schon als Kindern und Jugendlichen aufgrund der Zeitumstände sehr viel Verantwortung und Selbständigkeit abverlangt worden sei. So betont z.B. Herr V.: „Ich hatte immer sehr viele Aufgaben und Verantwortung, ... ich mußte Schule, Abitur, Lehre, Studium allein packen. Meine Eltern haben das wohlwollend begleitet, aber ich mußte das alles allein packen."

Bei einigen Jugendlichen kamen besondere Umstände hinzu, die das Ende der Jugend und den Beginn des Erwachsenendaseins markierten. Herr H. etwa, der nach seiner Aussage auch nach Abitur, Ausbildung und Heirat (er heiratete mit 22 Jahren zwischen mündlicher und schriftlicher Prüfung zum Regierungs-Inspektor) seinem Gefühl nach noch „eindeutig Jugendlicher" war, erklärt, daß er bei der Bundeswehr kein Jugendlicher mehr sein konnte. Dort war er älter als seine Kameraden und mußte daher „natürlich" mehr Verantwortung und Führungsaufgaben übernehmen. Für Herrn P. war die Freundschaft mit älteren Arbeitskollegen prägend für seine Reifung zum Erwachsenen. Er sagt über die älteren Gesellen in seinem Betrieb: „Die haben den Krieg mitgemacht, die haben dem Tod ins Auge gesehen, die haben mich ganz geprägt" und bewirkt, daß „für mich die Weiche gestellt (wurde) aus dem christlichen Lager raus ... ins linke Spektrum rein."

Als Jugendliche machten sich unsere ZeitzeugInnen kaum große Gedanken über die Zukunft. Typisch die Aussage Herrn H.s: „Ich war in bezug auf Zukunft unbekümmert, da machte ich mir keine Gedanken. Ich habe nur an den nächsten Sport-Wettkampf oder die nächste Physik-Arbeit gedacht." Ähnlich Herr P.: Große Zukunftsperspektiven habe man nicht entworfen, vielmehr habe man sich stets „auf das nächste" gefreut. Zum Ende der Jugend hin waren die Wünsche und Erwartungen hinsichtlich des Erwachsenenlebens nüchtern-praktisch. Weitschweifenden Illusionen und Träumen hing man jedenfalls nicht nach. Berufliches Fortkommen, guter Verdienst, Familiengründung, eigene Wohnung – darauf richtete sich die Zukunftsplanung[320]. Herr V. spricht für viele männliche Zeitzeugen, wenn er über seine damalige Zukunftsplanung sagt: „Das Zentrale war der Beruf." Herr Z. redet von „ganz konkreten Wünschen: Wohnung, Heirat" (er hat 1960 geheiratet). Und Herr B., der wie andere ZeitzeugInnen auch „relativ früh geheiratet" hat, formuliert seine und seiner Freunde Lebensziele recht klar und einleuchtend: „Das galt für mich und galt für meine Klassenkameraden auch: Wir hatten simple und einfache Ziele. Wir stammten alle noch aus einer Zeit, wo wir wußten, was Hunger ist. Hungrig wollten wir nie wieder sein! Es hing uns zum Halse heraus, in kalten Zimmern zu schlafen – wir wollten in warmen schlafen. Wir wollten uns Wohlstand erarbeiten – das war unsere Zielsetzung. Und ich glaube, das haben wir alle auf ziemlich direktem Wege getan."

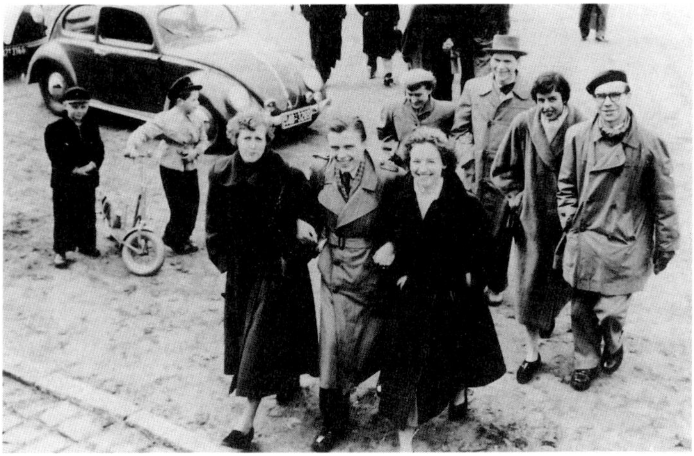

In der Beurteilung ihrer Jugend sind die ZeitzeugInnen meist zwiespältig. Einerseits betonen sie, wieviel Spaß sie gehabt haben, andererseits weisen sie aber auch auf die Einschränkungen jugendlichen Lebens hin, wobei diese nicht nur materieller Art waren, sondern auch dem gesellschaftlichen Klima jener Zeit geschuldet waren. Erinnert sei an die massive Unterdrückung jugendlicher Sexualität. Herr J. resümiert seine und die Jugend seiner Altersgefährten dementsprechend: „Wir sind auch ein bißchen schlecht weggekommen." Doch Klagen liegt den ZeitzeugInnen fern. Eher vertreten sie die Auffassung, das Beste aus ihrer Jugend gemacht zu haben.

Differenzierung „der" 50er Jahre

Die Berichte unserer Eimsbütteler ZeitzeugInnen bestätigen, daß man „die" 50er Jahre keineswegs als einheitliche Epoche begreifen kann und daß entsprechend auch die Lebensformen von Jugendlichen während des gesamten Jahrzehnts keineswegs einheitlich waren.

Etwa in der Mitte der 50er ist so etwas wie ein Epochenwechsel zu verzeichnen[321]. Während die erste Hälfte der 50er als Zeit des „Wiederaufbaus" noch weitgehend an Standards von vor 1945 orientiert war, kam es in der zweiten Hälfte des Jahrzehnts zu einer vielfältigen Modernisierung der Gesellschaft. Deren Kennzeichen waren etwa: umfassende Motorisierung, Mechanisierung der Haushalte, Verbesserung der Wohnverhältnisse und des Wohnkomforts, Entwicklung von Freizeitindustrie und Massentourismus[322]. Während die erste Hälfte der 50er noch gekennzeichnet war durch materielle Beschränkungen, lange Arbeitszeiten und Arbeitslosigkeit, prägten „Wirtschaftswunder", Vollbeschäftigung und Arbeitszeitverkürzung die zweite Hälfte.

Dieses – zugegebenermaßen etwas grobe – gesamtgesellschaftliche „Zwei-Phasen-Modell" der 50er Jahre kann auch Gültigkeit für das Gebiet jugendlichen Lebens beanspruchen. „Für die Jugend in den 50er Jahren können ähnliche sozialhistorische Muster und Periodisierungen wie für die westdeutsche Nachkriegsgesellschaft insgesamt nachgezeichnet werden. Der materiellen Not folgte die Eingliederung des weitaus überwiegenden Teils der Jugendlichen in das Beschäftigungssystem ... Die besonderen Anstrengungen der Wiederaufbauzeit, extrem lange Arbeitszeiten, beengte häusliche Verhältnisse, schmale Geldbeutel und die dominierende Orientierung auf einen Aufstieg durch Leistung, Verzicht und Sparsamkeit ließen für die Jugendlichen der frühen 50er Jahre, die 'Jugend ohne Jugend', wenig Raum für die Ausbildung eines eigenen jugendlichen Stils. Erst als die um 1940 geborene zweite Jugendgeneration der Nachkriegszeit die Bühne betrat, also im letzten Drittel der 50er Jahre, änderte sich das Bild, begann die Ausbildung einer jugendlichen Teilkultur, die sich dann immer weiter differenzierte"[323].

Der Beginn der 50er Jahre stand noch weitgehend im Zeichen der „Jugendnot" der Nachkriegszeit. Die Jugendlichen waren entweder durch Arbeitslosigkeit oder überlange Arbeitszeiten ebenso betroffen wie die Erwachsenen und waren aufgrund relativ geringer Einkommen und der nach wie vor bestehenden kriegs- und nachkriegsbedingten Engpässe in der Versorgung in ihren Möglichkeiten der Befriedigung materieller Bedürfnisse ebenso wie diese eingeschränkt. In dieser Zeit war das Leben Jugendlicher noch weitgehend an den Vorgaben der Erwachsenenwelt ausgerichtet. Eine besondere Jugendkultur gab es kaum. Herr H. sagt: „Ich würde von Jugendkultur überhaupt nicht sprechen ... So etwas hat es für uns nicht gegeben." Die Vorlieben z.B. im Hinblick auf Musik und Film unterschieden sich bei der Masse der Jugendlichen kaum von denen der Erwachsenen. Eine besondere Bekleidungsmode für Jugendliche, mit der sie sich von den Erwachsenen hätten unterscheiden können, gab es auch nicht. Für die Freizeitgestaltung waren für viele Jugendliche die – von Erwachsenen organisierten – Jugendverbände noch sehr wichtig.

Das alles änderte sich in der zweiten Hälfte der 50er Jahre sehr[324]. Im Zusammenhang mit dem wirtschaftlichen Aufschwung bildete sich zusehends eine eigenständige jugendliche Lebenswelt und Jugendkultur heraus, die sich deutlich von der Kultur der Erwachsenen unterschied. Die Vorlieben hinsichtlich Musik, Tanz, Radiosendungen und Film z.B. entwickelten sich zwischen Jugendlichen und Erwachsenen auseinander. Die Jugendlichen setzten sich zusehends durch Kleidung, Haartracht und (lässiges) Verhalten in der Öffentlichkeit von den Erwachsenen ab. Vollbeschäftigung und gute Verdienstmöglichkeiten einerseits, Arbeitszeitverkürzung andererseits führten dazu, daß sie mehr Geld sowie mehr Freizeit zum Geldausgeben hatten. Das machte sich die Freizeit- und Vergnügungsindustrie zunutze. Die sich immer deutlicher herausbildende eigenständige jugendliche Lebenswelt war daher sehr stark geprägt durch das historisch neue Phänomen einer solchen eigens auf die Jugend ausgerichteten Industrie. Die Jugendlichen wurden von dieser Industrie als Konsumenten entdeckt und umworben, da sie im Zuge des Wirtschaftswunders zu einer kaufkräftigen sozialen Gruppe avancierten. Zugleich bediente diese Industrie Wünsche und Bedürfnisse der Jugendlichen, die anderweitig nicht abgedeckt wurden.

Mit der Kommerzialisierung jugendlicher Lebensstile ging die Informalisierung einher. Für die zweite Hälfte der 50er ist festzustellen, „daß an die Stelle der früheren 'formalen Gruppierung' der Jugend keineswegs ein Vakuum getreten ist, sondern daß sie abgelöst wurde von der informalen Gruppierung"[325]. Die Bedeutung der Cliquen, der sog. informalen Gruppen, wuchs deutlich im Vergleich zu derjenigen der formalen Jugendorganisationen und -verbände. Die traditionellen Jugendverbände erlebten einen markanten Niedergang, sie galten nunmehr als „altmodisch" und verloren in der Gunst der Jugendlichen.

„Informalisierung" kann als wesentliches Kennzeichen der Entwicklung jugendlichen Lebens in der zweiten Hälfte der 50er Jahre gelten[326]. Allerdings stieß diese Informalisierung, die als wichtiges Moment von „Modernisierung" zu begreifen ist, auch an Grenzen. Sie bezog sich auf den öffentlichen Raum, in dem die Jugendlichen im Bündnis mit der jugendorientierten Vergnügungs- und Freizeitindustrie und der US-amerikanisch geprägten Populärkultur sich tatsächlich Freiräume, ein gewisses Maß an Selbständigkeit und jugendspezifischen Ausdrucksformen erobern konnten. Demgegenüber blieben die Verhältnisse in den Familien, Betrieben, Schulen, Verbänden weithin noch geprägt von tradierten autoritären Normen und Verhaltensmustern. Das für die bundesdeutsche Gesellschaft der 50er Jahre generell kennzeichnende Nebeneinander von Modernisierung einerseits (etwa auf den Gebieten von Technik, Wirtschaft, Konsum) und Restauration andererseits (in Politik, Moral, vor allem Sexualmoral, Familienverhältnissen etc.) prägte mithin auch die jugendlichen Lebenswelten jener Zeit[327].

Gleichwohl hatte sich „Jugend" zum Ende des Jahrzehnts recht weitgehend gegenüber „Jugend" an seinem Beginn verändert. Statt von „Jugendnot" war nunmehr von „Wohlstandsjugend" die Rede. Die nach 1940 Geborenen beschreibt Blücher als „Generation der Unbefangenen" – eine Generation, die „in ihrer ganzen Lebenserfahrung immer nur eine Verbesserung ihrer Situation"[328] kennengelernt habe und „die als 'völlig normal' zu bezeichnen man allen Grund" habe[329]. „Unbefangen" nannte Blücher diese Generation, weil bei ihr „alle ideologischen Fixierungen" fehlten und sich feststellen lasse: „Wohin wir blicken: Pluralismus, Vielfalt, Offenheit, partielles Engagement, Weltneugier, Vorurteilslosigkeit – Unbefangenheit allem Neuen gegenüber. Damit verbinden sich Experimentierfreudigkeit, Umgänglichkeit mit Anderen, Freude am Leben in allen seinen Rollenangeboten"[330].

Differenzierung „der" Jugend

In der Nutzung der neuartigen kommerziellen Angebote und der Ausbildung „informaler" Gruppierungen waren die Lehrlinge und jungen Arbeiter Vorreiter[331]. Sie konnten sich aufgrund ihres Verdienstes schon mehr leisten als Oberschüler und Studenten, und sie hatten anscheinend auch ein stärkeres Bedürfnis, der Enge der Wohnungen und der elterlichen Bevormundung zu entfliehen und sich in der Öffentlichkeit „lässig" zu geben. Die Oberschüler folgten den neuen Moden eher verspätet; zum einen konnten sie sich weniger leisten, zum anderen waren sie wohl auch noch stärker an den konservativen Normen der Elternhäuser orientiert, „lässigem" Auftreten eher abhold und noch mehr für „ordentliches und korrektes" Benehmen.

Diese Differenzierung zeigt schon, daß es in den 50ern sehr unterschiedliche jugendliche Lebenswelten gab. Das bezieht sich nicht allein auf die Zeit, während der man in den 50ern Jugendlicher war – ob in der ersten oder der zweiten Hälfte des Jahrzehnts. Das bezieht sich auch auf die soziale Stellung: „Die" Jugend von Jungarbeitern oder Oberschülern sah doch recht verschieden aus. Und das bezieht sich nicht zuletzt auf das Geschlecht. Männliche Jugendliche waren in der Regel sehr viel „aushäusiger" als weibliche, hatten mehr Freiheiten und nutzten diese auch exzessiver, etwa in den Aktivitäten der „informalen" Cliquen. Weibliche Jugendliche waren (oft notgedrungen) „häuslicher" als die männlichen, sie waren stärkeren Kontrollen und Beschränkungen unterworfen. Wenn sie „raus" kamen, dann nicht so sehr in „informalen" Cliquen, sondern in „formalen" Organisationen wie Sportvereinen oder Jugendverbänden.

Außerdem gab es zahlreiche weitere Unterschiede: zwischen „organisierten" und „nicht organisierten" Jugendlichen, zwischen EinzelgängerInnen und Cliquenmitgliedern, zwischen „Halbstarken" und „Teenagern", zwischen „Tanzwütigen" und „Tanzmuffeln", VolkstänzerInnen und Rock'n' Roll-TänzerInnen, politisch Interessierten und politisch Desinteressierten usw.

Die „skeptische Generation"

Von „der" Jugend kann also nur mit Einschränkungen gesprochen werden. Gleichwohl lassen sich einige Charakteristika ausmachen, die als typisch für die Jugend der 50er Jahre – und die Eimsbütteler Jugendlichen jener Zeit – gelten können. Der Soziologe Helmut Schelsky hat sie in einer umfassenden jugendsoziologischen Studie schon 1957 herausgearbeitet und einen jugendlichen „durchschnittlichen Verhaltenstyp"[332] beschrieben.

Schelsky sah als kennzeichnend für die Jugend der 50er Jahre an die Konzentration auf die Familie, auf Berufsausbildung und berufliches Fortkommen und auf das Streben nach Verbesserung der eigenen materiellen Situation. Dies ging einher mit einer „Neigung zu einer frühen festen partnerschaftlichen Bindung, ja zur Frühehe". Es zeigte sich mithin „schon in der Jugend eine Bejahung und Betonung der sozialen Bindungen des privaten Bereichs, die dann als Lebens- und Berufsgrundlage des Erwachsenen dienen" (Diese „privatistische" Orientierung und der Vorrang von „verhältnismäßig egoistischen privaten Zielen und Interessen" drängte gesellschaftliches Engagement, politisches Interesse und weltanschauliche Überzeugungen an den Rand. Schelsky konstatierte eine „Entpolitisierung und Entideologisierung des jugendlichen Bewußtseins" sowie „Organisationsmüdigkeit und -abneigung". Stattdessen herrschten eine auf die Meisterung des Alltags ausgerichtete „konkretistische" Nüchternheit, „Skeptizismus als geistige Einstellung" und „ein unerbittliches Realitätsverlangen" vor. Wegen dieses „skeptischen und nüchternen Wirklichkeitssinn(es)" nennt Schelsky die Jugend der 50er Jahre die „skeptische Generation". Und weil sich das Jugendverhalten dieser Generation vom sozialen Verhalten der Erwachsenen kaum unterschied, spricht Schelsky auch von einer „erwachsenen Jugend" bzw. „angepaßten Jugend". Zusammenfassend beschreibt Schelsky diese Jugend folgendermaßen: „Diese Generation ist in ihrem sozialen Bewußtsein und Selbstbewußtsein kritischer, skeptischer, mißtrauischer, glaubens- oder wenigstens illusionsloser als alle Jugendgenerationen vorher, sie ist tolerant ... sie ist ohne Pathos, Programme und Parolen. Diese geistige Ernüchterung macht frei zu einer für die Jugend ungewöhnlichen Lebenstüchtigkeit. Die

Generation ist im privaten und sozialen Verhalten angepaßter, wirklichkeitsnäher, zugriffsbereiter und erfolgssicherer als je eine Jugend vorher. Sie meistert das Leben in der Banalität, in der es sich dem Menschen stellt, und ist darauf stolz"[333]. Die meisten unserer Eimsbütteler ZeitzeugInnen dürften sich mit dieser Schelsky'schen Beschreibung identifizieren können.

Doch es gab selbstverständlich auch Ausnahmen von diesem „durchschnittlichen Verhaltenstyp". Und schon zur Zeit des Erscheinens von Schelskys Studie deutete sich mit den sog. „Halbstarkenkrawallen" und der Rock 'n' Roll – Welle an, daß kommende Jugendgenerationen nicht mehr dem Schelsky'schen Bild entsprechen würden[334]. Eine „Avantgarde" der Jugendlichen geriet nun tatsächlich „außer Rand und Band". Man kann Rock 'n' Roll und Halbstarke als in die Zukunft weisende Erscheinungen verstehen, als Vorboten einer Jugend der 60er Jahre, die sich von ihren Vorgängern in den 50ern weltweit entfernen sollte. Aber das ist eine andere Geschichte.

ANMERKUNGEN

1. So der deutsche Titel des Bill-Haley-Films „Rock around the clock", der auf dem Höhepunkt der Rock 'n' Roll-Welle auch in Deutschland Furore machte.
2. S.Galerie Morgenland 1992.
3. Vgl. dazu Schildt 1995:16ff sowie 441f.
4. Vgl. Bajohr 1989:70ff.
5. Diese Nissenhütten waren etwa 50 Quadratmeter große Wellblechbaracken mit Steinfußboden, in denen bis zu 20 Menschen untergebracht waren. Sie „prägten bald das Hamburger Stadtbild. Bis September 1946 wurden 2.200 Nissenhütten, die neben Flüchtlingen und Zuwanderern vor allem dienstverpflichtete Bauarbeiter beherbergten, an 39 verschiedenen Stellen im Stadtgebiet aufgestellt. Die meisten Nissenhütten waren lediglich mit einem kanadischen Holzofen ausgestattet, der nur eine ungenügende Beheizung erlaubte und sich für Kohlenfeuerung nicht eignete. In den Nächten des „Katastrophenwinters" 1946/47 sanken daher die Temperaturen innerhalb der Nissenhütten regelmäßig unter den Gefrierpunkt" (Bajohr 1989:74).
6. In einer Statistik der Hamburger Sozialbehörde aus dem Jahre 1946 werden „allein 15 Kategorien von Notunterkünften in der Stadt genannt (...): Behelfsheime aus Stein, aus Holz, aus Platten, Wohnlauben, Wochenendhäuser, Baracken, Wohnbuden, bewohnte Garagen, Ställe, Schuppen, Scheunen, Wohnwagen, Bunker, Keller und Notwohnungen in zerstörten Gebäuden. Dort wie auch in den unzerstörten „Normalwohnungen" mußten oft mehrere Menschen in einem Zimmer zugleich kochen, wohnen und schlafen" (Schildt 1995:90f.).
7. Vgl. dazu Lehberger 1995:6, 25.
8. Die Schule wurde 1892 eröffnet, hieß zunächst „Realschule in Eimsbüttel", dann „Oberrealschule" (seit 1907), schließlich „Oberschule für Jungen in Eimsbüttel" (seit 1937) und seit 1957 „Gymnasium für Jungen in Eimsbüttel".
9. Die britische Militärregierung hatte zunächst zwecks Entnazifizierung ein Drittel aller Hamburger LehrerInnen vom Dienst suspendiert (de Lorent 1996:48).
10. Vgl. Lehberger 1995:7.
11. Ebd.:7.
12. Vgl. zur Schulspeisung detailliert Wildt 1986:79ff.
13. Lehberger 1995:7.
14. Zit. n. ebd:8.
15. Zit. n. ebd.:36.
16. Zit.n. ebd.:36.
17. Zit.n. ebd.:7f.
18. Ebd.:25.
19. de Lorent 1996:48f.
20. Vgl. im Detail Wildt 1986:147.
21. Vgl. zum Schwarzmarkt Wildt 1986:101ff sowie ders. 1989:50ff.
22. Staatsarchiv Hamburg (künftig:StAHH) Jugendbehörde II,354-5 II, Abl. 18.8.1993, 111-00.09, Bd.1. Jugendamt Kreis 1. Lagebericht für Dezember 1945.

23 Wildt 1989:53.
24 Care = Cooperative for American Remittances to Europe. In den USA konnten Menschen, die der notleidenden Bevölkerung in Nachkriegs-Europa helfen wollten, als SpenderInnen aktiv werden, indem sie „ein standardisiertes Lebensmittelpaket zu 10 Dollar kaufen und direkt an eine Familie in Europa (senden). Ein solches CARE-Paket war also nicht anonym über verschiedene Importinstanzen vermittelt, sondern erreichte eine deutsche Familie direkt" (Wildt 1986:76f.).
25 Vgl. zum „Schreckenswinter 1946/47" allgemein das gleichnamige Kapitel bei Wildt 1986:47ff.
26 Lehberger 1995:38. Zum Kohlenklau vgl. Wildt 1986:120f.
27 StAHH Jugendbehörde II, 354-5 II, Abl. 18.8.1993, 111-00.09, Bd.1. Kreisjugendamt 1. Lagebericht für März 1946.
28 Herr Eh. zählt nicht zu den Jugendlichen der 50er Jahre – er wurde 1921 in einer Gastwirtschaft im Eckhaus Oster-/Bismarckstraße geboren, die bis 1943 bestand. Dennoch soll auf seine Erzählungen hier z.T. eingegangen werden, weil er anschaulich einige Aspekte des sportlichen Lebens in Eimsbüttel beleuchtet.
29 S. StAHH Jugendbehörde II, 354-5 II, Abl. 18.8.1993, 210-25.10, Bd.1.
30 Wolfgang Borcherts „Draußen vor der Tür" wurde erstmals im Februar 1947 als Hörspiel vom NWDR gesendet und am 21.11.1947 als Bühnenstück von den Hamburger Kammerspielen uraufgeführt.
31 Vgl. dazu Szodrzynski 1989a.
32 1946 standen den HamburgerInnen nur 28670 Kinoplätze zur Verfügung, 1938 waren es noch mehr als 66.000 gewesen, und 1956 sollten es dann 88440 sein, s. Statistisches Landesamt 1957:97.
33 1948 liefen in Hamburg lediglich 145 Filme, 1950 waren es bereits 100 mehr und 1956 504 Filme, s. ebd.:109.
34 Vgl. StAHH Jugendbehörde II, 354-5 II, Abl. 18.8.1993, 210-25.10, Bd.1.
35 Es wurde eine erste Rate von 40 Deutschen Mark pro Kopf ausbezahlt (die zweite Rate über nochmals 20 DM folgte im August 1948). In Hamburg erfolgte diese Auszahlung an den 1.300 Ausgabestellen für Lebensmittelkarten. Gleichwohl ist die gängige Behauptung, alle Deutschen hätten nach der Währungsreform mit 40 DM angefangen, eine Legende. Unternehmer, Geschäftsleute und Sachwertbesitzer wurden nämlich einseitig begünstigt. Denn Eigentum an Grund und Boden, an Immobilien, Produktionsmitteln und Waren blieb von der Abwertung unberührt. Inhaber kleiner Sparguthaben oder Personen mit Rentenansprüchen aus Lebensversicherungen dagegen, deren Konten im Verhältnis von 100 RM zu 6,40 DM abgewertet wurden, wurden von der Währungsreform empfindlich getroffen.
36 Insbesondere stiegen bald nach der Währungsreform Arbeitslosigkeit und Preise drastisch an. Nur für Grundnahrungsmittel wurden Festpreise fixiert; die Preise für Obst, Gemüse, Eier usw. jedoch wurden freigegeben. Die meisten Leute konnten sich diese Güter, die nur zu (über-)hohen Preisen angeboten wurden, noch nicht leisten, zumal weiterhin ein Lohnstop bestand, der erst im November 1948 aufgehoben wurde (Wildt 1986:67).
37 Schildt 1995:96.
38 Schildt 1993:340.
39 Grobecker 1983:20.
40 Ebd.:25.
41 Ebd.:87, vgl. auch Glaser 1986:59ff.
42 Herr H. war mit seiner Familie im Sommer 1943 in der Marthastraße ausgebombt und dann nach Tornesch evakuiert worden. Gleich nach Kriegsende kam er zu seinen Großeltern in die Arminiusstraße.
43 Schildt 1995:49.
44 Schildt 1995:93.
45 Vgl. Schildt 1993:336.
46 Zur Einkommensentwicklung Hamburger Jugendlicher in den 50ern vgl. allgemein Schlüter 1996:74ff; in den einzelnen Branchen waren die Lehrlingsvergütungen unterschiedlich, am günstigsten standen sich Lehrlinge im Baugewerbe und der Metallindustrie. Außerdem verdienten weibliche Jugendliche deutlich weniger als männliche.
47 Vgl. im Detail Schlüter 1996:64. Erst im August 1960 gab es eine Neuregelung, die die zulässige Arbeits-

zeit für Jugendliche unter 16 Jahren auf 40 Wochenstunden senkte, die der über 16jährigen auf 44 Stunden s. Schildt 1995:156f. sowie Schlüter 1996:65

48 Schildt 1995:159. Die „detaillierten Erhebungen" finden sich bei Maletzke 1959:97ff; dort wird als durchschnittliche Arbeitszeit 8 Stunden 49 Minuten angegeben, als freie Zeit 5 Stunden 6 Minuten (wobei das der Zeitraum von der Rückkehr von der Arbeit bis zum Schlafengehen ist (ebd.:99).

49 Das Jugendschutzgesetz setzte die Mindestdauer des Urlaubs für Jugendliche unter 16 Jahren auf 15 Werktage, für Jugendliche über 16 Jahren auf 12 Werktage fest, s. Schlüter 1996:64.

50 Vgl. Schlicht 1982:201f.; Schlüter 1996:82.

51 „Nach 1954 erlebte das Motorrad ... als Verkehrsmittel des Wiederaufbaus eine zweite Renaissance ... Der Motorradboom dauerte bis 1957. In der zweiten Hälfte der 50er Jahre war der Lebensstandard so weit entwickelt, daß auch die westdeutsche Bevölkerung ... auf das eigene Auto umsteigen konnte" (Zinnecker 1987:148).

52 Im Jahre 1959 konnte tatsächlich nur ein Prozent der 18- und 19jährigen ein Auto ihr eigen nennen (Schlicht 1982:204).

53 Beim Goggomobil handelte es sich um eines der in den 50er Jahren sehr beliebten Kleinstautos. Das Goggomobil wurde 1955 bis 1967 von der Firma Glas hergestellt, es war „der erfolgreichste deutsche Kleinstwagen nach dem Krieg" (Glaser 1991:215).

54 Schlüter 1996:86.

55 Vgl. dazu Schlicht 1982:205. Vgl. auch Schlüter 1996:82f. sowie Schildt 1995:162.

56 Schlüter 1996:86.

57 Blücher 1956:57.

58 Ebd.:57f.

59 Ebd.:48.

60 Ebd.:47f. - Der Durchschnitt für alle Jugendlichen lag bei 61 DM.

61 Maase 1992:75.

62 Vgl. Blücher 1956:67f.

63 Fröhner 1956:92.

64 Vgl. Blücher 1956:67; zum durchschnittlichen Lesestoff von Jungen und Mädchen vgl. Hermand 1986:382.

65 Vgl. Fröhner 1956:142.

66 „1953/54 erschienen bereits 80 Comic strips in regelmäßigen Heftchenserien, wenige Jahre später waren es schon über 100" (Hermand 1986:350). Dazu zählten Serien wie Micky Maus, Tarzan, Prinz Eisenherz, Buffalo Bill.

67 Vgl. Hermand 1986:369f. und 382.

68 Schildt 1993:341. Doch auch die „Rasselbande" wurde bei einer repräsentativen Umfrage nur von 1% der Jugendlichen als regelmäßige Lektüre genannt (Fröhner 1956:140).

69 Vgl. dazu StAHH Jugendbehörde II 354-5 II, Abl. 29.10.1986, 356-21.13. Dort die Protokolle des Bezirksarbeitskreises für Jugendschutz Eimsbüttel. Das „Gesetz über die Verbreitung jugendgefährdender Schriften" wurde im September 1952 verabschiedet. Es sah u.a. die Führung einer Liste von jugendgefährdenden Schriften und die Einrichtung einer Bundesprüfstelle als Zensurbehörde vor.

70 StAHH Jugendbehörde II 354-5 II, Abl. 16.1.1981, 356-01.02-8, Bd.1. Dort der Bericht über die Jugendschutzwoche vom 2.-11.5.1957.

71 Jugendliche heute 1955:15.

72 Vgl. Maletzke 1959:140.

73 Blücher stellte Mitte der 50er Jahre fest: „Nahezu dreimal so viele weibliche Jugendliche bleiben während der Freizeit in der Familie, wie männliche"; er konstatierte eine „größere Häuslichkeit der weiblichen Jugend" (Blücher 1956:102).

74 Vgl. dazu ausführlich Blücher 1956:99ff. Blücher betont die „überragende Bedeutung der informalen Gruppe im Bereich der heutigen Jugendlichen" (ebd.:103). Dabei fanden sich männliche Jugendliche häufiger in solchen „informalen Gruppen" zusammen als weibliche (ebd.:100).

75 Schildt 1996:226. Vorher hatten Kinder und Jugendliche aus Mangel an anderen Möglichkeiten auch im

stark verdreckten Isebekkanal gebadet. Vgl. allgemein zur Ausstattung Hamburgs mit Freibädern und zu deren Frequentierung in den 50er Jahren ebd.:226.

76 StAHH Jugendbehörde II 354-5 II, Abl. 29.10.1986, 356-10.05 Bd.1. Vermerk: Betr.:Hamburger Dom, Hamburg, den 17. November 1958.
77 StAHH Jugendbehörde II 354-5 II, Abl. 16.1.1981, 356-10.05-10, Bd.1. 3. und letzter Bericht über die Tätigkeit der Jugendbehörde auf dem Sommerdom 1960. Hamburg 36, den 28.8.1960.
78 StAHH Jugendbehörde II 354-5 II, Abl. 29.10.1986, 356-10.05 Bd.2. Betr.: Lokale „Tom Dooley" und „Palette", ABC-Straße. Hamburg, den 12.9.60.
79 Empirische Untersuchungen zeichnen diesbezüglich ebenfalls ein differenziertes Bild: „Rund jeder fünfte Jugendliche (19%) gibt an, daß er alkoholische Getränke gern trinke, fast jeder zweite (48%) macht sich nicht viel aus Alkohol, und jeder dritte (32%) trinkt gar keinen Alkohol. Männliche Jugendliche und die älteren Befragten sind eher geneigt, alkoholische Getränke zu trinken als die weiblichen und jüngeren Befragten" (Fröhner 1956:96f.).
80 Allgemeine empirische Erhebungen zum Rauchen ergaben: „23 Prozent der Jugendlichen rauchen täglich, weitere 14 Prozent rauchen hin und wieder. 10 Prozent geben an, daß sie kaum rauchen, und 53 Prozent rauchen gar nicht. Die männlichen und weiblichen Jugendlichen differieren hinsichtlich der Einstellung zum Rauchen erheblich. Jeder dritte männliche Befragte (36%), aber nahezu 74 Prozent aller weiblichen Jugendlichen rauchen gar nicht" (Fröhner 1956:97). „Von den Jugendlichen, die täglich rauchen, wird zumeist ein Konsum von fünf bis zehn Stück am Tag angegeben" (ebd.:98).
81 Vgl. Blücher 1956:69ff.
82 Vgl. Schildt 1996:229.
83 Im Jahre 1953 waren von 123.000 Mitgliedern in Hamburger Sportvereinen 63.000 jünger als 18 Jahre, 1959 waren es 66.000 von ca. 154.000 (Schildt 1996:229f.).
84 Schildt 1993:342.
85 S. Blücher 1956:71.
86 1953 waren 28.000 Mädchen und 35.000 Jungen in Hamburger Sportvereinen, 1959 25.000 Mädchen und 41.000 Jungen. Bundesweit machten die weiblichen Jugendlichen allerdings weniger als ein Viertel der Sportvereinsmitglieder aus (Schildt 1993:342).
87 Die Beiträge beim ETV beliefen sich zu Ende der 50er Jahre auf 2 DM monatlich für Kinder und Jugendliche bis 18 Jahren, zwei Geschwister zahlten zusammen 3,50 DM und jedes weitere Kind blieb beitragsfrei (Schildt 1996:231).
88 Genauer: Im Kerngebiet Eimsbüttel gab es Mitte der 50er Jahre exakt elf Kinos mit insgesamt 7.351 Sitzplätzen, s. Statistisches Landesamt 1957:98.
89 Vgl. die Zahlenangaben ebd.:97.
90 Für Schüler war Kino gleichwohl ein relativ kostspieliges Vergnügen. Herr U. sagt über die Preise in den großen Kinos zu Ende der 50er: „Kino kostete 7, 7,50, 8 DM ... Wann immer Geld war, hat man schon versucht, ins Kino zu gehen, nur das war nicht allzu häufig, das riß ein gewaltiges Loch in die Kasse." Auch Frau L. begründet die Tatsache, daß sie nur „ab und zu" ins Kino gegangen sei, damit, daß das „alles ein Geldproblem" gewesen sei.
91 Damit lagen unsere ZeitzeugInnen im Trend der damaligen Zeit. Eine zeitgenössische empirische Untersuchung über den Kinobesuch von Jugendlichen ergab: „Durch drei Jahre hindurch zeigt sich, daß jeweils rund 20 Prozent einmal monatlich einen Film ansehen. Rund 43 Prozent gehen zwei- oder dreimal im Monat und 19 Prozent gehen viermal oder mehr im Monat in das Filmtheater. Die restlichen 18 Prozent gehen nicht ins Kino. Man kann also fast zwei Drittel der Jugendlichen als Kinogänger bezeichnen, die sich regelmäßig bzw. häufig, also mindestens zweimal im Monat einen Film ansehen" (Fröhner 1956:145, vgl. auch Blücher 1956:80f. und Jugendliche heute 1955:41). Dabei war die Altersgruppe zwischen 17 und 20 Jahren – und hier vor allem die männlichen Jugendlichen – am „kinowütigsten" (Jugendliche heute 1955:42).
92 Schildt 1993:344.
93 „Gesetz zum Schutz der Jugend in der Öffentlichkeit" vom 4.12.1951, in Kraft getreten am 3.1.1952. Der

Text findet sich u.a. in Rothe et.al. 1953:106ff.
94 Rothe et.al. 1953:90.
95 StAHH Jugendbehörde II 354-5 II, Abl. 16.1.1981, 115-10.03 Bd.4, hier: Niederschrift über die Dienstbesprechung der Bezirksjugendamtsleiter, Gruppenleiter usw. am 28.5.1952.
96 StAHH Jugendbehörde II 354-5 II, Abl. 16.1.1981, 111-60.60-14 Bd.1, hier: Niederschrift über die 1.Sitzung des Deputationsausschusses für Jugendschrifttum und Filmfragen am Dienstag, 9.3.1954, Hamburg, den 20.3.1954. Eine Liste der als „jugendfördernd" vorläufig anerkannten Filme findet sich in den Hamburger Ausführungsbestimmungen zum Jugendschutzgesetz, s. Rothe et.al. 1953:142.
97 Dabei handelte es sich um zwei bis drei Aufführungen pro Monat in innerstädtischen Kinos („Urania", „Waterloo", „Passage") zum Eintritt von 50 Pfennigen, s. StAHH Jugendbehörde II 354-5 II, Abl. 18.8.1993, 210-25.10 Bd.2. In diesen Jugendfilmstunden wurden 1951-1954 folgende Filme gezeigt: „Irgendwo in Europa", „Fahrraddiebe", „Lichter der Großstadt", „Schwurgericht", „Morgen ist es zu spät", „Seemannslos", „Es kommt ein Tag", „Das Wunder von Manhattan", „Im Westen nichts Neues", „Der reichste Mann der Welt", „Der Weg der Hoffnung", „Lach und wein mit mir", „Eine Handvoll Reis", „Der Dreckspatz und die Königin", „Vier Perlen", „Der Strom", „Ein Platz an der Sonne", „Botschafter der Musik" (ebd.).
98 Vgl. StAHH Jugendbehörde II 354-5 II, Abl. 29.10.86, Az. 356-21.13. Erzieherischer Jugendschutz. Aktion Jugendschutz Hamburg. Bezirksarbeitskreis für Jugendschutz Eimsbüttel, s. dort die Protokolle des Bezirksarbeitskreises vom 25.11.57, 3.3.58, 14.4.58, 27.10.58 sowie die Aktennotiz vom 7.10.58.
99 S. ebd. Protokoll des Bezirksarbeitskreises für Jugendschutz Eimsbüttel vom 3.3.58.
100 Der Großteil der Filme kam auch in den 50er Jahren schon aus den USA, vgl. Statistisches Landesamt 1957:109.
101 Empirische Erhebungen belegen die untergeordnete Bedeutung von Theater, Oper usw. für die Freizeitgestaltung der Jugendlichen (Fröhner 1956:145; Blücher 1956:115). Oberschüler und Studenten sowie weibliche Jugendliche waren dabei noch eifrigere Theaterbesucher als berufstätige bzw. männliche Jugendliche.
102 Ein Verzeichnis der Schallplatten im „Heim der offenen Tür" Bundesstraße aus dem Jahr 1950, das 32 Platten umfaßt, weist tatsächlich nur drei englischsprachige Titel auf. Alle übrigen sind deutsche Titel, und zwar (Langsame) Walzer, Tangos, Foxtrotts und Slow Fox, s. StAHH Jugendbehörde II 354-5 II, Abl. 16.1.1981, 240-00.10-1, Bd.2.
103 Gemeint ist hier „richtiger" Jazz. Denn wenn im Zusammenhang mit den 50er Jahren allgemein von „Jazz" die Rede ist, gilt es zu bedenken, daß „Jazz" seinerzeit häufig als diffuser Sammelbegriff „für moderne, heiße, rhythmusbetonte Musik, die man mit dem Amerikanischen und „Negern" assoziierte, verwendet wurde; nicht selten war der Rock 'n' Roll damit eingeschlossen" (Maase 1992:178).
104 Vgl. Maase 1992:181f. sowie Krüger 1985b:138ff.
105 Vgl. Lange 1966:138f.
106 Maase 1992:103.
107 „1957 waren in der Bundesrepublik rund 12.000 jukeboxes im Einsatz, und bis 1960 stieg ihre Zahl auf 50.000" (Maase 1992:78).
108 Zit. n. Küppers 1964:137f.
109 Vgl. wiederum die Zahlen bei Maase 1992:78.
110 Im Jahre 1958 wurden „58 Millionen Platten, davon zu 60% an Jugendliche, umgesetzt" (Strzelewicz 1965:33).
111 Vgl. StAHH Jugendbehörde II 354-5 II, Abl. 19.10.86, 356-10.10-7, Bd.1. Insgesamt führen die Akten 15 Jazz-Bunker auf. Von denen befanden sich neben den bereits genannten im weiteren Umfeld von Eimsbüttel noch: der Röhrenbunker Grindelhof 89b („Vatis Tube", später „Cotton Club") und der Röhrenbunker Eppendorfer Landstr./Ecke Martinistr. („Die Röhre"). Die Bunker wurden von der Bundesvermögensverwaltung, die sie verwaltete, an die Jugendlichen zu Übungszwecken vermietet; in ihnen fanden dann aber auch regelmäßig Musik- und Tanzveranstaltungen statt, bei denen auch Getränke (Cola, Bier) ausgeschenkt wurden. – Über „Storyville" berichtete die Bild-Zeitung am 14.11.1962 unter der Überschrift „Sie kämpfen

um ihren Party-Bunker" äußerst wohlwollend: 1959 hätten etwa 30 Jungen und Mädchen den Club im Bunker gegründet, sich den Bunker wohnlich eingerichtet und dort Musik gemacht, nun habe die Bundesvermögensverwaltung ihnen gekündigt.

112 Vgl. etwa die Berichte über die Jazzbunker im Heußweg und Müggenkampstr./Ecke Sartoriusstr. ebd. (Die Jazzbunker wurden von Polizeistreifen überprüft). Die Jugendbehörde tolerierte die Bunker widerwillig und versuchte, sie zu überwachen, bei sich bietenden Gelegenheiten zu schließen und die Clubs möglichst aus den Bunkern „umzusiedeln".
113 Zit.n. Schildt 1996:246.
114 Schildt 1953:346.
115 Zinnecker 1987:200.
116 Zit.n. Grobecker 1983:119.
117 Zit. n. Schildt 1996:245f.
118 Vgl. die Daten bei Blücher 1956:82f.
119 StAHH, Schule Telemannstraße 362-3/50, 34, Bd.2. Klausuren 10.Klassen 1957-1960, Unterakte 3.
120 Ebd., Unterakte 4, Aufsätze 1960.
121 Ebd., Unterakte 3.
122 Begonnen hatten die Tanzkurse im Heim bereits bald nach dessen Eröffnung. In einem Brief vom 4. Februar 1949 hatte der Kreisjugendpfleger Neumann an das Amt für Jugendförderung geschrieben: „Angeregt durch die Tatsache, daß der Wunsch modern zu tanzen bei allen Jugendlichen nun einmal vorhanden ist ... möchte ich die Jugendlichen in der Bundesstraße auf dieser Basis zu einer kleinen Interessengemeinschaft zusammenfassen. Das Primäre soll für mich dabei sein, die Kinder bzw. Jugendlichen zur Höflichkeit, Sauberkeit im Äußeren sowie im Denken anzuregen. Das Tanzen scheint mir in diesem Zusammenhang mehr Mittel zum Zweck zu sein ... schlage ich vor, einen Plattenspieler bzw. Musikschrank anzuschaffen" (StAHH Jugendbehörde II 354-5 II, Abl. 16.1.1981, 240-00.10-1, Bd.1). Die Anschaffung wurde gemacht. Aus der „kleinen Interessengemeinschaft" wurde alsbald die mit Abstand größte und beliebteste Neigungsgruppe im Heim. Und zunächst gaben die Tanzformen den Behördenvertretern auch keinen Anlaß zu Beanstandungen. In einem Bericht über einen „geselligen Abend" vom 14.3.1949 hieß es u.a.: „Der gespielte Tanz war ein Foxtrott. Die Art wie getanzt wurde, muß als sauber und tragbar angesehen werden ... Man hatte das Gefühl, daß man sich einmal recht ungezwungen dort bewegen könnte ... (Die Jugendlichen waren) aufrichtig und ehrlich bemüht ..., die gesunden Formen dieser Tanzart zu erfassen. Sie waren sauber, ordentlich und benahmen sich absolut einwandfrei und höflich" (ebd.).
123 Amt für Jugendförderung Abt. 2.6, Hamburg, den 25.3.1950. Betr: Besuch im Max-Zelck-Heim am Sonnabend, den 18.3.1950, 18-21 Uhr, in: StAHH Jugendbehörde II 354-5 II, Abl. 16.1.1981, 240-00.10-1, Bd.2. – Parallel zu diesem Tanzkurs in Raum 6 war übrigens „der Bund ‚Wandervogel' ... in Raum 3 zum Volkstanz vereinigt" (ebd.).
124 Ebd., Hamburg, den 27. März 1950. Betr.: Heim der offenen Tür, Besuch am 25.3.50, in: ebd.
125 Ebd., Hbg.,d. 3. April 1950. Betr: Besuch im Max-Zelck-Heim am 1.4.1950.
126 Die Welt, 11.4.1953: Jeden Abend kommen 100 junge Menschen: „Dauerkunden" im Gästebuch.
127 StAHH Jugendbehörde II 354-5 II, Abl. 18.8.1993, 115-10.44, Bd.1.
128 Rothe et.al.1953:89.
129 StAHH Jugendbehörde II 354-5 II, Abl. 29.10.1986, 356-10.23, Bd.1. Die folgenden Zitate ebd.
130 Der Schüler Linnert, der den ersten dieser Bälle organisiert hatte, machte daraus später übrigens eine Profession: Die Bälle der Jahre 1956f. wurden organisiert von der „Gastspieldirektion Linnert"!
131 Vgl. Hamburger Abendblatt und Hamburger Fremdenblatt vom 11.10.1954.
132 S. StAHH Jugendbehörde II 354-5 II, Abl. 29.10.1986, 356-21.13.
133 StAHH, Jugendbehörde II 354-5 II, Abl. 16.1.1981, 356-0.1.02-2, Bd.1.
134 Vgl. die Berichte ebd., Abl. 18.8.1993, 210-09.01, Bd.1 sowie 210-09.03, Bd.1.
135 Im Sommer 1957 hatten die Planungen für die Formierung eines Jugendtanzorchesters begonnen, der erste Auftritt fand im Haus des Sports statt, weitere Auftritte, auch in Planten un Blomen, folgten. Vgl. StAHH Jugendbehörde II 354-5 II, Abl. 18.8.1993, 210-21.07, Bd.1.

136 Schildt 1996:245.
137 Zit.n. Schildt 1996:247.
138 StAHH Jugendbehörde II 354-5 II, Abl. 29.10.86, 356-10.05, Bd.1. Alle folgenden Zitate ebd.
139 Repräsentativumfragen aus den 50er Jahren ergeben, daß mehr als die Hälfte der Jugendlichen 1955 Walzer und Tango als Lieblingstänze angaben, während Boogie-Woogie und Jitterbug nur Lieblingstänze einer kleinen Minderheit von 5% waren, s. Fröhner 1956:95f.
140 Vgl. dazu Maase 1992:120f.
141 StAHH Schule Telemannstraße 362-3/50, 34, Bd.1. Klausuren 10. Klassen 1955-1957.
142 Ebd.
143 Ebd.
144 StAHH Jugendbehörde II 354-5 II, Abl. 16.1.1981, 240-00.10-1, Bd.1. Stellungnahme zu den Ereignissen im „Heim der offenen Tür" vom 6.2.1950.
145 Coca Cola gab es zwar auch schon in den 30er Jahren in Deutschland (vgl.Fritz 1985:72f.), doch der Siegeszug dieses Getränks fällt in die 50er Jahre. Der 1955 erstmals eingesetzte Werbeslogan „Mach mal Pause – trink Coca Cola" wurde zum bekanntesten Werbespruch des Jahrzehnts und traf die Freizeitbedürfnisse der gehetzten Wirtschaftswunderaufbaudeutschen augenscheinlich haargenau. Vgl. zu Coca-Cola im Deutschland der 50er Biedermann 1985:123ff sowie Fritz 1985:76f., 95ff.
146 Umgekehrt hatte Coca Cola sich ein durch und durch „jugendliches" Image gegeben und seine Werbe- und Verkaufsstrategie ganz auf die jugendlichen Konsumenten abgestellt, vgl. Fritz 1985:134.
147 Von Kritikern „wurde der Teenager-Stil als 'Vollamerikanisierung' (Jean Améry) der deutschen Jugend wahrgenommen – und das nicht zu Unrecht" (Maase 1995:150).
148 Vgl. Maase 1992:100. Zur Ausprägung der deutschen Teenager-Kultur hat die seit August 1956 erscheinende Jugendzeitschrift „Bravo" entscheidend beigetragen, vgl. dazu Maase 1992 passim. Bravo startete am 26.8.1956 mit einer Auflage von 30.000 Exemplaren, ein Jahr später waren es bereits 200.000 und Mitte 1959 523.000 Exemplare, wobei jedes einzelne Exemplar mehrere jugendliche Leser hatte und die weibliche Leserschaft deutlich überwog (ebd.:104f.).
149 Zur Teenagerkultur vgl. Maase 1992:168ff. Wie das Teenager-Konzept von (erwachsenen) Deutschen seinerzeit aufgegriffen wurde, ist ersichtlich aus Godal/Italiaander 1958.
150 Auch wenn also kritisch anzumerken ist, daß die Freizeit der Jugendlichen der End-50er Jahre stark geprägt ist vom „Zusammenspiel verschiedener Branchen der Konsum- und Vergnügungsindustrie, die nicht nur einzelne Waren, sondern eine komplette Jugendkultur verkaufen: Musik, Mode, Filme, Kosmetik, Zeitschriften, Klubs" (Lindner 1985:18), so greift die nur kulturkritische Haltung zu dieser Kommerzialisierung jugendlichen Freizeitlebens doch zu kurz, denn „die Anfänge der käuflichen Jugendkultur erweisen sich, aus der Sicht der Jugendlichen, auch als Befreiung aus der moralischen Enge kleinbürgerlicher Wertvorstellungen" (ebd.:19).
151 1947 hatte es in Wandsbek (Chemnitzplatz) bereits ein solches Heim gegeben, das aber nur für kurze Zeit bestand, so daß allgemein das Heim in der Bundesstraße als erstes „Heim der offenen Tür" genannt wird (Schildt 1996:241).
152 So auch der Titel einer zeitgenössischen einflußreichen jugendsoziologischen Studie (Bondy/Eyferth 1952). Dieser „bindungslosen Jugend" – so die Autoren dieser Studie – „fehlt nicht nur Heimat und Arbeit, sondern auch die Bindung an die Familie, die echte Bindung an Menschen überhaupt, die Bindung an ihre Arbeit und geistige Werte" (Bondy/Eyferth 1952:7). Vgl. ferner Gebhard/Nahrstedt 1963:130f.
153 Diese Aspekte der „Jugendnot" werden herausgearbeitet in: Das Heim 1955:14f.
154 StAHH Jugendbehörde II 354-5 II, Abl.16.1.1981, 240-00.10-1, Bd.1.
155 Schildt 1996:239.
156 „Es ist heute mehr davon die Rede, die Jugendlichen von der Straße zu bringen, weil man sie dem ungünstigen Einfluß der Kneipen, des Tanzes und des Kinos entziehen will" (Das Heim 1955:132).
157 Schildt 1996:241.
158 So die sog. „Gautinger Beschlüsse" vom 29./30.4.1953, in denen die Erfahrungen mit der Praxis der bereits bestehenden Heime der offenen Tür in der Bundesrepublik ausgewertet und Richtlinien für die künf-

tige Arbeit der Heime niedergelegt waren. Zur Entstehungsgeschichte dieser Beschlüsse und zur Arbeit des bundesweiten Unterausschusses „Heime der offenen Tür" im Fachausschuß Jugendpflege vgl. StAHH Jugendbehörde II, 354-5 II, , Abl. 16.1.1981,111-60.60-2/3, Bd.1 und Bd.2, zur weiteren Entwicklung Bd.3 und 4. Im April 1956 wurden in Fortschreibung der „Gautinger Beschlüsse" die sog. „Frankfurter Richtlinien" über die Heime der offenen Tür beschlossen, im November 1956 eine „Bundesarbeitsgemeinschaft Heime der offenen Tür" konstituiert, vgl. ebd., Bd.4.

159 Gebhard 1957:20.
160 StAHH Jugendbehörde II, 354-5 II, Abl. 16.1.1981, 240-00.10-1, Bd.1.
161 Ebd.
162 Paula Karpinski (SPD) war nach den Bürgerschaftswahlen vom November 1946 als erste Frau in der Hamburger Senatsgeschichte Senatorin geworden, s. Szodrzynski 1989b:63.
163 Ebd.
164 Max Zelck (1878-1965) kam aus der sozialistischen Jugendbewegung der Weimarer Republik, war Lehrer und Schulrat gewesen und war zum damaligen Zeitpunkt als 71jähriger Leitender Regierungsdirektor in der Jugendbehörde.
165 StAHH Jugendbehörde II,354-5 II, Abl. 16.1.1981, 240-00.10-1 Bd.1.
166 Zeitweise mußten sogar Mitgliedsausweise für das Heim ausgegeben werden, und der Zutritt wurde auf Jugendliche mit solchen Ausweisen beschränkt, was mit der Idee der „offenen Tür" eigentlich nicht vereinbar war. Vgl. StAHH Jugendbehörde II, 354-5 II, Abl. 16.1.1981, 240-00.10-1, Bd.1.
167 Diese Haltung der Jugendlichen wurde von seiten der Träger der Heime beklagt. Es wurden die „passive Forderungshaltung und die rezeptive Erwartungen der Mehrzahl der jugendlichen Heimbesucher" und der „Wunsch vieler Jugendlicher ..., sich in keiner Weise binden zu lassen" kritisiert (Lohmar 1983:51).
168 Das war auf einer Heimvollversammlung der BesucherInnen, bei der ca. 90 Jugendliche anwesend waren, beschlossen worden, s. StAHH Jugendbehörde II, 354-5 II, Abl. 16.1.1981, 240-00.10-1, Bd.2.
169 StAAH Jugendbehörde II, 354-5 II, Abl. 16.1.1981, 240-00.10-1, Bd.1.
170 Ebd., Bd.2.
171 Ebd., Berichte vom 24.3. und 25.3.1950.
172 Ebd., Bericht vom 24.3.1950.
173 Monatsbericht für August 1951, in: StAHH Jugendbehörde II, 354-5 II, Abl. 16.1.1981, 240-00.10-1, Bd.3. Selbstverständlich kamen immer einmal neue Interessengruppen hinzu (z.B. Schach, Laienspiel, Backen und Handarbeiten, Heim-Tanz-Orchester), während andere mangels Interesse zwischenzeitlich eingestellt wurden.
174 Vgl. StAHH Jugendbehörde II, 354-5 II, Abl. 16.1.1981, 240-00.10-1, Bd.2.
175 Gebhard 1957:28.
176 Gebhard 1957:30.
177 StAHH Jugendbehörde II, 354-5 II, Abl.18.8.1993, 115-10.44, Bd.1.
178 Gebhard/Nahrstedt 1963: 142. Gegenstände dieser Interessengruppen waren: Billard, Boxen, Diskussion, Englisch, Fechten, Jazz, Skiffle, Kosmetik, Laienspiel, Literatur, Schach, Schallplatten, Tanzkreis, Tanzkursus, Tischtennis, Ton-Modellieren, Werken (ebd.:141).
179 StAHH Jugendbehörde II, 354-5 II, Abl. 16.1.1981, 240-00.10-1, Bd.2.
180 Monatsbericht September 1951, ebd., Bd.3.
181 Monatsbericht März 1952, in:StAHH Jugendbehörde II, 354-5 II, Abl. 16.1.1981, 240-00.10-1, Bd.3.
182 Ebd., Bd.2.
183 Monatsbericht (einschließlich Vierteljahresbericht) Dezember 1952, ebd., Bd.3.
184 Monatsbericht November 1951, ebd., Bd.3.
185 StAHH, Jugendbehörde II, 354-5 II, Abl. 16.1.1981, 111-60.60-2/3, Bd.2.
186 Schildt 1996:241. In der Bundesrepublik waren es zu diesem Zeitpunkt mehr als 100 (ebd.:240).
187 Schildt 1996:243f.
188 Ebd.:242.
189 Vgl. Bericht über die Arbeitsgruppe „Erziehung in den Heimen der offenen Tür" der Hauptversammlung der Arbeitsgemeinschaft für Jugendpflege und Jugendfürsorge am 5./6.6.53 in Düsseldorf, in: StAHH Jugend-

behörde II, 354-5 II, Abl. 16.1.1981, 111-60.60-2/3, Bd.2.
190 Diese Position wird z.b. deutlich in der Argumentation des Behördenvertreters in einer Aussprache zwischen Jugendverbänden, Hamburger Jugendring und Jugendbehörde über das Verhältnis Organisierte – Unorganisierte im Heim Bundesstraße. Vgl. Vermerk vom 21.3.1950 in: StAHH Jugendbehörde II, 354-5 II, Abl. 16.1.1981, 240-00.10-1, Bd.2.
191 Vgl. z.B. Bericht über die Wochenendtagung „Heim der offenen Tür" vom 18.-19.10.52 im Jugendhof Barsbüttel, Hamburg, den 27.1.1953, Referat Herr Holst, in: StAHH Jugendbehörde II, 354-5 II,Abl. 16.1.1981, 111-60.60-2/3, Bd.1.
192 Ebd. Vermerk vom 16. Februar 1950 betr. Heim der offenen Tür, Bundesstraße 101.
193 So die Vorwürfe in einem Bericht eines Vertreters einer bündischen Jugendorganisation vom 9.2.1950, ebd.
194 Monatsbericht Mai 1952, ebd., Bd.3.
195 Vgl. z.B. den Bericht über die Heimvollversammlung am 2.10.1951, ebd., Bd.3.
196 Ebd. , Monatsbericht März 1952: „ ... der größere Teil (der „Falken" – d. Verf.) fühlte sich offenbar durch die disziplinlose Art unserer Jugendlichen abgestoßen ...".
197 Ebd.
198 Niederschrift über die Sitzung der Leiter der Heime der offenen Tür am 5.3.1959, in: StAHH Jugendbehörde II,354-5 II, Abl. 18.8.1993, 115-10.44, Bd.1. – Neben dem Heim Bundesstraße gab es für die Jugendverbände in Eimsbüttel noch weitere Räumlichkeiten, wo sie ihre Gruppenabende usw. durchführen konnten. Zu nennen ist insbesondere das Volksheim Eichenstraße 61. Dort trafen sich Ende der 50er Jahre u.a. die Naturfreundejugend, der Bund junger Genossenschafter, die SV Poseidon Sportjugend. Das Jugendwerk der Heilsarmee und die Freigeistige Jugend trafen sich in der Schule Lutterothstraße, die Jungsamariter im Arbeitersamariterbund in der Telemannstraße, die Geschwister-Scholl-Jugend im Moorkamp 5, die Jugendgemeinschaft Spiel und Sport im Lohkamp und der Verband Hamburger Jugend der Bürgervereine in der Gärtnerstraße, vgl. StAHH Jugendbehörde II, 354-5 II, Abl. 18.8.93, 210-09.01, Bd.1.
199 So nachzulesen in einem Bericht über einen Besuch im „Heim der offenen Tür" Bundesstraße am 25.3.1950, in: StAHH Jugendbehörde II, 354-5 II, Abl. 16.1.1981, 240-00.10-1, Bd.2.
200 Bericht vom 18.3.1950 über Besuch im Heim am 17.3.1950, in: StAHH Jugendbehörde II, 354-5 II, Abl. 18.8.1993,115-10.44, Bd.2.
201 Schon am 1.9.1945 war in Hamburg die „Arbeitsgemeinschaft Kinderfreunde" als Vorläuferorganisation der „Falken" gegründet worden, am 1.9.1946 ging aus der „Arbeitsgemeinschaft Kinderfreunde" und dem ebenfalls schon im Spätsommer 1945 gebildeten „Arbeiterjugendverband" dann die „Sozialistische Jugend Deutschlands. Die Falken" hervor. Zu Ziel und Zweck der Organisation hieß es in der Satzung der Hamburger „Falken" u.a.: „Wir Falken sind ein freiwilliger Zusammenschluß junger Menschen. Wir wollen uns zu freien Menschen bilden und mit der Idee des Sozialismus vertraut machen. Wir wollen mithelfen, eine Welt der sozialen Gerechtigkeit aufzubauen. Deshalb bekämpfen wir jede Unterdrückung. Unser Ziel ist es, den Frieden nach innen und außen zu erhalten. Wir helfen, Kinder und Jugendliche vor geistiger und körperlicher Verwahrlosung zu schützen." (zit n.: Handbuch der Jugendhilfe 1956:135.). Mitte der 50er Jahre hatten die „Falken" rund 16.000 Mitglieder (ebd.:136). Daten zu den „Falken" in den 50ern allgemein vgl. Handbuch der Jugendarbeit 1955:112ff. Zur Geschichte der „Falken" ausführlich Gröschel 1986.
202 Insofern bestand durchaus eine „faktische Konkurrenzsituation" zwischen der staatlichen Jugendpflege und den Jugendverbänden (Gröschel 1986:206).
203 Die Guttempler-Jugend hatte in Hamburg in der ersten Hälfte der 50er Jahre nach Aussage der Ü.s ca. 250 bis 300 Mitglieder, gehörte also zu den kleineren, aber sehr aktiven Jugendverbänden. Die „Enthaltsamkeit von alkoholischen Getränken und Tabak" war Bedingung für eine Mitgliedschaft, s. Werner Liptow: Die Deutsche Guttempler-Jugend, in: deutsche jugend, 4.Jg., 1956, H.1., S.7f. Als „Schwerpunkte der Arbeit" wurden angegeben: „Erziehung zum alkohol- und tabakfreien Jugendleben, Förderung der Friedensarbeit durch internationalen Jugendaustausch, Festigung der „Bruderschaft" durch internationale Lehrgänge und Hilfstätigkeit" (Handbuch der Jugendarbeit. 1955: 157).
204 Die FDJ war 1945 mit dem Anspruch gegründet worden, eine überparteiliche Jugendorganisation zu sein

und alle antifaschistischen Jugendlichen in ihren Reihen zusammenzuschließen. Doch wollten sich die Vertreter anderer Parteien und Jugendverbände auf ein solches Einheits-Jugendorganisationskonzept nicht einlassen, die FDJ wurde in der Folge in den Westzonen und später der Bundesrepublik faktisch der Jugendverband der KPD, während sie in der SBZ bzw. der DDR zur Staatsjugend wurde.

205 Vgl. StAHH Jugendbehörde II, 354-5 II, Abl. 16.1.1981, 210-11.02-2, Bd.1.
206 Im März 1950 z.b. hieß es im Protokoll der Besprechung der Kreisjugendpfleger am 29.3.1950, daß „eine Umfrage ergab, daß die Aktionsgruppen der FDJ durch Beschriftung von Hauswänden mit Menningfarbe für das Deutschlandtreffen sehr aktiv werben" (StAHH Jugendbehörde II, 354-5 II„ Abl. 18.8.93, 210-09.01, Bd.1). Die Rede ist vom „1. Deutschlandtreffen der Jugend" in Ost-Berlin zu Pfingsten 1950 (27.-30.5.).
207 Vgl. etwa die Berichte von der Sommer-Sonnenwendfahrt der Hamburger FDJ vom Juni 1950 an den Rantzauer See: Auch hier Volkslieder und Volkstanz, Feuerschein und „Flamme empor!". Einzige spezifische „Duftmarke": Ein Grußtelegramm an den sowjetischen Jugendverband Komsomol, s. StAHH Jugendbehörde II, 354-5 II, Abl. 16.1.1981, 210-11.02-3, Bd.1.
208 Der Hamburger Jugendring war die „auf freiwilliger Basis entstandene Arbeitsgemeinschaft der in Hamburg tätigen Jugendorganisationen". Voraussetzung für die Mitgliedschaft einer Organisation war u.a., daß sie „die Bundesrepublik Deutschland und ihr Grundgesetz ... in Zielsetzung und praktischer Arbeit anerkennt" (Handbuch der Jugendhilfe in Hamburg. 1956:13).
209 S. dazu Schlüter 1996:165f., besonders 168; Auslöser waren „heftige Auseinandersetzungen zwischen Gewerkschaftsjugend und FDJ" (ebd.:165) über das für Pfingsten 1950 geplante „Deutschlandtreffen" in Berlin.
210 Vgl. zu diesen Vorgängen StAHH Jugendbehörde II, 354-5 II, Abl. 16.1.1981, 210-11.02, Bd.3.
211 Deutsche Jungschar „DJ 53" Bundesordnung, in: StAHH Jugendbehörde II, 354-5 II, Abl. 16.1.1981, 210-11.108, Bd.1.
212 Zur „DJ 53" in Hamburg vgl. die (Selbst-)Darstellung in: Handbuch der Jugendpflege 1956:27.
213 StAHH, Jugendbehörde II, 354-5 II; Abl. 16.1.1981, 210-11.108, Bd.1, Bericht vom 6. März 1954.
214 Ebd., Bericht vom 29. September 1954.
215 Ebd., Bericht vom 21. Juni 1955.
216 Ebd.
217 Ebd., Aktennotiz vom 16.6.1958.
218 Vgl. zum Hamburger BDP Handbuch der Jugendhilfe 1956:21f.
219 Vgl. zu den Vorfällen StAHH Jugendbehörde II, 354-5 II, Abl. 16.1.1981, 210-11.107, Bd.1., Aktennotiz vom 5.10.1953.
220 Vgl. zur „autonomen Jungenschaft" ebd. Im Mai 1953 soll eine Gruppe der „autonomen Jungenschaft" in militärischer Formation und Uniform (weißes Hemd und schwarze Hose), das Horst-Wessel-Lied singend, durch den Wald bei Elsensee in der Nähe von Quickborn, gezogen sein, was der Führer der Gruppe bestritt (vgl. ebd.). Trotz intensiver Beobachtung der „autonomen Jungenschaft" gelang es der Jugendbehörde offensichtlich nicht, Klarheit über den Charakter dieser Organisation, die 70 bis 80 Mitglieder gehabt haben soll, zu bekommen; immer wieder wurde geklagt, daß Struktur und Aktivitäten der „autonomen Jungenschaft" Außenstehenden im wesentlichen undurchschaubar blieben. So schloß ein behördlicher Beobachter seinen Bericht 1955 mit der Bemerkung: „ ...immer bleibt auch das Gefühl: irgendetwas stimmt hier nicht ..." (ebd., Bericht vom 22.7.1955). Zeitweise gingen Vermutungen auch in Richtung Linksradikalismus.
221 Schildt 1996:235.
222 Ebd.:235.
223 Ebd.:237f.
224 Schlüter 1996:249.
225 Ebd.:255.
226 Ebd.:275.
227 Ebd.:302.
228 Vgl. zur Jugend der Deutschen Angestellten-Gewerkschaft (DAG-Jugend): Handbuch der Jugendhilfe 1956:101f. Die Hamburger DAG-Jugend hatte 1955 5.734 Mitglieder.

229 Vgl. die Tabelle bei Schlüter 1996:222.
230 Vgl. Grotum 1994:79f.
231 So der deutsche Titel des Bill Haley-Films „Rock around the Clock", dessen Aufführung Auslöser für zahlreiche „Halbstarken-Krawalle" war. Es folgte „Ausser Rand und Band", Teil 2 („Don't knock the Rock"). Der Bill Haley-Hit „Rock around the Clock" war schon in dem Film „The Blackboard Jungle" („Die Saat der Gewalt"), einem weiteren Kult-Film der Halbstarken, zu hören gewesen.
232 Bereits 1905 kamen in dem Roman „Helmuth Harringa" des Hamburger Richters Hermann Popert Halbstarke vor, vgl. Bondy et.al. 1957:13 sowie Grotum 1994:24.
233 Clemens Schultz: Die Halbstarken. Leipzig 1912, zit. n. Peukert 1986:393. Zur Person Schultz' ebd.:391f.
234 Ebd., zit.n. Peukert 1984:537.
235 Vgl. Grotum 1994:18 zu den „drei Hauptkomponenten, die einen Stil ausmachen", nämlich Image (Erscheinungsbild), Haltung (körperlicher Ausdruck) sowie Jargon (spezielles Vokabular).
236 Vgl. dazu Peukert 1984:538ff.
237 Muchow 1956:389.
238 „Die Geschichte der Halbstarken beginnt bereits Anfang der 50er Jahre in den Trümmerlandschaften der bombenzerstörten Großstädte. Hier finden sich Kinder und Jugendliche zusammen, um der Enge der meist provisorischen Wohnungen und dem Desinteresse der mit dem Wiederaufbau allzusehr beschäftigten Erwachsenen zu entfliehen. Auf dem letzten authentischen 'Abenteuerspielplatz' der Wiederaufbaurepublik finden sie zwischen Trümmern neben Waffen und Munition auch Raum zum Spielen und Toben. Raum, der frei ist von der Kontrolle durch Erwachsene und somit ideale Voraussetzung zur Schaffung eigener subkultureller Gruppen mit eigenen Norm- und Wertelementen bietet" (Wensierski 1985:114).
239 StAHH Jugendbehörde II, 354-5 II, Abl. 18.8.1993, 111-00.09, Bd.1. Kreisjugendamt 1, Lagebericht vom 5. November 1948.
240 Ebd., Bd.2. Kreisjugendamt 1, Lagebericht vom 7. Februar 1949.
241 Ebd., Bezirksamt Eimsbüttel. Bezirksjugendamt, Lagebericht vom 2. Juni 1950. – Das Bezirksjugendamt des Bezirksamts Hamburg-Eimsbüttel wurde am 1.3.1950 eingerichtet und hatte seine Dienststelle zunächst in der Feldbrunnenstraße 16, s. ebd.
242 Vgl. zu diesen Vorgängen StAHH Jugendbehörde II, 354-5 II, Abl. 16.1.1981, 240-00.10-1, Bd.2.
243 Ebd. Bezirksjugendgericht als Jugendschutzgericht Hauptverhandlung am 12.4.1950. Der Angeklagte wurde zu sechs Wochen Gefängnis verurteilt.
244 Ebd. Aktennotiz vom 16.2.1950.
245 Ebd., Brief der Heimleiterin an das Amt für Jugendförderung (undatiert). Vgl. auch ebd. Auszug aus der Niederschrift über die Dienstbesprechung der Abteilungsleiter am 16.2.1950.
246 Vgl. ebd., Bd.3. Dort finden sich u.a. Hinweise auf Unruhen infolge des Rücktritts der bei den Jugendlichen sehr beliebten Heimleiterin Anfang 1952 (es wurden Blumentöpfe durch die Fenster geworfen); ferner wurde im April 1952 ein Heimverbot für 16 Jugendliche ausgesprochen, weil sie in das geschlossene Heim eingedrungen waren, um einen Tanzabend abzuhalten und dabei erwischt worden waren.
247 StAHH Jugendbehörde II, 354-5 II, Abl. 18.8.1993, 115-10.44, Bd.1. Niederschrift über die Sitzung der Heimleiter am 5. September 1958.
248 Hamburger Abendblatt, 21.3.1957, S.7.
249 S. Hamburger Abendblatt, 16.10.1956, S.6 sowie ebd.,21.3.1957, S.7 und Bild, 21.3.1957. Auch im Gericht noch „zeigten die Angeklagten keine Reue. Im Gegenteil: ihr Benehmen war aufsässig, Angeberei" (ebd.). Sie hätten „in einer Weise herumrandaliert und sich aufsässig gegenüber den Beamten benommen, wie es vor einem hiesigen Jugendgericht bisher noch nicht vorgekommen" sei (Hamburger Echo, 21.3.1957). Deswegen wurden 15 der Angeklagten unmittelbar nach der Urteilsverkündung „wegen ungebührlichen Benehmens für 24 Stunden in Haft genommen" (ebd.).
250 Herr H. erzählt auch, daß bei ihm an der Schule „Meinungsverschiedenheiten ... durchaus auch körperlich ausgetragen wurden". Ebenso Herr Q.: „Schlägereien gab es schon hin und wieder mal. Das hat uns nicht geschadet." Körperliche Auseinandersetzungen waren also nicht allein bei Halbstarken zu finden, sondern kamen auch unter Oberschülern vor.

251 Zit.n. Bild, 20.3.1957.
252 Morgenpost, 21.3.1957.
253 Zit.n. Bild, 21.3.1957.
254 Überhaupt waren Mädchen in den Halbstarken-Gruppen nur selten anzutreffen. Nur ein bis zwei Prozent der Mädchen sollen zu Halbstarken-Cliquen dazugehört haben (Bartram/Krüger 1985:96); oft machten sie heimlich mit, die Eltern durften keinesfalls davon erfahren (ebd.:95). „Die sogenannten Halbstarken sind zu mehr als 95% männliche Jugendliche; Mädchen sind nur am Rande gewissermaßen im Troß dabei" (Muchow 1959:126). Vgl. ferner Schildt 1995:177; Sträter 1985:154f., Fischer-Kowalski 1995:64f.
255 Wensierski 1985:120 spricht von der „Territorialität der jugendlichen Banden" und der „Identifikation der Halbstarken-Cliquen mit ihren Wohnvierteln, in der Regel die klassischen Arbeiterviertel."
256 Vgl. Maase 1992:102f.
257 Vgl. die Halbstarken-Definition zeitgenössischer Soziologen. Danach waren Halbstarke männliche Jugendliche, meist im Alter von 15 bis 17 Jahren, großenteils Lehrlinge und junge Arbeiter, überdurchschnittlich oft aus Arbeiterfamilien, die in größeren oder kleineren Gruppen auftreten, sich möglichst auffällig kleiden und Interesse finden an lockerem, „unverbindlichem und unproduktivem Zusammensein mit Alters- und Geschlechtsgenossen" (Bondy et.al. 1957:85). Vgl. auch Muchow 1959:126.
258 Vgl. Zinnecker 1987:132ff. Er stellt u.a. fest, daß zum harten Kern der Halbstarken vor allem Jugendliche gehörten, die als ungelernte Arbeiter tätig waren und eine abgebrochene Lehre aufwiesen, und er konstatiert: „Wir können bei den Aktivisten der Halbstarken-Rebellion auch von Jugendlichen ohne Väter sprechen. Die Hälfte von ihnen lebt zum Zeitpunkt der Randale bei der Mutter, und zwar ohne Vater" (ebd.:133), ähnlich Grotum 1994:49 und 142f.
259 Wensierski 1985:102 schätzt den „Anteil der Halbstarken an der Gesamtgruppe der Jugendlichen nach den vorliegenden Zahlen auf etwa 5-10%". Das erscheint Grotum 1994:197 als zu hoch gegriffen. Problem bei allen Zahlenangaben ist selbstverständlich stets, wie man „Halbstarke" definiert.
260 StAHH, Bestand Oberrealschule in Eimsbüttel, Abl. 1993, Bildungsberichte zum Abitur 1953.
261 Bondy et.al. 1957:28ff unterscheiden diese drei Formen von Krawall, wobei der reine Krawall ein solcher ist, „der sich ohne eine große öffentliche Veranstaltung und ohne einen am gleichen Ort vorhergegangenen anderen Krawall entwickelt" (ebd.:29); der Veranstaltungs-Krawall ist demgegenüber ein Krawall, „der sich entweder während oder aber auch vor oder nach einer öffentlichen Veranstaltung entwickelt" (ebd.:37). Vgl. auch Grotum 1994:78ff.
262 Insgesamt ist allerdings festzuhalten, „daß die Untaten der sogenannten Halbstarken strafrechtlich nicht besonders gravierend (waren) und daß sie auch nicht besonders schwer bestraft" wurden (Muchow 1959:129).
263 Vgl. Schildt 1996:244.
264 „Was die Halbstarkenbewegung der 50er Jahre grundsätzlich von den vorangegangenen Jugendbewegungen unterschied, war die stilistische Orientierung an den neu entstehenden jugendbezogenen Musik-, Film- und Modeindustrien" (Krüger 1986b:274).
265 Vgl. Lindner 1985:18ff.
266 Maase 1995:150.
267 Maase 1992:168. Für die Mädchen, die bisher weniger von der „Amerikanisierung" erfaßt worden waren, erwies sich das Teenager-Konzept als besonders angemessen.
268 Zur These vom Kontroll-Loch vgl. Fischer-Kowalski 1995:61f.- Auch schon in bezug auf die „Halbstarken" im Kaiserreich war übrigens von einer „Kontrollücke" die Rede gewesen: der „Kontrollücke zwischen Schulbank und Kasernentor", die es den männlichen Arbeiterjugendlichen möglich machte, zwischen Ende der Schulzeit und Beginn des Wehrdienstes unkontrolliert von Instanzen der Erwachsenenwelt über die Stränge zu schlagen, vgl. dazu Peukert 1986:391 sowie ders. 1984:534f.
269 Vgl. Roberts 1994:165f.
270 Wensierski 1985:121.
271 Kluth 1956:501 wies seinerzeit auf den Rollenkonflikt hin, in dem die Jugendlichen jener Zeit standen: „Der junge Mensch soll heute für das Elternhaus Kind, nach dem Willen bestimmter Gesetze und Freizeitforde-

rungen Jugendlicher und in der Arbeits- und Berufswelt weithin schon Erwachsener sein. Das ist aber im letzten Grunde eine unlösbare und zutiefst konfliktgeladene Aufgabe."

272 Einen politischen Hintergrund oder politisch motivierte „Drahtzieher" der Halbstarken-Krawalle gab es nicht; die Halbstarken selber waren unpolitisch. Gleichwohl hatte die ungerichtete Rebellion der Halbstarken politische Effekte – gerade wegen ihres politisch „unfaßbaren", nicht einzuordnenden Charakters.

273 Peukert 1984:543. U.a. wegen dieses objektiv anti-autoritären Gehalts der Halbstarkenbewegung wurde sie auch in einen Zusammenhang mit der Studentenrevolte ein Jahrzehnt später gebracht, s. Fischer-Kowalski 1995:56f.

274 Vgl. Rössner 1963: 85ff., der von der „Verartigung" weiter Kreise der Jugendlichen sprach.

275 Vgl. Schlüter 1996:294. 1950 führten die Jugendverbände Hamburgs „76 Zeltlager mit annähernd 10.000 Teilnehmern durch, die Jugendbehörde zwei mit ca. 1.800 Teilnehmern; auch für die folgenden Jahre wurden ähnliche Zahlen gemeldet. Dies entsprach allerdings nicht mehr als einem Anteil von ungefähr 10% der 15- bis 21jährigen Jugendlichen" (Schildt 1996:217).

276 Diese großen internationalen Lager wurden organisiert von der IUSY, der International Union of Socialist Youth, einer weltweiten Bewegung, der auch die „Falken" angehörten.

277 Vgl. zu den Wochenend-, Pfingst- und Ferienfahrten des „Heims der offenen Tür" Bundesstraße auch StAHH Jugendbehörde II, 354-5 II, Abl. 16.1.1981, 240-00.10-1, Bd.3.

278 Vgl. den Bericht über eine ziemlich katastrophal verlaufene Rad-Zelt-Wanderung durch den Harz im Sommer 1949 in StAHH Jugendbehörde II, 354-5 II, Abl. 16.1.1981, 240-00.10-1, Bd.1.

279 Zit.n. Schildt 1996:219.

280 Vgl. dazu StAHH, Jugendbehörde II, 354-5 II, Abl. 18.8.1993, 210-10.06, Bd.1.

281 Vgl. Glaser 1986:75ff.; ders. 1991:216.

282 In der Tat ergaben empirische Erhebungen noch 1961, daß nur 44% aller 16- bis 20jährigen und 33% aller 21- bis 25jährigen eine Urlaubsreise machten (Strzelewicz 1965:35).

283 Bei einer Umfrage aus dem Jahre 1954 etwa gaben 57% der Jugendlichen an, sich nicht für Politik zu interessieren (Jugend 1955:79). Vgl. auch Jugendliche heute 1955:57ff.; das blieb so bis zum Ende der 50er, vgl. Schlicht 1982:200. Es ist mithin „das weitgehende Fehlen von politischem Interesse bei Jugendlichen" zu konstatieren (Schildt 1995:173); demgemäß blieb „der Grad politischer Partizipation Jugendlicher ... im ersten Jahrzehnt der Bundesrepublik auf einem niedrigen Niveau und spielte eine marginale Rolle" (ebd.).

284 So ergaben Umfragen aus dem Anfang der 50er Jahre, daß 71% der Jugendlichen „für den heutigen Staat" Stellung nahmen (Jugend 1954:17).

285 Vgl. zur (langsamen und mühseligen) Entwicklung des demokratischen Bewußtseins bei den Jugendlichen in den 50er Jahren Schlicht 1982:198f.

286 Kraushaar 1996.

287 Vgl. StAHH, Schule Telemannstraße, 362-3/50, 33, Bd.1, 34, Bd.1 und Bd.2. Die folgenden Zitate im Text aus Abschlußarbeiten ebd.

288 Dieser Antikommunismus trieb in den angesprochenen Abschlußarbeiten zuweilen absonderlichste Blüten. So wird in Klausuren zum Thema „Welchen Inhalt hat für Dich das Wort: Ehrfurcht vor dem Leben?" neben der emphatischen Beschwörung der guten Taten der Lichtgestalt Albert Schweitzer (damals ein großes Vorbild für viele Jugendliche; vgl. Bertlein 1961:177ff.), der „den kranken Negern" half, gleichsam als negativer Kontrast das Schicksal der bedauernswerten russischen Hündin Leila beklagt, die von herzlosen Kommunisten mit dem Sputnik II in den Weltraum geschossen wurde (Note:2).

289 Vgl. StAHH Jugendbehörde II, 354-5 II, Abl. 16.1.1981, 240-00.10-1, Bd.3. Monatsbericht August 1952.

290 Vgl. ebd., besonders Monatsbericht Juni 1952. Auch an der Diskussionsgruppe des Heimes hatte sich ein SRP-ler beteiligt, der jedoch „im März wegen einer groben Verletzung der Heimordnung ausgeschlossen werden mußte". Er wurde später wieder aufgenommen, erschien dann aber nur noch zweimal, „offenbar ist ihm die leidenschaftslose Atmosphäre der Gruppe uninteressant" (ebd.). Allerdings trug diese „leidenschaftslose Atmosphäre" wohl auch dazu bei, daß die Gruppe Ende 1952 einschlief.

291 Ebd., 240-00.10-1, Bd.3, Monatsbericht Februar 1952.

292 Vgl. zu den Aktivitäten der DGB-Jugend in Hamburg gegen die Wiederbewaffnung Schlüter 1996:178ff.
293 Kraushaar 1996:409.
294 Umfragen 1953 ergaben, daß 28% der Jugendlichen unbedingt bereit waren, Soldat zu werden, 42% wollten nur mit Einschränkungen und 28% auf keinen Fall in die Armee (Jugend 1954:18); für 1954 lauteten die entsprechenden Zahlen 27%, 36% und 34% (Jugend 1955:91f.). Im Frühjahr 1956 lehnten 47% der jungen Männer die Wehrpflicht ab, 42% waren dafür (Maase 1992:130).
295 Ihren Ausgang nahm die Bewegung vom sog. Göttinger Appell von 18 Atomwissenschaftlern für den Verzicht der Bundesrepublik auf Atomwaffen (12.4.1957). Am 10.3.1958 unterzeichneten Spitzenvertreter von SPD, DGB, FDP und namhafte Schriftsteller wie Heinrich Böll und Erich Kästner den Aufruf „Kampf dem Atomtod".
296 Vgl. die Dokumente bei Grobecker 1983:180ff.
297 Vgl. die entsprechenden Klausuren in StAHH, Schule Telemannstraße, 362-3/50, 37, Bd.1.
298 S. StAHH, Jugendbehörde II, 354-5 II, Abl. 18.8.1993, 210-25.10, Bd.1. Der Film wurde am 4.2.1953 in der Landesbildstelle vor „einem kleinen Kreis geladener Gäste" aufgeführt. Zu diesem Film von Max Goldstein aus dem Jahre 1948 s. Hermand 1986:144.
299 Vgl. den Bericht in „Die Zeit" vom 21.3.1957. Dort werden Stimmen jugendlicher TeilnehmerInnen zitiert: „'Mein Vater ... war Nazi. Ich habe ihn gefragt, ob er von den Massenmorden gewußt hat. Er sagt nein. Kann ich ihm glauben?' – Ob sie in der Schule schon einmal über diese Dinge gesprochen hätten, frage ich ihn: 'Wir wollten schon, aber unser Klassenlehrer sagt immer, Politik verdirbt den Charakter; davon sollte man die Finger lassen.' Ein Mädchen, 16 Jahre alt und Handelsschülerin, schaltet sich ein: 'Ich habe mit meiner Geschichtslehrerin über diese Belsen-Fahrt gesprochen. Sie war dagegen. Die junge Generation soll, meinte sie, unbeschwert aufwachsen. Es sei falsch, sie mit all den düsteren Erinnerungen zu belasten. Aber das ist doch falsch: wir alle müssen wissen, was geschehen ist ...' Die Grundklage vieler bleibt: 'Unsere Eltern, aber auch unsere Lehrer weichen uns aus, wenn wir sie fragen, ob sie von all dem gewußt und warum sie nichts dagegen getan haben. Wir wollen es aber wissen'" (zit. nach Grobecker 1983:55).
300 Vgl. Roberts 1994:62f.
301 Meyer/Schulze 1985a:144.
302 Schildt 1995:97.
303 Herrn H.s Vater war noch im Februar 1945 an der Ostfront gefallen. Er blieb 1950 bei seinen Großeltern in der Arminiusstraße, als seine Mutter wieder heiratete und mit seiner Schwester zu ihrem neuen Mann nach Wandsbek zog.
304 Vgl. Bertlein 1961:267f.
305 So eine Zeitzeugin bei einem „Klönschnack" der Galerie Morgenland am 16.10.1996 zum Thema „Kindheit und Erziehung in der Nachkriegszeit".
306 Vgl. den Bericht über den Elternabend am 18.12.1952 in StAHH Jugendbehörde II, 354-5 II, Abl. 16.1.1981, 240-00.10-1, Bd.3, Monatsbericht (einschließlich Vierteljahresbericht) Dezember 1952. Auf dem Elternabend waren 30 Mütter und zwei Väter anwesend.
307 Da unter unseren ZeitzeugInnen niemand war, der oder die über homosexuelle Erfahrungen berichtete, wird im folgenden stets vom Verhältnis zum „anderen Geschlecht" die Rede sein, wohl wissend, daß es selbstverständlich auch in den 50er Jahren viele homosexuelle Jugendliche gab, über die wir im Rahmen unseres Projekts allerdings nichts herausgefunden haben. Das liegt sicher nicht zuletzt daran, daß in den 50ern Homosexualität noch sehr viel stärker stigmatisiert war als heute.
308 Kuhnert/Ackermann 1985:53.
309 Vgl. Schildt 1995:177 sowie Maase 1995:144.
310 In den 50er Jahren galt für Mädchen: „Vorehelicher Geschlechtsverkehr konnte das Leben ruinieren. Die Pille gab es noch nicht, der Kauf von Verhütungsmitteln war peinlich und für Mädchen fast undenkbar, außerdem waren die meisten nicht aufgeklärt. Das bedeutete, daß die Mädchen beim Geschlechtsverkehr nicht nur aufgrund der herrschenden Moral ein schlechtes Gewissen und Angst um den guten Ruf haben mußten, sondern daß die Gefahr einer Schwangerschaft und den daraus resultierenden Folgen für die eigene Zukunft allein schon die Lust verderben konnten ... Die ersten sexuellen Erfahrungen mußten auf-

grund elterlicher Verbote und der herrschenden Moral heimlich gemacht werden, und eine Schwangerschaft bedeutete immer, daß das unzüchtige Verhältnis offensichtlich wurde und daß das Mädchen, um seinen guten Ruf und die Existenz zu sichern, heiraten mußte" (Kuhnert/Ackermann 1985:78f.).
311 Vgl. zum folgenden Foitzik 1992b:99ff.
312 Ebd.:99.
313 Zit. ebd.:102.
314 Zit. ebd.:102.
315 Zit. ebd.:102.
316 Vgl. Kuhnert/Ackermann 1985:72ff.
317 Graudenz/Pappritz 1961:123.
318 Kuhnert/Ackermann 1985:82.
319 Vgl. zur „Tendenz zur Frühehe" in den 50ern Muchow 1959:93f.
320 Mit diesen Zukunftserwartungen sind die ZeitzeugInnen typische VertreterInnen der damaligen Jugend, vgl. generell Schlicht 1982:202f. und zum Anfang der 50er: Jugendliche heute 1955:108ff.
321 Vgl. als knappen Überblick zu diesem Zwei-Phasen-Modell der 50er Jahre, das von Hans-Peter Schwarz entwickelt wurde, Schildt 1995:29f. sowie Schlüter 1996:13ff. Schwarz geht aus von einer Zäsur Mitte der 50er Jahre, „die eine Phase des 'Wiederaufbaus' von einer Periode des raschen sozialen Wandels in vielen gesellschaftlichen Bereichen trenne. Die Ära Adenauer könne somit nicht als sozialgeschichtliche Einheit begriffen werden. Nach einem gewissen Abschluß des „Wiederaufbaus" setzte seiner Ansicht nach in der westdeutschen Gesellschaft ab Mitte der fünfziger Jahre ein tiefgreifender Wandel mit stärkster Dynamik ein, mit dem eine neue Phase der deutschen Sozialgeschichte beginne" (Schlüter 1996:13).
322 Diese und andere Phänomene führt Hans-Peter Schwarz an, der demgemäß die 50er Jahre als „Periode aufregender Modernisierung" deutet. Vgl. Schlüter 1996:14.
323 Schildt 1993:348. Zur Relativierung und Präzisierung des „zu groben" Zwei-Phasen-Modells aus sozialhistorischer Perspektive vgl. ders. 1995:441ff.
324 Maase 1995:148f. meint, „daß der Einschnitt im Jahr 1956 liegt und aufs engste verbunden ist mit dem 'Erdbeben', das der Rock 'n' Roll und einige US-Filme über suchende und rebellische Jugend (Die Saat der Gewalt/The Blackboard Jungle; Denn sie wissen nicht, was sie tun/Rebel without a cause) samt ihren bundesdeutschen Nachahmungen (Die Halbstarken) auslösten". Zinnecker 1987:90f. spricht vom „Wendejahr 1955". Und Schildt 1995:154 konstatiert: „Insgesamt kann man von einer Zäsur ausgehen, mit der im letzten Drittel des Jahrzehnts unter Jugendlichen neue Lebens- und Freizeitstile öffentlich sichtbar und medial stilisiert wurden, die zwar nur Minderheiten erfaßten, aber z.T. eine Leitbildfunktion gewannen und sich in den 1960er Jahren verbreiteten, während sich das durchschnittliche Verhalten erheblich langsamer veränderte."
325 Blücher 1956:103.
326 Maase 1992:204ff.
327 Ebd.:217.
328 Blücher 1966:12.
329 Ebd.:13.
330 Ebd.:14.
331 Vgl. Maase 1995:149; Zinnecker 1987:125.
332 Schelsky 1957:86f. – Die folgenden Zitate im Text finden sich ebd.:84ff.
333 Ebd.:488.
334 Schelsky selber räumte daher am Ende seiner Studie ein, daß es neuartige „Erscheinungen" im jugendlichen Verhalten gebe, die mit seiner Beschreibung der skeptischen Generation nur schwer zu vereinbaren seien: „die rauschhaft-ekstatische Hingabe an die vitale Musik der Jazz-Sessions, an die akrobatisch aufgelösten modernen Tanzformen und nicht zuletzt schließlich das individuelle Außersichsein in den sogenannten Halbstarkenkrawallen" (ebd.:494). Er erwartete daher für die Zukunft eine „sezessionistische Jugendgeneration, gekennzeichnet durch eine Welle 'sinnloser' Ausbruchsversuche aus der in die Watte manipulierter Humanität, überzeugender Sicherheit und allgemeiner Wohlfahrt gewickelten modernen Welt" (ebd.:495).

QUELLEN- UND LITERATURVERZEICHNIS

Archivbestände

Staatsarchiv der Freien und Hansestadt Hamburg (StAHH): Bestand Jugendbehörde II, Bestand Oberrealschule in Eimsbüttel, Bestand Schule Telemannstraße
Galerie Morgenland Hamburg: 33 Interview-Kassetten Projekt „Lebenswelten Eimsbütteler Jugendlicher in den 50er Jahren", Kassetten Mitschnitte „Klöntreffs" vom 23.4. und 16.10.1996

Literatur

Bänsch, Dieter (Hg.) 1985: Die fünfziger Jahre: Beiträge zu Politik und Kultur. Tübingen.
Bajohr, Frank 1989: Leybuden, Laubenkolonien, Nissenhütten. Wohnen in der Zusammenbruchgesellschaft. In: Improvisierter Neubeginn 1989, S.70-77.
Bartram, Christine/Heinz-Hermann Krüger 1985: Vom Backfisch zum Teenager – Mädchensozialisation in den 50er Jahren. In: Krüger 1985a, S.84-102.
Baumert, Gerhard 1952: Jugend der Nachkriegszeit. Lebensverhältnisse und Reaktionsweisen. Darmstadt.
Berliner Geschichtswerkstatt (Hg.) 1985: Vom Lagerfeuer zur Musikbox. Jugendkulturen 1900-1960. Berlin.
Bertlein, Hermann 1961: Das Selbstverständnis der Jugend heute. Eine empirische Untersuchung über ihre geistigen Probleme, ihre Leitbilder und ihr Verhältnis zu den Erwachsenen. Berlin usw..
Biedermann, Ulf 1985: Ein amerikanischer Traum – Coca-Cola: Die unglaubliche Geschichte eines 100jährigen Erfolges. Zürich – Hamburg.
Blücher, Viggo Graf 1956: Freizeit in der industriellen Gesellschaft, dargestellt an der jüngeren Generation. Stuttgart.
Blücher, Viggo Graf 1966: Die Generation der Unbefangenen. Zur Soziologie der jungen Menschen heute. Düsseldorf – Köln.
Bondy, Curt et.al. 1957: Jugendliche stören die Ordnung. Bericht und Stellungnahme zu den Halbstarkenkrawallen. München.
Bondy, Curt/Klaus Eyferth 1952: Bindungslose Jugend. Eine sozialpädagogische Studie über Arbeits- und Heimatlosigkeit. München – Düsseldorf.
Faltermaier, Martin (Hg.) 1983: Nachdenken über Jugendarbeit. Zwischen den fünfziger und achtziger Jahren. Eine kommentierte Dokumentation mit Beiträgen aus der Zeitschrift „deutsche jugend". München.
Fend, Helmut 1988: Sozialgeschichte des Aufwachsens. Bedingungen des Aufwachsens und Jugendgestalten im zwanzigsten Jahrhundert. Frankfurt am Main.
Fischer-Kowalski, Marina 1995: Halbstarke 1958, Studenten 1968: Eine Generation und zwei Rebellionen. In: Preuss-Lausitz et.al. 1995, S.53-70.
Foitzik, Doris (Hg.) 1992a: Vom Trümmerkind zum Teenager. Kindheit und Jugend in der Nachkriegszeit. Bremen.
Foitzik, Doris 1992b: Rein bleiben und reif werden. Eine Aufklärungsposse in Zitaten. In: Foitzik 1992a, S.99-103.
Fritz, Helmut 1985: Das Evangelium der Erfrischung: Coca-Colas Weltmission. Reinbek bei Hamburg.
Fröhner, Rolf 1956: Wie stark sind die Halbstarken? Dritte Emnid-Untersuchung zur Situation der deutschen Jugend. Bielefeld.
Gaiser, Wolfgang et.al. (Red.) 1985: Immer diese Jugend. Ein zeitgeschichtliches Mosaik. 1945 bis heute, hg. vom Deutschen Jugendinstitut. München.
Galerie Morgenland (Hg.) 1992: Bunkerleben und Kinderlandverschickung. Eimsbüttler Jugend im Krieg. Hamburg.
Gebhard, Julius 1957: Studentische Jugendarbeit in Hamburg. Hamburg.
Gebhard, Julius/Wolfgang Nahrstedt 1963: Studentische Jugendarbeit. Dargestellt am Beispiel Hamburgs. Hamburg.
Glaser, Hermann 1986: Aus den Trümmern zur Post-Moderne. Zur Kulturgeschichte der Bundesrepublik Deutschland. München.
Glaser, Hermann 1991: Kleine Kulturgeschichte der Bundesrepublik Deutschland 1945-1989. München – Wien.
Godal, Eric/Rolf Italiaander (Hgg.) 1958: Teenagers. Hamburg.

Meyer, Sibylle/Eva Schulze 1985a: Von Liebe sprach damals keiner. Familienalltag in der Nachkriegszeit. München.

Meyer, Sibylle/Eva Schulze 1985b: Wie wir das alles geschafft haben. Alleinstehende Frauen berichten über ihr Leben nach 1945. München.

Muchow, Hans Heinrich 1956: Zur Psychologie und Pädagogik der „Halbstarken". In: Unsere Jugend, 8.Jg., 1956, H.9, 10, 11, S.388-394, S.442-449, S.486-491.

Muchow, Hans Heinrich 1959: Sexualreife und Sozialstruktur der Jugend. Reinbek bei Hamburg.

Peukert, Detlev 1984: Die „Halbstarken". Protestverhalten von Arbeiterjugendlichen zwischen Wilhelminischem Kaiserreich und Ära Adenauer. In: Zeitschrift für Pädagogik, 30. Jg., 1984, H.4, S.533-548.

Peukert, Detlev 1986: Clemens Schultzens „Naturgeschichte der Halbstarken". In: Schock und Schöpfung. Jugendästhetik im 20. Jahrhundert, S.391-393. Darmstadt und Neuwied.

Preuss-Lausitz, Ulf et.al. 1995: Kriegskinder, Konsumkinder, Krisenkinder. Zur Sozialisationsgeschichte seit dem Zweiten Weltkrieg. 4. Auflage. Weinheim und Basel.

Rehder, Mathes 1995: Hamburg. Die 50er Jahre. Gudensberg-Gleichen.

Roberts, Ulla 1994: Starke Mütter – ferne Väter. Töchter reflektieren ihre Kindheit im Nationalsozialismus und in der Nachkriegszeit. Frankfurt am Main.

Rössner, Lutz 1963: Jugend in der Offenen Tür. Zwischen Chaos und Verartigung. München.

Rothe, Fritz et.al. 1953: Jugendschutz und Öffentlichkeit. Die praktische Anwendung des Gesetzes zum Schutze der Jugend in der Öffentlichkeit. München – Düsseldorf.

Schelsky, Helmut 1957: Die skeptische Generation. Eine Soziologie der deutschen Jugend. Köln – Düsseldorf.

Schildt, Axel 1993: Von der Not der Jugend zur Teenager-Kultur: Aufwachsen in den 50er Jahren. In: Schildt, Axel/Arnold Sywottek (Hgg.) 1993: Modernisierung im Wiederaufbau. Die westdeutsche Gesellschaft der 50er Jahre. Bonn.

Schildt, Axel 1995: Moderne Zeiten. Freizeit, Massenmedien und „Zeitgeist" in der Bundesrepublik der 50er Jahre. Hamburg.

Schildt, Axel 1996: „Heute ist die Jugend skeptisch geworden". Freizeit und Jugendförderung in Hamburg in den 1950er Jahren. In: Zeitschrift des Vereins für Hamburgische Geschichte, Bd.82, S.209-254.

Schlicht, Uwe 1982: Von der skeptischen Generation bis zur Protestjugend. Jugendbewußtsein im Wandel von 1945 bis 1981. In: Ders. (Hg.) 1982: Trotz und Träume. Jugend lehnt sich auf. Berlin.

Schlüter, Harald 1996: Vom Ende der Arbeiterjugendbewegung. Gewerkschaftliche Jugendarbeit im Hamburger Raum 1950-1965. Frankfurt am Main usw.

Statistisches Landesamt der Freien und Hansestadt Hamburg (Hg.) 1957: Hamburg in Zahlen. Hamburg.

Sträter, Winfried 1985: „Das konnte ein Erwachsener nicht mit ruhigen Augen beobachten". Die Halbstarken. In: Berliner Geschichtswerkstatt (Hg.) 1985, S.137-170.

Strzelewicz, Willi 1965: Jugend in ihrer freien Zeit. München.

Szodrzynski, Joachim 1989a: Die „Zeit der schönen Not" – Kultur und Freizeit in Hamburg während der Nachkriegsjahre. In: Improvisierter Neubeginn 1989, S.148-159.

Szodrzynski, Joachim 1989b: Hamburgs Arbeiterbewegung im Wandel der Gesellschaft. Eine Chronik. Band 4. 1945-1949. Hamburg.

Wensierski, Hans-Jürgen von 1985: „Die anderen nannten uns Halbstarke" – Jugendsubkultur in den 50er Jahren. In: Krüger 1985a, S.103-128.

Wildt, Michael 1986: Der Traum vom Sattwerden. Hunger und Protest, Schwarzmarkt und Selbsthilfe in Hamburg 1945-1948. Hamburg.

Wildt, Michael 1989: Hunger, Schwarzmarkt und Rationen – der heimliche Lehrplan der Nachkriegszeit. In: Improvisierter Neubeginn 1989, S.46-55.

Wildt, Michael 1994: Am Beginn der „Konsumgesellschaft". Mangelerfahrung, Lebenshaltung, Wohlstandshoffnung in Westdeutschland in den fünfziger Jahren. Hamburg.

Zinnecker, Jürgen 1987: Jugendkultur 1940-1985. Hg. vom Jugendwerk der Deutschen Shell. Opladen.

Bildnachweis

Staatliche Landesbildstelle Hamburg: S. 14, 33 o.l., 50 u., 66, 96 l., 101 u., 120, 125.
Alle anderen Fotos stammen aus Privatbesitz.

Graudenz, Karlheinz/Erica Pappritz 1961: Das Buch der Etikette. 5.Auflage. Marbach.
Grobecker, Kurt/Hans-Dieter Loose/Erik Verg 1983: Hamburg in den 50er Jahren. Heraus aus den Trümmern. Hamburg.
Gröschel, Roland 1986: Zwischen Tradition und Neubeginn. Sozialistische Jugend im Nachkriegsdeutschland. Entstehung, Aufbau und historische Wurzeln der Sozialistischen Jugend Deutschlands – Die Falken. Hamburg.
Gröschel, Roland/Michael Schmidt 1990: Trümmerkids und Gruppenstunde. Zwischen Romantik und Politik: Jugend und Jugendverbandsarbeit in Berlin im ersten Nachkriegsjahrzehnt. Berlin.
Grosse-Hartlage, Walter/ Karl Rauch (Hgg.) 1959: Zwanzigjährige haben das Wort. Selbstaussagen junger Menschen. München.
Grotum, Thomas 1994: Die Halbstarken. Zur Geschichte einer Jugendkultur der 50er Jahre. Frankfurt am Main – New York.
Handbuch der Jugendarbeit. München 1955.
Handbuch der Jugendhilfe in Hamburg. Hamburg 1956.
Das Heim 1955: Das Heim der offenen Tür. Eine Untersuchung westdeutscher und Westberliner Freizeitstätten. Hg. von der Arbeitsgemeinschaft für Jugendpflege und Jugendfürsorge in Verbindung mit dem Deutschen Jugendarchiv München e.V. München.
Hermand, Jost 1986: Kultur im Wiederaufbau. Die Bundesrepublik Deutschland 1945 – 1965. München.
Improvisierter Neubeginn 1989: Improvisierter Neubeginn. Hamburg 1943 – 1953. Ansichten des Photographen Germin. Mit Beiträgen von Frank Bajohr et.al. Hamburg.
Jugend 1954: Jugend zwischen 15 und 24. Eine Untersuchung zur Situation der deutschen Jugend im Bundesgebiet. Durchgeführt vom Emnid-Institut für Meinungsforschung Bielefeld. Bielefeld.
Jugend 1955: Jugend zwischen 15 und 24. Zweite Untersuchung zur Situation der deutschen Jugend im Bundesgebiet. Emnid-Institut für Meinungsforschung im Auftrag des Jugendwerks der Deutschen Shell. Bielefeld.
Jugendliche heute 1955: Jugendliche heute. Ergebnisse einer Repräsentativbefragung der Hörerforschung des Nordwestdeutschen Rundfunks. München.
Kluth, Heinz 1956: Die „Halbstarken" – Legende oder Wirklichkeit. In: Deutsche Jugend, 4.Jg., 1956, H.11, S.495-502.
Kraushaar, Wolfgang 1996: Die Protest-Chronik 1949-1959. 4 Bde. Hamburg.
Kreimeier, Klaus 1985: Der westdeutsche Film in den fünfziger Jahren. In: Bänsch 1985, S.283-305.
Krüger, Heinz-Hermann (Hg.) 1985a: „Die Elvis-Tolle, die hatte ich mir unauffällig wachsen lassen". Lebensgeschichte und jugendliche Alltagskultur in den fünfziger Jahren. Opladen.
Krüger, Heinz-Hermann 1985b: „Exis, habe ich keine gesehen" – Auf der Suche nach einer jugendlichen Gegenkultur in den 50er Jahren. In: Krüger 1985a, S.129-151.
Krüger, Heinz-Hermann 1986a: Viel Lärm um Nichts. Jugendliche „Existentialisten" in den 50er Jahren. In: Schock und Schöpfung. Jugendästhetik im 20. Jahrhundert, S.263-268. Darmstadt und Neuwied.
Krüger, Heinz-Hermann 1986b: „Es war wie ein Rausch, wenn alle Gas gaben". Die „Halbstarken" der 50er Jahre. In: ebd., S.269-274.
Küppers, Waltraud 1964: Mädchentagebücher der Nachkriegszeit. Ein kritischer Beitrag zum sogenannten Wandel der Jugend. Stuttgart.
Kuhnert, Peter/Ute Ackermann 1985: Jenseits von Lust und Liebe? – Jugendsexualität in den 50er Jahren. In: Krüger 1985a, S.43-83.
Lange, Horst H. 1966: Jazz in Deutschland. Die deutsche Jazz-Chronik 1900-1960. Berlin.
Lehberger, Reiner 1995: Schule zwischen Zerstörung und Neubeginn 1945-1949. Hamburg.
Lindner, Rolf 1985: Jugendkultur – stilisierte Widerstände. In: Gaiser 1985, S.13-24.
Lohmar, Ulrich 1983: Zielsetzung und Wirklichkeit im „Heim der offenen Tür". In: Faltermaier 1983, S.50-57.
Lorent, Hans-Peter de 1996: Entnazifizierung und Umerziehung. In: hlz 1-2/96, S.46-49.
Maase, Kaspar 1992: Bravo Amerika. Erkundungen zur Jugendkultur der Bundesrepublik in den fünfziger Jahren. Hamburg.
Maase, Kaspar 1995: Lässige Boys und schicke Girls. „Amerikanisierung" und Biographien Jugendlicher in den 1950er Jahren. In: Fischer-Rosenthal, Wolfram/Peter Alheit (Hgg.) 1995: Biographien in Deutschland. Soziologische Rekonstruktionen gelebter Gesellschaftsgeschichte, S.137-152. Opladen.
Maletzke, Gerhard 1959: Fernsehen im Leben der Jugend. Studien und Untersuchungen durchgeführt im Hans-Bredow-Institut für Rundfunk und Fernsehen an der Universität Hamburg. Hamburg.